組織の体質を現場から変える100の方法

沢渡あまね
Sawatari Amane

ダイヤモンド社

はじめに

あなたの組織がザンネンなのは「体質」のせいである

あなたは組織に対して、「うんざりだ」と感じたことがないだろうか？

たとえば、あなたが新規事業のアイデアを持っていたとする。
あるいは、ちょっとした業務改善を組織に提案したいとする。
マネージャーも同僚も、親身になって話を聞いてくれる。
励ましの言葉をかけてくれたり、有益なアドバイスをくれたりする人も。
ところがいざ実行に移そうとすると、

「前例がないから……」
「良し悪しを判断できないから……」
「当社の枠組みでは難しいから……」

……と、まるでコトが進まない！
そこで反論すると、挙げ句の果てには、こう返される。

まあ、それがうちのルールだから……

……うんざりしてしまう。

▌「人」に原因があるわけではない

これだけを見ると、仕事ができない人が集まった組織のように感じられるかもしれない。しかし一方で、**そういった組織に勤めるビジネスパーソンから大変よく聞くフレーズがある。**

はじめに

> 当社は一人ひとりは優秀だし、
> 皆とても良い人なんです。
> なのに、組織になるとザンネンなんです……

これだ。

たしかに、一人ひとりと話をしてみると、まともな意見や反応が返ってくる。それなのに、組織はどんよりギクシャクしている。あるいは経営陣や意思決定層だけが突っ走っている。

「人は良いのに、組織としてはザンネン」

そのような会社が多いのだ。

■ ザンネンさが人を苦しめ、変えていく

同様の切なさが生まれるのは、組織やチームに対して意見や提案をする場面にとどまらない。日常の仕事の場面やコミュニケーションの場面においても、同様に切ない場面にたびたび遭遇する。

- コミュニケーションの仕方や仕事の進め方が合わず、すれ違いばかり
- 口を開けば言い争いばかりで、何も決まらない
- 反対に、会議になると妙におとなしく、誰も意見や提案をしない
- その場限りでは賛同を得て盛り上がるが、何も実行に移されない
- どう考えても無駄だと思う慣習や行動習慣を誰も改めようとしない
- 経営者や上司の指示に疑いを持ったり意見したりすることもない

一人ひとりはまともなのに、チームや組織になるとどうもおかしくなる。自分の他にも「おかしい」と感じている人はいる様子だけど、誰も声を上げようとしない。だから大きな問題にもならない。

とはいえ、それでよいとは言えない。この状況を受け入れようとするうちに、そこで働く人々の思考、行動、価値観も変わっていってしまう。

- 上の言うことに従順なだけのイエスマンになる
- 物言わぬおとなしい人になる
- 仕事に対する熱量が下がる
- 組織に対する愛着をなくして辞める
- チャレンジやイノベーションを避ける
- 顧客やお取引先など社外の人たちに横柄になる

　組織としてのザンネンさが、社員たちもザンネンな存在にしてしまう。そうして**ザンネンな思考や行動規範、価値観を身につけた人たちによって、組織のザンネンさが助長され、ますます強固になっていく。**

　そのような負の連鎖が起きてしまう。

■ 組織の「ザンネンさ」の正体

　こういった状態に陥らないために、なにができるのか。要因をつきとめ阻止するために、「ザンネンさ」の中身に目を向けてみよう。

「意見してはいけない」
「チャレンジしてはいけない」
「成果がなによりも大事」
「つねにモーレツに頑張らなくてはいけない」

　いずれも明文化されたルールがネックになっているわけではない。そこにあるのは「皆がそうするから（あるいは、しないから）」「これまでもそうしてきたから」など、**人々の行動や思考を左右する**いわば暗黙の了解だ。この暗黙の了解、および同調圧力が溶けあってできあがるものがある。

組織の「体質」だ。

　習慣、慣習、環境、空気感。さまざまな要因によって形作られる**組織の体質こそ、組織のザンネンさの正体なのである。**

はじめに

　近年、企業組織や行政組織の不祥事のニュースが相次いで報じられている。そして企業体質や業界の体質が必ずと言っていいほど取り沙汰される。

「企業体質の抜本的な見直しが必要である」

「業界の体質を見直す時期に来ている」

　このような厳しいコメントを、記者会見で企業トップや業界トップが発している光景は誰の記憶にも新しい。不祥事を起こす組織も、よく見てみると一人ひとりはいたって真面目で優秀。人としてもまともだったりする。ところが、なぜか組織としてはおかしなことになってしまう。

　それは、体質がおかしなことになってしまっているからだ。

■ 人や社会に合わせて体質を変えよう

　組織の体質は、自力では改善しにくい。

　なぜなら**内部にいる人は、その異常さに気づきにくいからだ。あるいは「おかしい」と思っていても、凝り固まった人間関係や上下関係が災いして指摘しにくかったりもする。**

　誰かが組織を辞めていくとき、「組織はあくまで正しい。合わせられない人が悪い」と、去っていく人のせいにして片付けようとする人たちも少なくない。そのほうがラクだからだ。狭い世界しか知らず、そこに適応していくうちに、その環境こそが正しいと思い込んでしまっているのだ。

「ひょっとして、組織の体質のほうに問題があるのでは？」

　誰かが退職した際、ほんの一瞬でもこのように考えたことのある人がどれだけいるだろうか。組織側の問題や改善の余地を疑ったことのある人がどれだけいるだろうか。

「組織には何も問題はない。辞めていく人たちのほうに問題がある」

　こう考えている人にこそ、いちど自分たちの組織のことを客観視してもらいたい。組織の規模にもよるが、毎年5人も10人も辞めていくようなら、

その組織の体質には何かしらの問題があると考えるのが健全だろう。

▎体質を変えることは、なぜ難しいのか

　組織の体質に人が合わせている状況を終わらせ、人に合わせて体質を変えていこう。本書は、そういった組織の体質を現場から変えていく方法をお伝えする。

　筆者は組織開発およびワークスタイル変革の実践者として、過去の勤務先を含む400以上の企業や行政組織のカルチャー変革に向き合ってきた。そのなかで、日々このような相談を、全国の企業や行政の経営者や部門長や部課長、ひいては個人からも受けている。

　　　　　組織の体質を良くしたい

　その頻度と深刻さは年々高まっていると言っても過言ではない。
　とはいえ**組織の体質なる概念は悪気なく「ふわっ」としている**。明確な定義があるわけでもなければ、決まりごとがあるわけでもない。思い描いている景色も対象物も三者三様、十人十色。人によって思い浮かべるイメージが違う。それもそのはず。体質とはきわめて概念的であり、その組織体における共同幻想でしかないからである。

　そもそも、**体質の「良い」「悪い」は断言しにくい。**
　たとえば、旧態依然とした体育会系的で昭和的なスパルタ体質でも、組織として成果が出ているなら、それで良いとも考えられる。反対に、役職もなく、年次や職位関係なく自由闊達なコミュニケーションが行われ、人事評価も行わないフラットかつオープンな組織も増えてきた。管理を極力ゼロにして成功しているスタートアップ企業もある。
　いずれもメリットとデメリットがあり、人によって合う合わないもある。そこに良いも悪いもない。人を傷つけたり、法律に反したり、社会に悪影響を及ぼしたりしない限りは、**いずれの体質もアリなのである。**

■ 組織体質の「文化度」を考える

そこで本書では組織体質に対して、一つの視点を提案したい。

「文化的かどうか」なる視点だ。

自分の組織に対して、こう感じたことがないだろうか。

うちの会社の体質、時代に合っていない……

この違和感を大切にしたい。きわめて感覚的な問いに対する一つの指針となるのが「文化度」のものさしだ。人類はより文化的な生活や人生に向かって進歩してきた。組織においても同様の視点を与えたい。

- 体質が過去のある時点で固定されていて、時代の流れや価値観に合っていない＝文化度が低い、レガシーな組織
- 体質がアップデートされていて、時代の流れや価値観に合っている＝文化度が高い、モダンな組織

本書ではこのように定義して、組織体質の是非を指摘していく。

なお最初に断っておきたいが、筆者はレガシーな組織を否定してはいない（何を隠そう、筆者もそのような組織で育った人間の一人だ）。モダンな組織を称賛してもいない。いずれも合理性がある。環境の変化、時代の流れ、人々の価値観、業務やミッションの特性などに応じて適切なマネジメントができないこと、および適切な体質に進化できないことを問題視している。レガシーな組織が悪で、モダンな組織が善。そのような0か1かの解釈をせず、お互いの良い部分を言語化しながら、組織体質の振り返りと改善につなげていってほしい。

■ 文化度を高めないと、組織は賞味期限切れになる

　組織の歴史の中や、あるいは声の大きな意思決定者やベテランの意見の中に答えがある前提で、全員に同じ行動を強いる。皆を画一的な環境に押し込め、想定内の答えを出させようとする。体質の文化度が低い組織に色濃い特徴だ。

　このマネジメントスタイルが疲弊しつつあるのは、読者の皆さんもうすうす感じているだろう。**過去の組織文化が、現代や未来の勝ちパターンであるとは限らない。過去50〜60年続いた統制管理一辺倒の文化は、残念ながら賞味期限切れしつつある。**むしろ逆方向に作用し、さまざまな能力や意欲、勝ちパターンを持つ人たちを無力化してしまう。

　そうならないためには、個々人の意思、能力、情報などがオープンに共有され、共創が誘発される環境や体質が必要だ。それを実現している組織と、実現できていない組織で、具体的には**10の観点における体質の違いがある**と考えている。各体質については序章で詳しく説明する。ここでは、上記のような観点で組織の体質を可視化、言語化、細分化していくということだけ覚えておいてもらいたい。

■ 慣習や環境が、組織の体質をつくりだす

　時代に合わない組織とならないように、その体質を文化的なものにアップデートしていく必要がある。**しかし「文化的」もまた、捉えどころがない。**筆者は最近、痛い経験をした。筆者が法人を経営している地域、浜松市のとあるイベントでのこと。若手の人口流出をどうするかについて話が盛り上がった際、筆者は「地域の文化度を上げよう」と述べた。ところが他の参加者から出てきた意見は「浜松は音楽カルチャーが盛んだ」「お祭り文化がある」など、**いわゆるアート、伝統芸能、歴史のカルチャーの話に発展してしまった。**そうではなく、仕事の進め方やコミュニケーションの仕方、成果の出し方など、ビジネス（仕事）の文化の話をしたかったのだが……。

はじめに

　この経験を機に、筆者は大いに反省をした。そこで、**体質の文化度が高い組織と低い組織における慣習や環境の具体的な違いを分析してみた。**

　たとえば、マネジメントにおける体質の文化度が低い組織では、**会議は必ず役職者が進行し、非役職者や年次の浅い人が発言を控える文化があった。**一方でマネジメントにおける体質の文化度が高い組織では、進行役が持ち回りになっていたり、若手に任されていたりして、年次に関係なく発言しやすい空気が流れていた。

　オンラインミーティングでも、**情報共有の体質がクローズな組織は出社組とリモート組の間に温度差があり、共有される情報にも格差が生じていた。**一方で文化的な組織では、出社組も含めて全員が一人1端末で参加し、すべての会話と情報共有が同じオンライン空間で行われていた。

　こういった文化や慣習、環境、仕事の進め方といった行動習慣が、その組織の価値観や体質をつくりだしている。これはつまり、**慣習や環境を変えていけば、組織の体質も変わっていくという意味でもある。**

◤ 組織の体質は、半径5m以内の変化から変わる

　本書のタイトルは、こうだ。

『組織の体質を現場から変える100の方法』

　注目いただきたいのは、「現場から」の部分。**そう、組織の体質は現場から変えていくことができる。それも、あなたのたった一人の行動からだ。**組織の体質は明文化もされていなければ、目にも見えにくい漠然としたものである。いわば多数派がつくりだした空気のようなものだ。先ほど指摘したような慣習や環境によってつくりだされる。**誰かがつくりだしたものだからこそ、誰かが変えていくこともできる。**

　あなたが勇気を出して行動したとする。あなたの半径5m以内にいる誰かがその行動に共感し、支持したり真似したりしてくれるかもしれない。

009

その連鎖が続いて、やがてチームの半数が、部署の多数が、同様の行動をとり出したとしたらどうだろう。これまで大多数に迎合してきた人たちの思考や行動も、回れ右と様変わりするだろう。統制管理する体質が色濃い組織だからこそ、変わる重力も働きやすかったりもする。

何か1つでも、行動に移すことが大事

本書では、組織の体質を文化的なものに変えていくために実践したい100の方法を挙げている。ただの抽象論ではない。いずれも筆者が**全国400以上の組織の現場を見聞きして実感した、文化的な組織が実際に行っているリアルな方策である。**どれも明日からすぐに実践できる具体策だ。

行動に移すイメージが湧くよう、「日常の会話」「会議」「トラブル時」など、実践したいシチュエーションごとに紹介している。くわえて、**各方策によって実現できる「文化度の高い体質」も、見開き右端のアイコンで示している。**文化度の高い体質については序章にて説明しているので、まずはそこから読んでいただきたい。実践できそうなもの、してみたいもの、自社に必要なもの、どこから取り組んでいただいてもかまわない。

100の方法すべてを試さないといけないわけではない。大事なのは**1つでもいいので行動を起こすことだ。**組織の体質を疑うことなく受け入れ、従っている人たちの大多数は意志がない。だから**意志のある行動によって変えていける。**大げさではなく、本書には読者一人ひとりの半径5m以内から組織の体質を変えることのできる方法を盛り込んだ。行動に移し、組織を良い方向へ導くための道しるべの一つとして活用してほしい。

体質が古くさい「ダサい組織」は生き残れない

近年、多くの企業や業界団体がイノベーションや新規事業創造、DXなどを経営のキーワードとして掲げている。他社や地域などとの共創を事業戦略の柱に掲げる企業も増えてきた。しかし旗振りの掛け声だけで、現場が動かない組織も大変多い。あるいは共創を目指そうにも、それができる組織とできない組織にキッパリと分かれる。具体的に言うと、**変化や挑戦**

を許容できる組織と、できない組織。この二極化が進んでいる。組織の体質が組織の行動や選択を左右し、未来をも決めるのである。

他にも組織体質の文化度を高めることは次のプラス効果ももたらす。

- 共感者、理解者、協力者など組織のファンが増え、求心し続けられる
- 能力や意欲を持った多様な人たちと、組織、地域、立場の垣根を越えてつながり、協力関係で課題解決や価値創造をすることができる
- 自律的かつ能動的な行動習慣を身につけることができる

平たく言えば、**文化度の高い組織には意欲的な人や組織が集まる**。反対に、体質が文化的でない、**いわばダサい組織からは、人が離れる**。実際、地方都市の何人もの若手ビジネスパーソンから、「うちの会社は思考や価値観が古すぎる」「そのダサさに耐えられない」という声を聞いた。

■ 今こそ、組織の体質に向き合うときだ

ふわっとしがちで人によって受け取り方や捉え方が異なり、かつ根が深い。ゆえにこれまであまり真剣に論じてこられなかった組織の体質に、そろそろ真剣に向き合うときではないだろうか。

「仕事は好きなんだけど、組織の体質が合わない」
「人はみんな良い人なんだけど、組織の体質が嫌い」

そのような悲しい景色を、少しずつでも減らしていこう。そして、気持ちよく共創できる文化を日本の組織に育んでいこう。あなたの行動から、半径5m以内の変化から、組織の景色は変わるのだ。

三ヶ日町（静岡県浜松市）の雄大な景色を眺めるワークスペースにて
沢渡 あまね

『組織の体質を現場から変える100の方法』 目次

はじめに
あなたの組織がザンネンなのは「体質」のせいである 002

序章 **文化度が高い組織の「10の体質」**

第1章 **日常の会話でできること**

001 「さん」づけで相手を呼ぶ 034
002 社員を「この子」「うちの子」と呼ばない 038
003 職場の人と褒め合う、称賛し合う 041
004 気遣いやサポートにも感謝を示す 045
005 雑談をしかけてみる 048
006 職場でユーモアのある会話をする 052
007 場にもたらしたい空気感を宣言してみる 055
008 ネガティブなことも伝え合う 059
009 「モヤモヤしている」と言う 063
010 モヤモヤをすぐに解決しようとしない 066
011 思いつきを言いやすくする 071
012 安全なシェルタールールを実践する 075
013 職場で思いや感情を出してみる 078

第2章 仕事の会話でできること

- **014** 目に見えないコストを認識させる 082
- **015** 電話をやめる、または使う頻度を下げてみる 086
- **016** 欠席連絡をチャットやメールで送る 089
- **017** コミュニケーションの内容を書き残す 092
- **018** 複数人への送信をデフォルトにする 095
- **019** 仕事の内容を要素分解して確認する 098
- **020** 仕事を任せるときは制約条件を聞く 102
- **021** 仕事を丸投げしない 106
- **022** 対話ができているか自問する 109
- **023** 対話しやすい場をつくる 113
- **024** チーム内で対話をする 117

第3章 会議の場でできること

- **025** 会議が時間通りに始まる(終わる)ようにする ……… 122
- **026** オンラインミーティングは一人1端末で参加する ……… 126
- **027** 会議前のプチ雑談で自己開示してみる ……… 128
- **028** 場や状況に応じて会議の進行役を変える ……… 132
- **029** 沈黙の多い会議を率先して仕切る ……… 135
- **030** 誰もが意見を言える会議にする ……… 139
- **031** 「その方法があったか!」を口ぐせにする ……… 143
- **032** 「言ったもの負け」の文化を変える ……… 146
- **033** 議論する場面を明示的につくる ……… 149
- **034** 組織と個人を切り離して考える ……… 153
- **035** 具体と抽象を行き来する ……… 157
- **036** 質問しやすい空気をつくる ……… 160
- **037** 議事録をその場で作る ……… 163

第4章 社内との関わりでできること

- **038** 他部署と関わるプロジェクトやスペースをつくる ……… 168
- **039** 情報を進んで開示・共有する ……… 171
- **040** 中途採用者を積極的にフォローする ……… 174
- **041** 転職してすぐに組織を批判しない ……… 178
- **042** さまざまな経験・体験を尊重する ……… 181
- **043** マネジメントの一部をメンバーに任せてみる ……… 185
- **044** マネジメントの仕事を管理職から取りにいく ……… 188
- **045** 社内のパワーバランスの差をなくす ……… 191
- **046** 権威主義を変えていく ……… 194

第5章 社外との関わりでできること

047 社会に興味を向ける 198
048 社外の情報にも目を向ける 201
049 社外の人のSNS投稿にも反応を示す 205
050 「外部研修を受けたい」と主張してみる 207
051 講演や研修で得た学びを仕事で活かす 210
052 読書会や輪読会を開いてみる 213
053 社外のイベントやセミナーに参加する 216
054 外部の人とも積極的に仕事をする 219
055 社内用語や専門用語を多用しすぎない 222
056 カタカナ語を適切に使いこなす 226
057 相手の気持ちを下げない言葉を使う 229
058 組織の我を抑えて相手の顔も立てる 232
059 理解できない提案にも耳を傾ける 235
060 事例探しの旅をやめる 238
061 退職者も仲間と捉える 242

第6章 仕事の仕方でできること

- **062** やる気の下がる仕事をなくす *246*
- **063** ラクすることを嫌う同調圧力をなくす *249*
- **064** 賞味期限が切れた仕事をやめる *252*
- **065** 記憶する努力を不要にする *257*
- **066** 面白いかどうかで判断してみる *260*
- **067** 自社の製品やサービスを使ってみる *263*
- **068** 自分たちで決める経験をする *266*
- **069** お金を使う経験をする *269*
- **070** 「まずはやってみよう」と提案する *272*
- **071** 「まず30点」で前に進める *274*

第7章 働くスタイルでできること

- **072** 自由な服装や髪型で出社してみる …… *278*
- **073** 職場の温度を変えてみる …… *281*
- **074** 職場に音楽をかけてみる …… *284*
- **075** サードプレイスで仕事してみる …… *287*
- **076** ワーケーションを実施してみる …… *290*
- **077** 活動しやすいリズムを主張する …… *294*
- **078** 業務時間外の予定を尊重する …… *297*
- **079** 定時前に早上がりしてみる …… *300*
- **080** 堂々と休めるようにする …… *303*

第8章 トラブル時にできること

- **081** 弱音を明るく吐いてみる …… 308
- **082** 職場で正しく助けを求める …… 311
- **083** 自分ができることに率先して名乗り出る …… 314
- **084** 発言者の意思を確認してから行動する …… 317
- **085** 良いところを言語化する …… 319
- **086** 決めつけで非難するのをやめる …… 323
- **087** 人を責めずに仕組みを疑う …… 325
- **088** 失敗を振り返って学びを得る …… 328

第9章 組織とチームに提案したいこと

- **089** お土産やお菓子を配るのをやめてみる　334
- **090** 宴会の幹事を持ち回りにする　337
- **091** 無駄な作文に費やす時間を減らす　341
- **092** お作法へのこだわりを捨てる　345
- **093** 名前の並び順にこだわるのをやめる　349
- **094** 変化の価値に目を向ける　351
- **095** 偉そうな態度をやめさせる　355
- **096** 交渉してみる　360
- **097** 経営層に現場のリアルを伝える機会をつくる　363
- **098** 働き方を主体的に選べるようにする　366
- **099** 役員や管理職の顔触れをカラフルにする　370
- **100** ビジョンに即した変化を促す　373

おわりに
組織の体質は「あなた」から変えていける　376

参考文献　383

序章

文化度が高い組織の「10の体質」

「はじめに」にて、本書における以下の定義づけをした。

- 時代の流れや価値観に合っていないレガシーな組織＝文化度が低い
- 時代の流れや価値観に合っているモダンな組織＝文化度が高い

そして筆者は、レガシーな体質の組織を「統制管理型組織」、モダンな体質の組織を「オープン型組織」と呼称している。では、それぞれの組織はいかなる場面において、どのようにレガシーまたはモダンな体質を持っているのだろう。ここまで言語化してようやく、その正体が見えてくる。
　そこで本書では、**以下の図にある10の項目における体質に焦点を当てて、それがレガシーかモダンかを判断していく。**

図：統制管理型組織とオープン型組織の体質の違い

	統制管理型	オープン型
①行動様式	ルールありき	ビジョン・ゴールありき
②マネジメント	統制管理型	権限移譲型
③協力意識	過度な内製主義	共創重視
④価値創造	削減主義（コスト削減・時間削減）	創造主義（新規価値・余白）
⑤コミュニケーション	指示命令と報連相	対話とザッソウ（雑談・相談）
⑥情報共有	クローズ・逐次共有	オープン型
⑦社内制度	横並び主義	違いを認め合う・活かす
⑧リスク意識	失敗を許さない	トライ＆エラーが評価される
⑨学習志向	「経験学習（OJT）」重視	「越境学習」重視
⑩仕事の進め方	ウォーターフォール型	アジャイル型

出典：『組織変革 Lab』講義資料

　繰り返すが、筆者は統制管理型がダメで、オープン型が良いと言うつもりはない。10の項目と照らし合わせながら、自組織や自チームの体質を振り返り、それぞれの良い部分を取り入れる前向きな議論をしてほしい。統制管理型組織のレガシーなやり方から、**オープン型「も」尊重し取り入れたハイブリッドかつモダンなスタイルに進化していこう。**

　それでは、レガシーな組織から脱却し、モダンな組織に変革するために目指したい「10の体質」について、概要を解説していこう。

1 行動様式の体質

レガシー 「ルール」の遵守を重んじて、例外は認めない

モダン 「ビジョンやゴール」を大切にして臨機応変に判断する

　統制管理型の組織における行動様式の体質は、ルール遵守が絶対である。例外は認めず、ルールに則ることを前提として、あらゆる物事が思考、判断される。たとえばリモートワークを提案しても「どのようなメリット・デメリットがあるか」「どうすれば実践できるか」といった議論がなされることなく、「出社がルールだから」の一言で片付けられてしまう。

　しかしときには、**ルールを守ることが目的になってしまい、本質を見失ってしまうこともある。**これまでのルールや規則が実態に則しているとは限らず、それが成長や成功へのネックになっている場合もある。それに変化が激しい現代では、答えのない問いに向き合う場合、誰も正解を持っていないことも多々ある。どんなに入念に立てた計画も、時代や環境の変化とともに合理性を失う。そのような環境下において、既存のルールは非合理どころか足かせになる場合もある。

　一方で**オープン型の組織は、ルールを絶対のものとして捉えない。**ビジョンやゴールを重視し、状況あるいはチームやメンバー（いわゆる部下）のコンディションによってルールを柔軟に変える。

2 マネジメントの体質

レガシー 役職や権限を重視し、現場を厳しく「管理統制」する

モダン 「権限委譲」を行い、メンバーの主体性を尊重する

　統制管理型組織におけるマネジメントの体質は、まさに「管理」重視である。経営陣や管理職などの「上」、あるいは本社など管理部門が決めた

ルールに沿ってメンバーを従わせる。原則的には逸脱を許さない。皆が同じであることを良しとし、管理職の仕事は文字通り現場の人間の行動や思考を管理することである。

しかしこれでは、現場からの声や提案が上がりづらく、市場や顧客の実態を見落としやすい。経営者やマネジメント層の判断によって組織の未来が左右されてしまう。現場メンバーの主体性や能力も発揮されず、成長も見込めない。なにより、**組織の駒のように扱われては働く人たちのモチベーションも上がらない。**

一方で**オープン型の組織では、メンバーに権限を委譲していく。**メンバーの自律的な行動を促し、管理職改めマネージャーはメンバーの管理ではなく、成果を発揮しやすい環境を整えたり、人・モノ・金・情報などをやりくりしたりといった、本来の意味でのマネジメントを行う。

③ 協力意識の体質

レガシー 外注やコラボを嫌い、可能なかぎり「内製」する

モダン 社外の人とも協力し、「共創」によって価値創造する

統制管理型組織は何かのプロジェクトを立ち上げ、進行する際、**それが社内外問わず、なんでもかんでも自分たちでやりたがる。すなわち「内製」したがる。**他社と仕事を進める際も必要最低限の情報のみを提供し、自社の指示・命令だけを伝え、下請けのように扱う。

内製主義は、ひとたび体制を構築できれば自組織だけで自由度高く課題を解決できるメリットがある。経験やノウハウも組織の中に蓄積でき、コントロールしやすい。しかし体制を構築したり、能力や経験、ノウハウを獲得したりするまでには時間がかかる（あるいはモノにできない）リスクを伴う。また、**自社の経験や能力に固執するため、その限界以上の成果にはつながらない。**

一方で**オープン型の組織は、自組織の中だけで課題解決をしようとしない。**自チームや自組織に足りない経験・知識・能力を持つ人とスピー

ディーにつながり、答えを出すことができる。社内においても社外においても、枠を超えた外の人たちとフラットな関係でつながって課題解決や価値創造を行う、いわゆる「共創」して前進する。

4 価値創造の体質

レガシー 1円でも安く、1秒でも早くを追求する「削減主義」

モダン 十分な時間とお金をかけて良いものを創ろうとする「創造主義」

　大量生産・大量消費を前提とする製造業などにも、統制管理型組織は多い。そのような組織は、これまでいかに良いものを大量に安く作り安く売るかに重きを置いてきた。**コストや時間を削減することこそ利益、すなわち価値を創造することであると考える体質がある。**

　コスト削減主義も、競合がひしめく量産型ビジネスにおいては一定の合理性はある。しかし新たな感動を創造して高利益を得るビジネスモデルにおいては逆効果だろう。なにより**削減一辺倒のギスギスした組織や野暮ったい業界で、人はモチベートされるだろうか。**少子化が進み、ますます人口が減少していく未来においては、需要の総数は減る。コスト削減より、商品やサービスが生み出す価値を高め顧客単価を上げる方が賢明だろう。

　一方で**オープン型の組織においては、今までにない新たな事業や価値を生む仕事を重視する。**十分なお金と時間をかけて、さまざまな人たちと協力し、対話を重ねて新たな発想を生み出す。目に見えないものや体験にも意味を付加して、価値として高く売る。そのための投資を惜しまない。

5 コミュニケーションの体質

レガシー 上から下へは「指示・命令」、下から上へは「報連相」のみ

モダン フラットな関係で対話し、「雑談や相談」を通じて相互理解する

統制管理型組織や業界におけるコミュニケーションの体質は、上意下達の指示・命令型が主流である。マネージャーとメンバーに限らず、同僚同士や社外との関係においても、基本的に会話は報告・連絡・相談が中心。そして下は上の言うことに従う。下が上に意見や提案をするなどもってのほか。なぜなら上が決めたことをミスなく逸脱なく、計画通りに忠実にこなすのが仕事だと認識しているから。進捗状況や異変などは、上の人たちの心地よいやり方とタイミングで報告・連絡・相談を申し上げる。

　しかしコミュニケーションの大半が指示と報連相になると、それ以外の情報がいっさい共有されない。「ここが少し気になる」といった些細な情報が伝えられず、トラブルとして表面化するまで共有されることがない。関係者の内心もわからないため、急に人が辞めるなどが日常茶飯事になる。

　一方で**オープン型の組織においては、異なる職位や組織の間であっても、コミュニケーションは基本的にフラット。**対話を通じた相互理解、雑談や相談（ザッソウ）を通じた課題解決が重視されている。

⑥　情報共有の体質

レガシー　共有、伝達に慎重で、あらゆる情報を「クローズ」にする

モダン　情報を「オープン」に公開し、社内外で広く協力者を見つける

　統制管理型の組織は、情報を外に出すことを良しとしない。なんでもかんでもセキュリティでガチガチに固め、中に囲いたがる。たとえばデジタル情報の管理は部署ごとにファイルサーバーを立てて、部署や権限ごとにアクセス権限を細かく設定・管理する。サーバーやネットワーク機器も自社で保有して運用する。クラウドサービスを活用するにしても、組織外の人がアクセスしにくいプライベートクラウドを好む傾向にある。

　もちろん秘匿性の高い情報を高いセキュリティレベルで管理する合理性はある。一方で社内（部門間、管理職と非管理職間、正社員と派遣社員間など）での情報格差を生みやすい。ひどい例だと、**情報を抱え込み「情報を持っている＝自分は偉い」と思い込み、横柄な態度をとる人もいたりする。**社

外パートナーと連携する際も、必要な情報をスムーズに共有できず、ものごとが遅々として進まないこともある。すなわち共創を遠ざける。

　一方で**オープン型の組織は、自分たちの事例やノウハウ、困りごと、興味関心のあるテーマなどをオープンに発信し、共感者や共創相手を見つけていく。**ITシステムも社内の他部署や社外パートナーと共創しやすいクラウドサービスを活用し、スピード感のあるオープンなコミュニケーションを志向する。

7　社内制度の体質

> **レガシー**　違いや例外は認めず、全員が「横並び」になることを重視

> **モダン**　さまざまな価値観や事情を認め、制度自体も「多様」である

　統制管理型の組織では、皆が同じ行動をとることを前提とした社内制度を重視する。業務の違い、部署の違い、本社と製造現場の違いなど多少の差異があったとしても、基本的に皆同じ条件、同じ環境でいることを目指す。たとえば営業部に限らず、顧客や取引先と対面することのない内勤者にもスーツの着用を強要したり、PC作業中心のデータ分析やクリエイティブ職の人にも毎日の出社を強制したりなど。そうしなくては、社内に不公平感が生まれるからだ。人事制度もそのように設計されている。

　しかしこれでは優秀な人材も、働く時間や場所の制限がネックになり、その会社を避けたり去ったりする。**社内は画一的な働き方や属性の人だらけになり、思考や行動の多様性が失われ、新しいアイデアや提案が出づらくなる。**

　一方でオープン型の組織は、部署や職種、あるいは同じチームであっても、個々の特性や事情、ライフステージなどに応じて個別に対応できるよう、働き方の選択肢や人事制度そのものが多様である。テレワークや複業のような仕組みも、多様な人が活きるための制度であると捉えて積極的に取り入れる。

⑧ リスク意識の体質

レガシー 「失敗」は非難されるため、入念に評価・準備を行う

モダン 「挑戦」を評価し、そこからの学びを大切にする

統制管理型の組織では、失敗が許されない。小さなミスも重箱の隅をつつくかの如く指摘され、非難される。そのため何をするにも入念な調査や準備がなされ、何重ものチェックを受ける。そうして成功が確実になった提案やプロジェクトだけがGOサインを出されて実行に移される。

リスクを回避したい気持ちは当然理解できる。しかし不確実性の高い現代では、確実と言えるものはほぼ存在しない。どれだけ入念に準備をしても失敗することはある。**過度に恐れ、いつまでも届くことのない確実性を追い求めることは、時間の無駄にしかならない。**それに、失敗をしないことが目的となることで、挑戦は忌避され、前例踏襲の思考や行動ばかりが繰り返されるようになる。

一方で**オープン型の組織は、いかに多くのチャレンジをし、そこから学びを得るかに重きを置く。**失敗は将来の成功のためのプロセスや学びであると捉え、いわゆるトライ＆エラーを評価する。

⑨ 学習志向の体質

レガシー 前例やベテランのノウハウといった「経験」からの学びを重視

モダン 部署や組織を「越境」し、異質なものからも新たな学びを得る

統制管理型の組織は、組織の中や過去（年功序列の仕組みのなかで昇進した役職者やベテランの知識やノウハウ）**に正解を求め、そこから学びを得る体質がある。**組織の中での経験に学ぶスタイル、すなわち経験学習を重視する。たとえば人材育成においては、先輩から実務を学ぶいわゆるOJT(On the Job Training）を重視する。よって他社や他業界の例をあまり学ぼうとしない。

たしかに、過去の自社事例やノウハウにも一定の価値はある。しかしそれが現代でも通用するとは限らない。このような組織では、**たとえ他社でうまくいっている事例を実践しようと提案しても、「うちではやったことがないから」「他社だからできたことでしょ」と反発される。**結果、前例踏襲が中心となりイノベーションが起きず、ゆるやかに衰退を迎える。

一方で**オープン型の組織は、自社の経験に加えて越境学習も重視する。**所属する組織や地域や職位などの枠を越えて（越境して）、異なる環境に身を置くことで、新たな視点を得る学習スタイルだ。不確実かつ変化の激しい時代において、イノベーション力や共創力を高めるための人材の育成手法としても注目されている。

⑩ 仕事の進め方の体質

> `レガシー` **最初にすべての計画を決め、遵守する「ウォーターフォール型」**

> `モダン` **小さなPDCAを繰り返して、柔軟に変更する「アジャイル型」**

統制管理型組織は仕事を進める際、事前にすべての計画を決め、それに従ってものごとを具現化するウォーターフォール型で仕事を進めがちだ。計画が絶対であり、なにがあっても必ず遵守することを目指す。

計画を定めることは大切なことではある。しかしこれまでにも述べてきたように、現代は不確実性が高い。いざ実行に移してみたら計画通りにはいかないことも多いだろう。そこで無理に計画を遵守しようとして、メンバーが長時間の残業をしたり、精神的負担を抱えてしまったりすることも多い。もっと酷いと、**不正に手を染めて不祥事として公になることも。**

一方で**オープン型の組織は、アジャイル型の仕事の進め方を重視している。**計画・実行・改善を短いスパンで繰り返し、計画自体を適宜見直しながらものごとを進めるスタイルのことだ。「この目標は達成可能なのか？」「そのためには今の手段を続けていていいのか？」「そもそも目指すべき目

標はこれでいいのか？」と、日々自問自答とトライ＆エラーを続け、可能なかぎり最良の結果を目指して変化と進化を繰り返していく。

■ 組織体質の文化度を高めよう

10の観点から、統制管理型組織とオープン型組織の体質の違いを見てきた。「はじめに」で述べたように、体質における文化度の判断はあくまで「時代に即しているかどうか」であり、**文化度が低いことは必ずしも非難されることではない。**

実際、いずれの体質にも合理性はある。事前に立てた計画が完璧であり、決められたルールや手順に従うことで計画された答えが確実に出せる業種や業界においては、統制管理型の体質は有効だろう。

しかし昨今では、従来の価値観や成功パターン、能力、同じ組織やチームの中にある情報やノウハウだけでは解決できない課題が増えてきている。そのような時代においては、**社内に閉じこもり、過去の経験を重視し、同質の人間たちで集まり、一部の役職者の指示によって全体がコントロールされている統制管理型組織の体質は大きなリスクとなるのも事実だ。**

たとえば少子高齢化による労働力不足が急速に進む昨今、**毎日のオフィス出社やフルタイム勤務といったルールを固持する組織からは、ますます働き手が遠のくだろう。**テレワークや週3日勤務、複業兼業などを許容して多様な人材を受け入れ共創していかなければ、イノベーションどころか日々の事業運営そのものが成り立たなくなる。

仕事の進め方においても、上司と部下の関係、発注者と受注者の関係といった**「指示命令をする／される」コミュニケーション体質では機能しなくなりつつある。**フラットな対話を通じて相互理解をし、お互いの能力や経験、価値観をリスペクトしてこれまでにないアイデアや発想を生み出す必要がある。過去の成功にとらわれ、共創体質になれない組織は時代から取り残される。

よって統制管理型の組織であっても、部分的にでもオープン型の体質を
取り入れていく必要があるだろう。**これら10の体質において、それぞれ
をモダンにしていく、つまり文化度を高めていくためにできることが、こ
れから本書で紹介する「100の方法」**である。100個それぞれに、10の体
質の「どの実現に有効か」がわかるようにしているので、それも参考にし
てもらいたい。

■ 組織の体質が表出した、2つの文化

筆者は組織の体質を表した文化や慣習を、大きく2つに分類している。
志の文化と、惰性の文化である。

図：組織の体質を表す2つの文化

「志」の文化

意志を持って
続けている
慣習や行動

「惰性」の文化

なんとなく
続けてしまっている
慣習や行動

出典：筆者作成資料

志の文化とは、意志を持って続けている慣習や行動である。たとえば、
「顧客に寄り添う」をポリシーにしている企業に、下記のような慣習があ
るとする。

- 社内の会議をなるべく減らし、顧客と触れ合う時間を可能な限り創る
- 事業所内に顧客と一緒に対話やグループワークなどができるスペースを
  創り、解放している
- 社内に顧客を招いたランチ会を定期的に開催している
- 地域イベントの参加も会社として推奨し、地域の顧客と同じ景色を見る
  ようにしている

これらはいずれも創業者や経営者、あるいはその組織のメンバーが意志を持って続けていることである。変えてはいけない、志のある文化だ。

この対極にあるのが惰性の文化である。文字通り、惰性によってなんとなく続けてしまっている慣習や行動を指す。

- 前任者から引き継ぎ、「そういうものだ」と思って続けている朝礼
- 一部の人しか読まないのに、毎日書かされている日報
- 意味はわからないが、なんとなく課せられている週3日の出社義務
- 誰も発言しないのに、毎回全員を集めて行われる部内の定例会議
- ITツールを使わずに、毎回郵送でやりとりしている依頼状や請求書
- ほぼ日常的に行われている二重チェック、三重チェック

いずれも、やめるきっかけがなく、なんとなく続いている、続けさせられている惰性の文化である可能性が高い。集団主義の色が強い組織ほど、もはや当初の目的から逸脱し、意義を失った「仕事ごっこ」のような慣習や所作を惰性で続けがちだ。こうして、**皆で仲良く苦しむ**」「**皆で仲良く思考停止する**」体質が醸成される。

■ あなたが組織に「志」を取り戻そう

組織の慣習やルールに違和感を抱いたら、まずはそれが志によるものか、惰性によるものかを見極めよう。そして惰性の文化だと感じたら、積極的になくしていこう。そのためのヒントが、この本には詰まっている。

「なんだかよくわからないけど、周りがみんなそうしているから」
「目的や背景はよくわからないけど、ルールだから従いなさい」
「さもないとマイナスの人事評価をされるぞ」

こんな言葉を投げかけられたら、それは組織の体質を変えるチャンスだ。思考停止した人たちの言葉に負けず、あなたから、組織の慣習やルールに志を取り戻そう。

そこから、組織の体質は少しずつ変わっていくだろう。

第1章

日常の会話で
できること

日常会話

001

「さん」づけで相手を呼ぶ

口頭でも文面でも「役職」をつけていないか?

田中部長!
部下の鈴木のことで
ちょっと相談が……

あ、鈴木!
石井課長に例の件
聞いた?

レガシーな組織

役職者は必ず職
位をつけて呼ぶ。
メールなどでも職
位をつけて表記
する

モダンな組織

職位にかかわらず
「沢渡さん」など
さんづけで相手を
呼ぶ

役職名をつけて呼び合う組織

職場での呼び方には、組織によって違いがある。若手を呼び捨てにした
り「○○ちゃん」と呼んだり、職位の低い人にはタメ口で話したり。**なか
には役職者は「○○部長」「○○課長」など職位をつけて呼ぶ(役職呼称)
職場も少なくない。**メールの文面も同様だ。

いずれも良い面も悪い面もある。役職呼称には面倒くささを感じる反面、
誰に意思決定権があるのかがわかりやすいメリットもある。指示や意思決
定を仰ぐ相手や、指揮命令系統がわかりやすく、迷いにくい(一方で職位も
多様化・複雑化していて、課長心得、主事、主席部員、シニアエキスパート、ディレ
クター、チーフテクニカルアーキテクト、エバンジェリストなど責任範囲や権限はお
ろか、そもそもどんな役割を担っているかもわからない名称が増えているのは悩ま
しいが……)。

とくに統制管理型がうまく機能している組織や分野においては、役職呼
称の方が都合の良いケースもある。

034

第1章 —— 日常の会話でできること

■ 役職で呼ばれるうちに「自分は偉い」と思い込む人たち

　反面、**役職で呼ばれ続けることにより「自分が偉い」なる幻想や勘違いをする人もいる**。統制管理型の体質を助長するだけでなく、マウンティング行動（優位な立場を利用して他人に対して強気に振る舞う行為）やハラスメントを生み、メンバーや社外とのコミュニケーションや組織のガバナンスに悪影響を及ぼすこともある。

　また、役職を調べる手間もかかるだろう。当然、文面やメールに記す手間もかかる。役職変更の際はさらに面倒だ。変更に気づかず前の役職で相手を呼んでしまい、無駄な失礼を生む面倒くささもある。とりわけ日本の大企業の管理職は複数部署の兼務・兼任が多いと言われており、同じ人でも本務先と兼務先で役職が異なるケースもあるから油断ならない。

　確認点が増えれば、それだけミスも増える。重箱の隅をつつくような指摘をし、マウンティングするような人も出てくる。こうして、無駄なコミュニケーションのトラブルが増える。

■ 「さん」づけで呼び、敬語で話す組織

　組織の考え方にもよるが、個人的には**誰に対しても「さん」づけで呼び、敬語を用いるフラットなコミュニケーション**が心地よく感じる。職位によるハードルを低くし、フラットな対話や共創をする文化を醸成しやすい。相手の職位に応じて態度を変えるなどの行動を抑制する、心理的な効果もある。

　もちろん、役職変更による呼び間違いも回避できる。最近は定年後の雇用延長により、**同じ職場に居ながらにして職位がなくなる人も少なくない**。昨日まで「部長」「課長」とつけて呼んでいた人を「さん」で呼ぶときの違和感。役職で呼ばれなくなったときに感じる一抹の寂しさもなかなか切ない。はじめから「さん」づけで呼び合っていれば、そんな気まずさも感じずに済む。

■ 「さん」づけにもデメリットはある

　ただし、「さん」づけにもデメリットはある。トラブル発生時などにお

いて、**誰に意思決定や指示を仰いだらよいのかわからず、迅速な行動と解決ができなくリスクがある**。緊急時などは、役職呼称による指揮命令型の組織体制のほうがうまく回るケースも多い。

　全員が「さん」づけだと誰がキーパーソンなのか、誰に何を相談したらよいのか、誰に決定権があるのかがわかりにくい。とりわけ顧客やお取引先など、外の人たちに無駄なコミュニケーションコストや気遣いを発生させることもある。組織や業務の特性などを勘案して、どちらがよいか議論し検討していきたい。

　その上で「さん」づけを普及させたい場合、どのような行動をしたらよいだろうか。筆者も「さん」づけの職場から役職呼称の職場に転職・異動した経験がある。そのときに実践していた行動を紹介する。

■ 「さん」づけを貫く

　自分だけは「さん」づけを貫く。会話でもメールでも、「さん」をつけて相手を呼ぶ。いちばんはこれに尽きる。最初は周りの人たちに違和感を持たれるかもしれないが、やがてそういうキャラだと思われ、気にされなくなる。一方で共感した人が真似しだし、気がつけば、一人また一人とあなたの後に続き、「さん」づけが定着することもある。

■ 経営理念やミッション・ビジョン・バリューと照らし合わせる

　会社の経営理念や、組織や部署のMVV（ミッション・ビジョン・バリュー）などを引き合いに、「さん」づけが相応しい行動であることを周りに説明する。たとえば筆者が以前所属していた企業は**グローバルカンパニーになることを標榜していたにもかかわらず職位をつけて呼び合っていた**。当時、筆者の知る限りにおいて他の日系グローバル企業や外資系企業は相手を職位で呼ぶことはしていなかった。また、海外のビジネスパーソンが日本のビジネスパーソンと会話やメールをするとき「-san」で相手を呼ぶことも知っていた。そこで、こう主張した。

第1章―― 日常の会話でできること

> 当社はグローバルカンパニーになることを掲げています。役職呼称は、グローバルカンパニーに相応しい行動であるとは思わないため、私は「さん」づけを実践しています

筆者はことあるごとにこう説明し、周りの理解や共感を得ていた。「グローバル」に限らず、「共創」「シナジー」「コラボレーション」「イノベーション」などの経営理念やMVVも目立つキーワードである。**それらの理念を実現する上で、役職による違いを意識させるような行為は逆効果であるとも言える。**なぜあなたが役職呼称をしないのかと周りの人に問われたら、それらのキーワードを引き合いにだしながら、堂々と自分の行動の正当性を主張すればよい。

■ 自己紹介や日々の自己開示を徹底する

先述のように、「さん」づけ呼称は、その人の権限や役割を相手に見えにくくするデメリットもある。そのため**初対面の相手には役割を含めた自己紹介を丁寧にしよう。**合わせて、日頃から自己開示し合うコミュニケーション文化も醸成していきたい。他にも、あなたが率先して自己紹介を仕切ったり、社内SNSがあるなら各自のプロフィール情報の詳細化と更新を促したりと、相互理解の促進をしていきたい。役職に込められているよりも、もっと多くの情報を共有できるはずだ。

一歩踏み出す！
- あなたから「さん」づけを始めて、浸透させていく
- 経営理念などと照らして行動の妥当性を丁寧に説明する

柔軟さ｜主体性の尊重｜フラットな関係｜多様性の尊重

002 社員を「この子」「うちの子」と呼ばない

妙な身内意識を露呈していないか？

うちの子はみんな優秀だよね〜

レガシーな組織
年下の社員や女性社員を「この子」「うちの子」と呼ぶ

モダンな組織
職位や年次にかかわらず「○○さん」と、名前で呼ぶ

■ 社員を「うちの子」呼ばわりする組織

　前項で「さん」づけによって相手へのリスペクトが伝わると書いた。呼び方が相手との関係性や組織風土にもたらす影響は決して小さくない。
　たとえば、世の中には**自分より年下や年次の低い社員、職位が下の担当者、女性社員などを「この子」「うちの子」と呼ぶ人がいる**。悪気なく、かつ親しみを込めて使っていると思われるが、「子」なる表現にも注意が必要だ。筆者は旧態依然の組織文化を匂わす行為や言動が放つ空気を「レガシー臭」と呼んでいるが、「子」なる表現も十分にレガシー臭を漂わせているのだ。

■ 「うちの子」が周囲にもたらすマイナス印象

　「"うちの子"と呼ぶのは社員を家族や子どものように思っているから」
　冒頭の指摘を読み、そう反論したくなった人も多いだろう。たしかに、その気持ちはわかる。だが発言者がそう思っていても、その光景を見た社

外の人は、このように感じるかもしれない。

- この会社は若手や女性を下に見たり弱者扱いしたりしているのでは
- この会社の経営陣や管理職は自分が偉いと勘違いしているのでは
- 上意下達が強い社風なのでは
- お取引先などに対しても横柄に振る舞うのでは

　その会社がどんなに先進的な取り組みをしていても、風通しのよさをPRしていても、**その一言の裏に見える悪気のない上下意識が、周囲に疑念を抱かせる。**体育会系気質というか、学生のノリが抜けきっていない体質、ハラスメント気質の香りを感じてしまう人さえいる。

　組織の見られ方を決めるのは、他ならぬ他者である。「この子」なる言葉を発した結果、社外の人に組織体質の古さを感じ取られて警戒されたり、ダイバーシティ＆インクルージョンが浸透していない企業だと思われる。これは企業経営上マイナスに働くことはあっても、プラスになることはない。

■ 誰も指摘してくれないまま、体質が古くなっていく

　レガシー臭の払拭はなかなか難しい。たとえ本人たちが気にしていない、あるいは納得していたとしても、外からの見られ方で損をしてしまう。そして多くの人は「"この子"って呼び方、やめたほうがいいですよ」などと助言してくれない。余計なお世話だと思われ、相手との関係性を悪化させかねないからだ。

　組織の口ぐせは体質を創る。「この子」「うちの子」の多用が、若手などを下に見る意識を強めてしまい、経営陣や管理職の偉そうな振る舞いを助長する。言われた本人も「自分たちは未熟だ」と感じ、主体性を奪われる。「子ども扱いされている」「バカにされている」と感じて辞める人もいる。**社外だけでなく、メンバーのエンゲージメント**（帰属意識や愛着）**にも大きく影響するのだ。**

▶ そっと、教えてあげよう

あなたの会社の役職者や、年次が上の人が社員に対して「この子」「うちの子」なる表現を使っていたら。そのときは後でそっと、こう伝えてみよう。

> バカにされているみたいで、言われた方は気持ちよくないです

> うちの会社が古臭い会社だと思われてしまいそうで気になります

> 私は別にいいのですが、お客様やお取引先が引くと思います

筆者も悪気なく「この子」「うちの子」と発する経営者や部門長などに対して、「"この子""うちの子"って言い方は、やめたほうがいいですよ」とそっと耳打ちすることがある。勇気を持って、伝えよう。

> 一歩踏み出す！
> • 「この子」「うちの子」は恥ずかしいからやめてくれと言う

| 日常会話 | 003 職場の人と褒め合う、称賛し合う |

ポジティブなフィードバックをもらえているか？

レガシーな組織
仕事は淡々と進めるもの。褒めたり褒められたりすることはほとんどない

モダンな組織
日常的に相手を褒めたり、称賛の言葉を投げかけたりする

主体性の尊重

創造主義

フラットな関係

挑戦の尊重

■ 褒める文化のない組織

あなたは最近、仕事で褒められたことがあるだろうか？
あるいは誰かを褒めたことがあるだろうか？
この質問を投げかけて、誰も手が挙がらない職場がある。なぜ相手を褒める文化がないのか。さまざまな背景や思惑が存在する。

- 「仕事＝言われたことを淡々とこなす」認識で、感情を挟む発想がない
- 部下を厳しく指導するのが管理職の仕事であり、褒める必要などない（と管理職が思っている）
- そもそも褒め（褒められ）慣れていないから気恥ずかしい

指示をこなせば確実に成果を出せる仕事や、ルーチンワーク中心の職種であれば、褒めるモチベーションは出にくい。その気持ちもわかる。

淡々とこなす仕事にこそ、褒められる体験が必要

しかし、日々のルーチンワークであっても、いやむしろ**目立たないルーチンワークのような仕事こそ、メンバーは進め方の良し悪しや、その仕事そのもの、工夫が後工程にどんな影響を及ぼしているかなど、何らかのフィードバックがほしいものである。**

さもないと、自分たちがやっていることが正しいのか正しくないのか、組織の目指す姿と合致しているのかさえわからない。皆ますます近視眼的になる。その状態で「主体性を持て」「視野を広げろ」「視座を高めろ」「協力し合う風土を」などと管理職から言われたところで、「そんな御無体な」である。そもそも、**フィードバックのない職場は活気がない。**

ポジティブなフィードバックが主体性を高める

最近はMVV（ミッション・ビジョン・バリュー）を掲げる組織も増えてきた。それ自体は崇高な行為であり、組織を健全に運営する上で欠かせないが、単に美辞麗句を掲げただけの職場も散見される。「自分の取り組みが組織にとって理想的なものなのか」「MVVにそった行動ができているのか」。誰からもフィードバックがなければMVVは体現されない。**MVVの実践、定着のためにも、フィードバックは欠かせないのである。**

重要なのは褒める／褒めないではない。ポジティブなフィードバックをすることにある。それが相手の主体性や自律性を促す。何より人はポジティブな態度で接してくれる人に好感を持ち、信頼する生き物である。信頼される人、信頼される組織になるためにも、相手の行動・発想・着眼点などにポジティブなフィードバックをしよう。

ただ褒めれば良いというものでもない

では、ひたすら相手を褒めまくれば良いかと言えば、これまた詭弁である。褒めすぎることの副作用もある。

- 褒められないと行動できないマインドが醸成されてしまう
- 相手の自己肯定感を過度に高め、現状に甘んじてしまう

- 伝え方を誤ると、相手を未熟者扱いしているよう捉えられる

　いきなり相手を大げさに褒める必要はない。褒め合う文化がない職場ほど、いきなりベタ褒めしがちだが、それでは相手もぎこちなく感じてしまう。毎回褒めるにもそれなりの労力がかかるし、褒められるほうも気疲れしてしまう。

■ まずは感謝や感動を小さく表現してみよう

　まずは**小さな行動に対して感謝の言葉を述べよう**。あるいは喜びや感動を素直に表現する。

> 助かりました！　ありがとうございます

> その発想はなかった。**面白いですね！**

> その方法があったか！　冴えていますね

　このくらいでもかまわない。チャットのメッセージに感謝を示すスタンプを押すくらいからでもよいかもしれない。そこから**「この職場では感情や感動を示していいんだ」「褒めるっていいことなんだ」「スタンプ機能を使って気持ちを伝えていいんだ」**といった共感形成が行われる。

■ 上長や顧客にもポジティブな言葉を伝える

　上長や顧客など、一般的に**立場が上位**と考えられる相手に対してもポジティブな言葉を投げかけてほしい。

> 課長のあの一声のおかげで、会議の場が明るくなりました！

> 部長が"この作業、やめていいよ"と言ってくださったおかげで、残業せずに済むようになりました。助かりました！

> 請求書の送付、メール添付のみで受け入れてくださったおかげで、郵送するコストと手間を省くことができました！

　このような具体的メッセージがあれば、相手は自身の行動に対する良し悪しを知ることができ、再び同様の行動をとってくれることだろう。

　職位が上がれば上がるほど、褒められる機会は減るものである。**経営者や管理職だって褒められたいさ、にんげんだもの**。また、職位や立場を超えてフラットに対話し合う文化の基盤も徐々に創られる。

◾ 職場の外で褒められる経験を

　たまには職場を飛び出して、社内で職位の近しい人同士、あるいは社外の人たちと交流して対話をするのもいいだろう。

　同じ組織の中だと当たり前すぎて褒められないものごとも、ところ変われば感動してもらえたり、共感しあえたりする。課長職にある人なら、同じ組織の部長やメンバーには言えない悩みやつらさも、他部署の課長同士なら打ち明けやすかったり聞いてもらいやすかったりする。見えない努力を、他部署や他社の人たちから「いいですね」「素晴らしいですね」と褒めてもらえることもある。

　ポジティブな言葉をかけてもらう喜びを知って、次は自分がポジティブな言葉を誰かにかける側に回る。そこから職場の景色は少しずつ明るくなる。

> **一歩踏み出す！**
> - 小さなことから感謝や感動を表現してみる
> - 上長や顧客などにもポジティブなフィードバックをする
> - 他部署や他社の人たちと越境して対話するのも効果的

日常会話

004
気遣いやサポートにも感謝を示す

周囲のサポートを当たり前に思っていないか？

レガシーな組織
誰かが助けてくれるのが当たり前。サポートがないとがめる

モダンな組織
見えない調整ごとなど拾って進めてくれた人にも感謝を伝えている

共創意識 / 創造主義 / フラットな関係 / 挑戦の尊重

■ 見えにくいタスクに気づき、サポートしてくれる組織

　あなたの組織では、誰かが転がったボールに気づいて拾い、率先してものごとを進めてくれるだろうか。たとえば、あなたが社外のビジネスフォーラムで面白い企業の担当者と出会ったとする。次の企画をその企業と契約して一緒に進めたい。その旨を部の定例会の場で話した。

「いいね、進めましょう！」

　部長から早速ゴーサインを示す一言が。次の瞬間、メンバーの一人が契約手続きの進め方を部のチャットに箇条書きしてくれた。他のメンバーからは契約書のひな形の電子ファイルが届く。

「僕も一度、その会社の人に会ってみたいな。先方を訪問しましょう。セッティングをお願いできますか？」

　部長からグループチャットにこんなメッセージが。あなたは早速、日程調整をしようと試みる。そのとき、他のメンバーからまたチャットが。

「部長と〇〇さん（あなた）が出張可能な候補日程と時間を挙げてみました。

045

こちらを先方に提示してはいかがでしょうか」

おかげで熱量を保ったままテンポよく先方と取引開始できた。

◆ サポートへの依存が、受身の体質を助長する

見えにくいタスクを率先して拾ってくれる人たちの存在は本当にありがたい。いわゆる気が利く人、主体的に動く人たちだ。しかし、**その人の厚意に甘え、依存しすぎるのも問題だ。組織の体質を悪くしてしまう可能性もある。**

- 「誰かが拾ってくれるだろう」の気持ちが強くなり、必要なタスクを細分化せず雑に仕事を投げる習慣が身についてしまう
- 気が利く人がタスクを拾ってくれなかったときに、その人を責める行動に出る（人もいる）

とくに後者は最悪である。本人はボランティアで、気を利かして先回りしているだけなのに、それを当たり前だと思ってしまう。そして、たまたまやらなかったときに咎める。**まるで「気を利かしたモン負け」である。**この傾向が組織全体で強くなると**言われたことしかやらない指示待ち、受け身の姿勢、助け合わない体質が助長されていく。**皆が目先の仕事や自分の仕事にしか関心を持たず、越境や共創が起きにくい体質に変わっていく。**とはいえ主体的に協力し合う組織文化が悪いとは思わない。それが当たり前になり、依存するのが問題なのだ。**他者に依存することなく、お互いに助け合う体質を創るにはどうしたらよいのだろう。

◆ 小さなサポートにも感謝を伝える

まず、**どれだけ小さなことにも感謝の言葉を伝えよう。**何かをしてもらったらその場で「ありがとうございます！」「助かります！」と感謝を伝える。チームのミーティングなどの折に、次のように具体的な行動をそえて感謝の気持ちを表明する。

第1章 ── 日常の会話でできること

> ○○さんが契約手続きを進めてくれるおかげで、いつも助かっています！

> いつも○○さんが議事録を送ってくれるおかげで、タスク漏れを防げて感謝しています！

■ 見えにくいタスクを名もなき仕事にしない

　これは言われた本人のためだけではない。周りの人にも、見えにくいけれど大事なタスクの存在が認知され、なおかつその行動が評価されたことも正しく伝わる。**見えないタスクを「名もなき仕事」で片付けない。メンバーの主体性や善意を「気が利く」で終わらせず、大事な仕事として言語化し、感謝する。**そのリスペクトの気持ちと行動を大切にしよう。

一歩踏み出す！
- **タスクを率先して拾ってくれた人に感謝の気持ちを伝える**
- **具体的な行動をそえて感謝の気持ちを示すとなおよし**

共創意識
創造主義
フラットな関係
挑戦の尊重

005

日常会話

雑談をしかけてみる

会話や雑談が気軽に行われているか？

レガシーな組織
静粛重視。会話や雑談がしにくい

モダンな組織
ワイワイガヤガヤ歓迎。会話や雑談が気軽に行われる

静粛重視の組織、ワイガヤ重視の組織

あなたの職場は、以下のいずれの状態に近いだろうか？

つねにシーンとしていて、**雑談はおろか、ちょっとした会話さえも遠慮しなければいけない雰囲気。**それどころか、パソコンのキータッチの音なども大きくなりすぎていないか気にしてしまう。一方で、**オフィスは比較的にぎやかで雑談も会話も歓迎。**マネージャーとメンバー、メンバー同士、相手を問わず自然とその場で会話が始まり、そして終わる。

いずれも合理性がある。オフィスは作業に集中する場所であるため、静粛であるべきだ。設備の維持管理を担う職種においては、異常を知らせる警告音や、装置の異音に敏感になるために静粛性を重んじる職場もある。反面、静粛重視の場合は、雑談や相談が起こりにくい、仲間同士の自己開示や相互理解が行われにくい、個人主義的な体質が醸成されやすいなどのデメリットも伴う。説教の声だけが響き渡るなど、職場の雰囲気が悪くなることもある。

対して、にぎやかな職場では雑談や相談による相互理解やちょっとした
アイデア出し、協力も生まれやすい。一方で、他人の会話や突然の声がけ
が気になって作業に集中しにくいなどのネガティブな面もある。

職場のノリは組織によって異なる

筆者は転職前後の組織で、真逆の文化に面食らったことがある。転職前
の職場はオープンなスタイル。座席もフリーアドレスで、どこに座って仕
事をしてもよい。近くの人との雑談や対話も自然に行われていた。

一方、転職後の職場（企業名は、筆者プロフィール上、非公開）は固定席。
あるとき、近くの席の同僚と仕事に関する内容で意見を交わしていたとこ
ろ、直属の上長から呼び出されてこう言われた。

**「他チームの管理職から、あなたたちの会話の声が気になって作業に集中
できないから控えてくれとクレームが入った」**

しまった。前の職場と同じノリで会話してしまったのがいけなかった。
オフィスのあり方に対する認識が前職とは異なっていたのだ。同じ会社
でも部署によって、オフィスのあり方に対する認識のギャップ、行動の
ギャップはある。どちらが良い悪いではなく、まずはその違いを認識しよ
う。

適度な雑談や会話が組織を共創体質に変える

とはいえ、筆者は適度な雑談や会話は組織に不可欠と考える。コミュニ
ケーションや人間関係を円滑にするのはもちろん、**「一人で悩みを抱える
ことが減る」「より良いアイデアが生まれる」「意外な着眼点や解決策が見
つかる」** など、雑談や会話には組織やチームで仕事をするゆえのメリット
がたくさんある。**他者に興味・関心を持つようになり、そこから組織が共
創できる体質に変わっていく** （共創の対義語の一つは、無関心）。
「その手の雑談は業務時間外でやれ」という意見もわからなくはないが、
わざわざ業務時間外に場を設けるのも気が引ける人もいる。アフターファ
イブの飲みニケーションに参加しにくい人もいる。テレワークをしている
など、その場にいない人もいる。業務時間外に寄せてしまうと、「そこま
でするほどではない」ちょっとした相談ごとや気づきも共有されにくくな

る。手軽さ、気軽さもコミュニケーション活性の重要な要素なのだ。

気軽に会話や雑談できる空間を設ける

　静粛重視の職場。そこに気軽な雑談・相談や会話の行動習慣を小さく創っていきたいならば、次の3つを実践してみよう。

　まずは、**気軽に会話や雑談できる空間を設ける**。オフィスの一画や社員食堂などに気軽に会話や雑談できる空間を設け、または探し、仕事の合間に上長や同僚とちょっと話をしてみる。長居すると悪目立ちしそうであれば、まずは1日5分〜10分程度でかまわない。いきなり雑談するのが憚られるようであれば、仕事に関連するテーマの相談や打診から始めるとよい。雑談や会話の効用や仕組みについては、ソニックガーデン代表・倉貫義人氏の著作『ザッソウ 結果を出すチームの習慣』（日本能率協会マネジメントセンター）の解説が参考になる。

オンラインに雑談スペースをつくる

　リアルが難しければ、**チャットツール内に「雑談・相談コーナー」を設けるのも有効**だ。テキストコミュニケーション手段の活用は、時間や場所の制約なく、雑談や会話を生みやすくするメリットがある。オンラインの場があるとテレワーク勤務者も参加しやすくなってよい。

　リアルかオンラインかは問わず、まずは会話や雑談の場と体験を増やす。そうして「雑談や会話はいいものだ」という共感を小さく生んでいくと、オフィスの席での会話や雑談が許容されるようになるかもしれない。

集中できる空間や時間も大切にする

　一方で、**思考や作業に集中できる場や空間を確保するのも重要**だ。企業によっては、オフィスのフロアを集中空間と共創空間に分けているところもある。この場所では静粛に、この場所では会話や雑談歓迎。こうすれば、静粛モードとワイガヤモードの切り替えもしやすくなる。もし今後、あなたの職場でレイアウト変更の計画があるなら、そのような提案をしてみるのもよい。もちろん、テレワークを併用し、作業に集中したいときこそテレワークをするのもありだ。

そういったスペースがなく、テレワークも活用できないのであれば、**「今は作業に集中したいです」**など、**自分のモードを主張しよう**。つねに対話や雑談に応じていては、自分の作業が進まなくなる。毎回応じる必要はない。正しく断る。その習慣も広めていきたい。

> 今は作業集中モードなので、お昼過ぎに話しかけてもらえたら嬉しいです

> まずこのメールを打ってしまいたいです。その後でいいですか？

> 明日は自分の作業に集中したいので、テレワークします

このように自分のモードを、まずはあなたが率先して発しよう。やがて「自分のモードを主張していいんだ」「勝ちパターンを追求していいんだ」といった空気が生まれる。

フリーアドレスやテレワーク、フレックスタイム制など、**個人に大きな裁量が任される仕事のやり方がうまく定着している組織を見ていると、日頃から個々が自分の「勝ちパターン」や「モード（そのときの心理状態や体調）」を認識して正しく主張している**。

逆を言えば、個々の状態の主張を遠慮する組織では、フリーアドレス、テレワーク、フレックスタイム制などのオープン型の働き方は定着しにくい。自分たちの「勝ちパターン」で心地よく成果を出す。そのためにも、正しく主張する習慣を身につけていきたい。

一歩踏み出す！
- 気軽に会話や雑談できる空間をオフィスに設けてみる
- 自分の「モード」を主張してみる
- 会話モードと作業集中モードを切り替えてみる

日常会話

006
職場でユーモアのある会話をする

笑いのない、厳格すぎる職場になっていないか？

レガシーな組織
職場は真面目な空間。ユーモアなど不要である

モダンな組織
ユーモアや個性が受け入れられる（むしろ愉しむ）

■ ユーモアが許されない厳格な組織

　ユーモアが受け入れられるかどうか。これまた組織によって大きく異なるから面白い。ここで筆者の新人時代のエピソードを一つ。筆者が社会人になったのは1998年。Microsoft社のWindows95が日本国内でも爆発的に普及し、職場でも一人1台パソコンを貸与されるようになり始めた。新入社員の筆者にも自分専用のパソコンが渡された。どうせなら自分らしさを出そうと思い、**壁紙（デスクトップ画面の背景）を大好きな知床半島の写真に、起動音を自分の好きな洋楽の一節に差し替えた。**

　すると、その翌朝……。出社してパソコンを立ち上げ、起動音が鳴ったその直後、職場の人たちから失笑が……。咳払いする課長。その直後、筆者のもとに忍び寄る主任の影。

「その音は事務所に相応しくない。元（デフォルトの設定）に戻すか、鳴らないようにしろ！」

　併せて、壁紙も元に戻すよう指示されてしまった。

第1章 —— 日常の会話でできること

■ ユーモアや個性が歓迎される職場も

　一方で、職場によってはお咎めなし、それどころかむしろ歓迎されたりするから面白い。後年、あるアミューズメント系の企業の支援をしたときのこと。その企業はアミューズメント関係だったこともあり、社内資料やプレゼンスライドなどのところどころに「ぶっこんで」くる。

　イラストをはじめ、漫画やアニメの名シーン、名ゼリフなどが多数入ってくるのだ。 日常の報告資料はもちろん、役員向けの提案資料にも当たり前のようにユーモアがちりばめられていた（ここだけの話、大手金融機関から転職してきた部門長は若干きまりの悪い表情を浮かべていたが）。つられて筆者も講演スライドに、遊び心を「ぶっこむ」ようになった。引かれるどころか、むしろ歓迎されたものだ。ところ変われば品変わるという格言がある。ところ変われば、空気も変わる。ユーモアや個性が受け入れられるかどうかも、職場次第なのである。

■ 「ユーモア警察」に怯えて保守的になる

　ユーモアや個性の表現の良し悪しは、一概には判断できない。安全・安心・確実を積み重ねることで価値を創出し、世間の信頼を獲得してきた業種や職種などにおいて、ユーモアや過度な個性の追求はマイナスに働く場合もある。ユーモアや個性を抑える職場と、歓迎する職場。いずれも正しく、どちらにも合理性はあるのだ。

　そうはいっても、ユーモアがまるで受け入れられない職場にはデメリットもある。**個性を出しにくい、本音を言いにくい、雑談が生まれにくい、柔軟なアイデアや発想が生まれにくいなど、組織の体質を多様性や創造性から遠ざけてしまうのだ。** あまりに厳格に取り締まると、「これくらいのユーモアはどうなのだろう？」と保守的な思考になり、**何事もお伺いを立ててからでないと行動、判断できない指示待ちの組織体質が醸成されていく。**

■ 仕事「以外」のことを話す時間をつくってみる

　組織の体質を少しでも主体的、創造的にするために、ユーモアが受け入

共創意識

フラットな関係

情報共有

多様性の尊重

れられる環境に変えていこう。とはいえ、いきなり面白い話をするのは無理である。まずは小さくでもユーモアや楽しさを許容する場を創ってみてはどうだろう。

たとえば**毎週行われている定例会議の最後５分間を「雑談タイム」「カジュアルタイム」などとし、数名のグループに分かれて雑談や日々あった面白かったことを共有する。**公然と自分らしさを出してよい場、ユーモアを交えてよい場を小さく創ってみると、相互理解が進んだり、職場にユーモアを少しは持ち込んでもよい空気が生まれたりする。「職場のコミュニケーションをよくするため」「メンタルコンディションをよくするため」などの大義名分を掲げれば受け入れられやすい。

■ ユーモアという個性がコミュニケーションを円滑にする

あるいは日報や週報など、**社内の定例報告の資料やドキュメントの最後の一項目に「最近あった面白い出来事」を入れてみるのもいい。**これまた公然と自分らしさを出すことができて、ユーモラスなことを言ってもよい場として機能し得る。意外と面白がって真似して書いてくれる人や、イケる口（ユーモアを好む人）の人が見つかるかもしれない。そんな意外性のある発見と出会いは、職場をさらに面白くする。

前述のアミューズメント系企業でも、筆者が講演スライドに引用したアニメの名言などに反応し「おっ、沢渡さんはその世代ですか……○○さんと一緒ですね」など、そこから雑談が生まれ、相互理解が生まれたこともある。ユーモアや個性はコミュニケーションを円滑にするのだ。

> 一歩踏み出す！
>
> - 個性やユーモアを出してよい場を小さく創る
> - 定例会議の最後の５分や、日報・週報の一項目などで「最近、面白かったこと」を共有するのもおすすめ

007 場にもたらしたい空気感を宣言してみる

日常会話

主体性の尊重

いつも同じ固定化した空気が流れていないか？

レガシーな組織
職場は緊張感が漂い、シーンとしている。怒号が飛び交うことも

モダンな組織
明るく振る舞い、前向きな表現やポジティブな雰囲気を大切にする

創造主義
フラットな関係
多様性の尊重

■ シーン、ヒリヒリ……特定の「空気」が漂う組織

　職場に流れる空気も、組織によってさまざまである。あなたの職場は、以下のどの環境に近いだろうか。

- 静かで相談するのも雑談を仕掛けるのも何となく憚られる（シーン型）
- つねに怒号が飛び交い、ヒリヒリしている（ヒリヒリ型）
- 和を重んじる。ポジティブな発言が好まれる（和気あいあい型）

　筆者はいずれの空気の職場も経験したことがある。**シーン型の職場は個人の作業効率重視。ヒリヒリ型の職場では「仕事は緊張感を持って取り組むべき」「厳しく指導するのが上長の役目」なるポリシーを持った人たちが多く、怒号や叱責が響いていた。そうかと思えば和気あいあい型の職場では、明るさやポジティブさが重んじられていた。**組織によって空気感はバラバラなのだなと驚いたものだ。

空気に合わせることが求められる

これらの空気を無視した振る舞いや発言をすると、職場の空気をギクシャクさせてしまうことがあり、何かと気を遣う。筆者もシーン型の職場で会話をしていると、ある意味で悪目立ちしたと感じた。

また、筆者はヒリヒリ型の職場から和気あいあい型の職場に異動したことがある。ついうっかり、前の職場のノリで厳しめの発言をしてしまったところ、直後にマネージャーからこう言われた。

「そういうネガティブな発言は、チームの士気を下げるので控えていただきたい」

前の職場では、和気あいあいとしようものなら「緊張感が足りない」「仕事をなめている」「楽しそうだね（ヒマそうだね）」などとマウンティングしてくる、または皮肉を言ってくる人もいるくらいだった。

一方で和気あいあい型の職場では厳しすぎる発言やネガティブな言動が逆に悪目立ちしてしまったため、そのギャップの大きさにショックを受けた。気持ちとトーンの切り替えに戸惑ったのを覚えている。

職場の空気感からも、体質が芽生えていく

59ページではネガティブなことも言える重要性を示している。しかしネガティブばかりでもうまくはいかない。**問題は「どの空気感にするか」ではない。空気感が固定され、個人がそれに合わせなくてはいけないことこそが組織の景色を固定化し、さまざまな問題を生む。**

空気感とは怖いもので、個人の言動だけでなく他者との関わり方や価値観にまで影響を及ぼしてくる。たとえばシーン型の職場なら当然、個人の発言は減り、アイデアや意見も出にくくなる。他者に興味を示すことも減り、共創も起こりにくくなる。一方でヒリヒリ型の職場なら、つねに他者のあらを探し、見つけては責め立て、自身が上に立とうとする意識が芽生える。なぜなら「劣っている」と印象づくと、上長から怒られるからだ。加えて恐怖心から、失敗を隠したり挑戦を避けたりしてしまう。

和気あいあい型の職場は一見よさそうに見えるが、計画の遂行や評価に対する真剣さは減り、成長意欲や学習意欲が損なわれることがある。このように、空気感が組織の体質を形作る。

■ 場に応じてモードを使い分けられるのが理想

人を空気に合わせさせるのではなく、場面に合わせた空気をつくっていきたい。場や状況に応じてさまざまなモードを使い分けられるのが理想だ。個人の作業に集中したいときはシーン型が尊重され、チームで仕事をするときは和気あいあいモードで対話や意見交換が活発になり、厳しい指導が適切な場面や緊急時はヒリヒリモードで、など。

先述したように、実際、職場のフロアの区画を「集中ゾーン」「協働ゾーン」などに分け、物理的にモードを切り替えやすくしている企業もある。最近では、集中作業はテレワークで、相談や対話はオフィスでなど、テレワークとオフィスワークを使い分けている人たちもいる。

シーン型、ヒリヒリ型、和気あいあい型、いずれにも良い面と悪い面がある。組織が悪気なく同じモードで突っ走ってしまい、あなたや仲間がやりにくさを感じているかもしれない。固定化した空気感を変えて柔軟に使い分けられるようになるために、あなたができることをお伝えしよう。

■ つらさや、やりにくさを率直に話す

> ちょっとした相談もしづらく、正直やりにくいです

> 怒号が飛び交っていると、テンションやモチベーションが下がります

> 見ていて気持ちよくないので、人前で叱責するのはやめませんか?

> 甘えが生まれてしまうので、ときには厳しい指摘も必要だと思います

このように、**仕事をする上でのつらさややりにくさを、率直に上長やメンバーに話してみよう**。人は言われないとわからない生き物である。察する文化に甘んじていては職場の空気は変わらない。上長との1on1ミーティングや職場の対話会などで伝えてみるのもよいだろう。

■ 「モード」を宣言して切り替えてみる

明示的にモードを宣言して雰囲気の切り替えを促すのも手だ。たとえば**自由なアイデア出しの会議を始めるとするなら、「ここからは和気あいあいモードでいきましょう」のように宣言してみてはどうだろう**。同時にお菓子でも配ってみれば、それだけでも緊張ムードが和らぐ。

逆に緊張感を必要とする場面では「ここからは気持ちを引き締めてヒリヒリモードでいきましょう」と宣言してみる（ヒリヒリが憚（はばか）られるなら、緊張モードなどに言い換えてもよい）。「では、各自作業に集中しましょうか。ここからはシーンモードで」などと言ってみてもよい。こうして明示的にモードを切り替える習慣を職場にインストールするのだ。

事例紹介

仮想空間を創ることで意識を切り替える

筆者は和気あいあい型の空気が色濃い職場でディベートを実践したことがある。あるテーマに対して肯定派と否定派に分かれて意見を戦わせるゲーム形式の議論である。あえて「ディベートの時間」として設けて、日常や普段の関係性とは切り離した、ある意味での仮想空間を創ることで、否定的かつ批判的な意見も言いやすくなった。これも、和気あいあいを重んじる職場で厳しい指摘をしやすくするための景色の変え方である。下記URLや右記QRコードから見られる記事にて、詳細を伝えている。

https://note.com/amane_sawatari/n/nd47948a84dc0

一歩踏み出す！
- つらさややりにくさを率直に話してみる
- モードを宣言して、空気を切り替える

日常会話

008 ネガティブなことも伝え合う

ポジティブでいることを強要されていないか？

レガシーな組織
職場の士気が下がるからと、ネガティブな発言や弱音を吐きにくい

モダンな組織
不安や要改善点など、ネガティブなことも発言できる

主体性の尊重 / フラットな関係 / 情報共有 / 挑戦の尊重

■ ポジティブであることを強要する組織

　前項で「空気感が固定されるリスク」について伝えた。その点で見落としがちなのが**「ポジティブの功罪」**だ。職場ではとにかくポジティブであれ。なぜならネガティブな発言は組織やチームの空気を淀ませるから。全体の士気を下げるから。そのような空気を創る経営者やマネージャーもいる。ある部分では賛同する。ポジティブな発言が多い職場の方が場の空気も目に見えて明るくなるからだ。不平・不満・叱責や悲鳴（？）が飛び交う職場を快適に感じる人、そこで働き続けたいと思う人は少数派だろう。

　一方で、ネガティブは一切ダメとし、ポジティブな行動や発言だけをメンバーに強要するのも考えものである。**筆者はかつて、ポジティブ思考強めのマネージャーのもとで働いたことがあるが、正直、しんどいと思うことが多かった。**そのマネージャーのポリシーは「ポジティブであること」。それはよいのだが、チームや他部署の誰かが不平・不満・弱音などを口にするたび、「ネガティブなことを言うな」と諭していた。

- ポジティブなことしか言えなくなる
- 本音や事情を言いにくくなる
- 健全な問題提起や改善提案さえしにくくなる
- 裏で不平不満を言うようになる

　ポジティブの強要を繰り返されると、このようなネガティブな空気がチームに醸成される。**ネガティブを許容しないマネジメントは「見た目は明るい独裁国家」のような組織風土を創りかねないため要注意である。**

■ 聖人君子すぎる人が窮屈さを生むことも

　すべてのものごとをポジティブに受け止める。そんな聖人君子になれたら理想的だ。しかし誰もがつねにポジティブでいられるほど強いわけではない。**意志の力が強い聖人君子のような人が経営者やマネージャーをしている組織やチームは、メンバーが本音や弱音を言いにくい。**言っても共感されないばかりか「そんなネガティブでどうする」と諭されるからだ。それでは改善すべき点も顕在化しない。

　また、マネージャーになるハードルを上げてしまう。
「つねにポジティブに考えて行動できる人でないと評価されないのか」
「メンタルが強靭な人ではないとマネージャーになれないのか」
　メンバーの組織に対するエンゲージメントを下げ、マネージャーになりたい人を遠ざけてしまう。**そもそもポジティブを押しつけること自体、その良し悪しにかかわらず、多様性に逆行した横並び主義を助長している。**

■ ネガティブなこと「も」言える空気、どう創っていく？

　ポジティブ思考は大事だが、ネガティブなこと「も」言い合える環境を創りたい。個人のストレス軽減やメンタルヘルス（心の健康）の安定に寄与するのはもちろん、組織の問題や課題が顕在化しやすくなり組織の健康維持にも寄与する。

　ネガティブな発言も受け入れてくれるマネージャーに対し、メンバーは「この人は自分たちの気持ちをわかってくれる」と信頼を寄せるようにも

なるだろう。聖人君子すぎる人には近寄りがたい。**メンバーの心理的安全性を高めるためにはマネージャーも弱みを見せたり、ネガティブな発言を受け止めたりといった行動も求められるのだ。**

　ではネガティブなこと「も」言い合える空気を、どのように組織やチームに創っていったらよいだろうか。3つの方法を提示したい。

■ その場ではネガティブな発言をせず、後で伝える

　ネガティブなことも正直に伝える。**ただし、その場では言わない。**マネージャーや他の人が士気を高めよう、場を盛り上げようと思ってポジティブに振る舞っているのに、水を差すように「できません」「課題があります」などネガティブな発言をされたのでは、マネージャーや周りの人たちが気分を害するかもしれない。場の空気も凍り付き、かえってギスギスしてしまう。

「気になったこと」「懸念」「不安」は、後でマネージャーや本人に相談として伝えよう（決して不平・不満のスタンスを取らない）。そのほうが聞き入れられやすい。あるいは、会議の中盤や後半などに懸念点を洗い出す時間を設ける。このように、**明示的に「ここではネガティブな意見を言ってよい」「真逆の意見を歓迎する」**と伝わる場を設けるのも手だ。

■ 「良いこと」「悪いこと（改善したいこと）」をチームで書き出す

　年度末の振り返りや活動総括の場などを活用し、あえて「ネガティブなこと」をグループワーク形式で話し合ってみるのも手だ。「良いこと」「悪いこと（改善したいこと）」の両方を書き出すのがポイント。**ネガティブなことを言い合うだけでは場も暗くなる。ポジティブなことも言語化することで、浮かれすぎず沈みすぎずの温度感を保ちながら、健全な批判が行われる場を創ることができる。**なお筆者は「手を挙げて発言してください」ではなく「付箋に書き出しましょう」というやり方を推奨している。テキスト（書き文字）なら言いやすいこともあるからだ。

■ ポジティブとネガティブを必ずセットで伝える

　伝え方による工夫も十分可能である。ネガティブな意見を述べる際

主体性の尊重

フラットな関係

情報共有

挑戦の尊重

は、必ずポジティブなコメントとセットで伝えるようにしてはどうだろう。PNIというフレームワーク（型）がある。Positive, Negative, Interestingの頭文字をとったものだ。相手に意見やコメントをするとき、**まずは良い面（Positive）を示し、つぎに懸念や考え直したほうがよい点（Negative）などを指摘、最後に相手への興味関心や期待の一言（Interesting）を添える**。たとえば、こんな伝え方だ。

> 部長、先ほどの会議で提案いただいた企画、斬新で面白かったです。ただ、一つ懸念点がありまして、もしかしたらメンバーそれぞれに思い描いているユーザー像が違う気がしています。まずはそこを話し合ってすり合わせるのがよいかと思いました。部長がお持ちのユーザー像を聞けば皆にとって勉強になると思うんです

　PNIを意識して発言するだけでも、ネガティブな意見も言いやすく受け入れられやすい空気を創ることができるだろう。

　その他、アサーティブ・コミュニケーション、クリティカルシンキングなど、健全な批判や建設的な対話をするための技術はいくつもある。それらを皆で身につけるのもポジティブな方法である。

> **一歩踏み出す！**
> - ネガティブな意見は「後で」「相談として」本人にそっと伝える
> - 振り返り会などで、チームで書き出すのも有効
> - **PNIのフレームワークを使って伝えてみる**

日常会話

009
「モヤモヤしている」と言う

「名もなき課題」を吐き出せる環境か？

レガシーな組織
モヤモヤしている状態を誰にも言えず、一人で抱える

モダンな組織
「モヤモヤしています」と言いやすい空気がある

■ 職場にはびこる名もなきモヤモヤたち

　日々、仕事をしていると誰しもモヤモヤすることがあるだろう。**まだネガティブとも形容できない、言葉にならない感情だ。**ひとくくりにモヤモヤと言っても、その状態や種類もさまざまである。

- 顧客や上長、同僚と、仕事の進め方や呼吸が合わない
- 自分の手に負えないトラブルが発生した
- 顧客から問い合わせを受け、答えられずにしどろもどろ
- 解決策を見出すことができない
- よいアイデアが浮かばない
- どこで躓（つまず）いているのかわからない
- 何に悩んでいるのかわからない

　「そうか、これらの状態をモヤモヤと言うんだ」と、今気づいた人もいる

かもしれない。

▌モヤモヤが秘められ、放置される組織

モヤモヤしていることは不健全ではない。**よろしくないのはそれをウヤムヤにしたり放置したりすることだ。**前項で伝えた「ネガティブ」同様、モヤモヤを示すのにも勇気がいる職場もある。迂闊（うかつ）に「モヤモヤしている」なんて言ったら弱音を吐いたと思われ、やる気がない人、能力が低い人だと思われる。相談するなら原因と改善策を明示して資料にまとめなくてはいけない。そんな、モヤモヤを伝えるハードルが高い組織もある。

そうして相談できずに一人で抱えているうちに火種が大きくなり、大問題に発展してしまう。または本人がメンタルを病んでしまう。**モヤモヤを抱え込むのは組織と本人の両者にとってアンヘルシー（不健康）なのだ。**

▌モヤモヤを言える環境では、変化や挑戦に前向きになる

モヤモヤは正しく向き合いさえすれば、あなたと組織に新たな変化や成長をもたらす。これまでに可視化されていない違和感、放置されてきた課題であるため、議論の場に出して解決策を検討する価値がある。モヤモヤは改善や改革の起点であり、イノベーションの種であるとも言える。**モヤモヤを言える環境は組織のコミュニケーションをオープンなものにし、変化や挑戦、創造に対して前向きな体質も醸成するのだ。**そこで、「モヤモヤしている」と言いやすい空気をつくっていく方法をお伝えしよう。

▌モヤモヤしている状態を前向きに伝える

まずはあなたから、勇気を出して素直に「モヤモヤしている」と言う。そのハードルを下げるポイントがある。**「どうしてほしいか」「どうしたいか」もセットで伝えよう。**それによってネガティブな愚痴が提案に変わる。

> このお問い合わせ、誰に聞いたらいいかわからずモヤモヤしています。誰か相談に乗ってください！

このように声を上げよう。またはグループチャットなどで「問い合わせに真摯に対応するために相談に乗ってほしい」と発信してみると、モヤモヤが周りに前向きに伝わる。

また、自分が何にモヤモヤしているのかわからないときは**「仕事の進め方について悩んでいるのですが、原因がわからずモヤモヤしています。どなたか壁打ち相手になってください！」**と表現してみよう。経験豊富な仲間の力を借りたい。そんなメッセージとして受け止めてもらえて「私でよければ」と声を上げてくれる人が見つかるかもしれない。

◼ 名前のついていない課題を共有する

自分の頭で考えることは大事だが、ときには**「どうしたいか」「どうしてほしいか」さえわからない状況もあるだろう**。課題や仮説の言語化には時間がかかるし、言葉で言い表せないこともある。何より、自分の頭だけで考えても結論が出ないことも往々にしてある。

- 新たな問題が見つかり、モヤモヤしています
- 原因がわからずモヤモヤしています
- 誰に聞いたらいいかわからずモヤモヤしています

このように、まずは曖昧な状態、すなわちモヤモヤしていることを言語化してみよう。モヤモヤを言えずに抱えてしまい先送りにしたり、脊髄反射で無理やりなんとかしてしまうのはよろしくない。まずはモヤモヤしていることを公言する。その習慣を創っていこう。

> **一歩踏み出す！**
> - 「モヤモヤしている」と言う
> - その際、前向きなメッセージとセットで伝える
> - 「どうしてほしいか」「どうしたいか」も伝える

010 モヤモヤをすぐに解決しようとしない

日常会話

すぐに解決できる課題にだけ取り組んでいないか？

よし、次の会議で解決しましょう！

プロジェクトの進め方に違和感がありまして……

レガシーな組織
何でもすぐに解決しようとする

モダンな組織
曖昧な状態を受け入れ、解決するかどうかはあらためて考える

■ 曖昧さを受け入れられない組織

　前項ではモヤモヤを共有することの大切さを伝えた。一方で、モヤモヤを言いやすい環境にするための受け入れ側の姿勢も大切だ。

　受け入れ側として気をつけたいのが、**モヤモヤが共有されたとき、それをすぐに解決しようとしないことだ**。モヤモヤがあるとわかった瞬間、すぐに解決したがる（させたがる）組織は少なくない。曖昧さを許容できず、脊髄反射で動こうとする。スピーディーなのは大いに結構だが、**あらゆるものごとが大げさな問題として取り扱われてしまうため、メンバーがちょっとしたモヤモヤや悩みを迂闊に発言できなくなってしまう恐れもある**。

　結果、「名前がつく以前」の重要な気づきは個々人の胸の内に秘められたままとなり、やがて消え入ってしまう。この傾向は、スピード重視のいわゆるモーレツ気質の職場にも目立つ。

第1章 —— 日常の会話でできること

■ 面倒な課題が放置されてしまう

「すぐに解決したがる」「答えを出したがる」姿勢は、以下のような行動や結果も招く。

- 目先の仕事だけに一生懸命になりがち
- 拙速に動いて失敗しがち
- 仕事の優先順位がつけられなくなる（とにかく脊髄反射ですぐ解決）
- 気合い・根性・長時間労働体質になる

やがて、**じっくり腰を据えて考えなければならないような前例のない課題に対しては、考えること自体が面倒になり、見て見ぬふりをして放置するように。**中長期的な視点でものごとを考えたり、新たな価値を創造したりができない体質になってしまう。

■ 「第Ⅰ象限」だけを見ていないか？

以下の図を見てもらいたい。

図：仕事の4つの象限

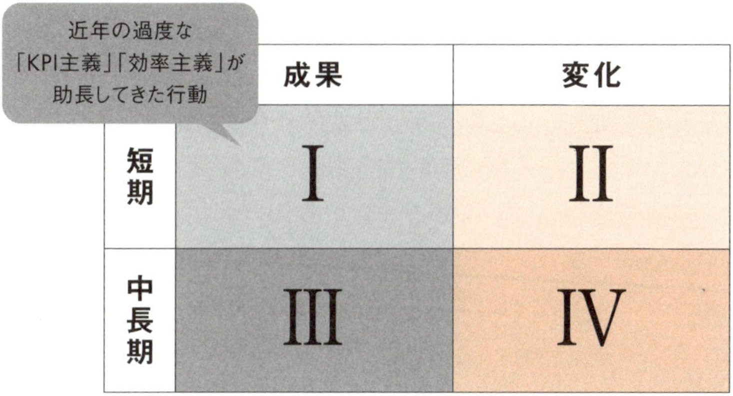

	成果	変化
短期	Ⅰ	Ⅱ
中長期	Ⅲ	Ⅳ

（吹き出し：近年の過度な「KPI主義」「効率主義」が助長してきた行動）

出典：筆者作成資料

今、日本の（いや世界の）多くの組織が、「第Ⅰ象限：成果のための短期の取り組み」ばかりに注力していないだろうか。その結果、「第Ⅱ象限：

067

変化のための短期的な取り組み」「第III象限：中長期的な成果を生むための取り組み」「第IV象限：中長期的な変化を育てる取り組み」をどこかに置き忘れてはいないだろうか。目に見え、なおかつ目の前にある成果だけを求めない。曖昧さを許容しながら、時間をかけて変化を育てていく文化も大事なのだ。

■ ネガティブ・ケイパビリティを身につけよう

第I象限の行動ばかりが正当化されると、組織も人も総じて近視眼的になる。あるテーマにじっくり向き合い、じっくり解決していくことができなくなる。これは大企業のみならず、スタートアップ企業もこの状態に陥りがちだ。スピード感にとらわれすぎて、問題や課題を俯瞰してじっくり解決することができない。何でもかんでも脊髄反射で処理しようとして業務量が減らず疲弊し、中長期的にものごとを考える習慣も身につかなくなる。そのような組織は規模を問わず多い。

すぐに解決できる名前のついた課題だけでなく、萌芽段階の名前をつけられない課題、つまり曖昧さを受容することが大事だ。**いったん曖昧な状態を受け入れて、向き合い方を決める。その能力をネガティブ・ケイパビリティという。**あなたの組織がネガティブ・ケイパビリティを身につけていくためにできることをお伝えしよう。

■ モヤモヤしている状態を受容する

モヤモヤを共有してもらった際、まずは**すぐに解決しようとする姿勢から改めよう。**モヤモヤはその場で解決できるとは限らない。本人でもチームの仲間でも解決できないことはある。未知のテーマや難題であって、解決策がすぐにはわからないからこそモヤモヤなのだ。拙速に行動するとかえってコトがややこしくなる。本人（たち）の意にそわない行動をとって関係性を悪くする場合もある。

- モヤモヤを話してくれた
- モヤモヤを受け止めてくれた
- モヤモヤしているとわかってくれた

この状態を前向きに捉えよう。まずは許容することが、モヤモヤのコントロールには欠かせないのだ。**よってモヤモヤの声を上げる人も、それがすぐに解決できる、解決してもらえると思ってはいけない。**

■ モヤモヤにゆっくりと名前をつけていく

モヤモヤした状態を受容した後で、**原因や要因をゆっくりと言語化していこう。** たとえば課題（モヤモヤ）解決のための話し合いをして、要因らしきものがいくつか見えてきたとする。そのとき、すべての要因を洗い出せていなくても、いきなり解決策が見つからなくても問題ない。

「要因がいくつか見えてきた」
「能力ではなく、仕事の進め方に問題があることがなんとなくわかってきた」

このようにモヤモヤに対する理解の度合いが上がってきたり、モヤモヤの原因や要因に名前がついたりしたら、それは大きな前進だ。

モヤモヤに名前がついた。**一歩前進です！**

このように、モヤモヤに名前がついたことを称え合おう。

■ 解決しない選択肢も大切にする

モヤモヤに名前がつくのと、それを解決するのとは別の話だ。まずはその問題や課題との向き合い方を決める。「すぐに解決するか」「時間をかけて解決するか」、**あるいは「解決しない」と割り切るか。**「課題＝すぐに解決」の思考にとらわれずに、対話によって柔軟に判断しよう。

もちろん、すぐ解決したいものは即対応すればよい。または「各自要因をじっくり考えてみて、次回のミーティングで詳細を議論しましょう」でもよい。「どうにもならないから取り下げる（向き合わない）」と判断するのもありだ。

向き合うと決めたものは、流さない

　モヤモヤをなんとなく流さない。モヤモヤの言語化は大事だが、言語化された状態で放置されると当事者のモヤモヤは増幅されるだけだ。やがて組織に対する無力感しか生まれなくなる。

> チーム共通のタスクリストに登録し、やり忘れ、検討し忘れがないように**毎週のミーティングでリマインドしよう**

　このように、**向き合うと決めたら、向き合い続ける姿勢が大切**だ。すぐ解決しなくてもよい、ただしきちんと向き合おう。

　ちなみに、問題や課題を気合・根性・脊髄反射ですぐその場で解決しようとするのではなく、向き合い方を決めて取り組むことを何というか？ マネジメントと言う。あなたの組織はマネジメントができているだろうか。

> 一歩踏み出す！
> - 共有されたモヤモヤをすぐに解決しようとしない
> - 解決しない選択肢も含めて、モヤモヤとの向き合い方を柔軟に判断する

日常会話

011

思いつきを言いやすくする

なんでもかんでも重く受け止められていないか？

みんな、佐藤さんに良いアイデアがあるみたい！

レガシーな組織
思いつきでものを言いにくい。何かとおおごとになる

モダンな組織
「思いつき」「ジャストアイデア」を気軽に言える

■「思いつき」が言いにくい組織

　モヤモヤを共有する意味をお伝えした。しかしなかには、結論の出ていないモヤモヤをこう捉える人もいるかもしれない……**「思いつき」**。あなたや、あなたの職場は、この言葉にどのような印象を持っているだろうか？

「大歓迎！ そこから新たな発想が生まれるからどんどん言ってほしい」

　このように前向きに捉えている人もいれば、

「上司が思いつきでものを言う人で、現場はいつも振り回される」
「迂闊なことを言うと責められるから、油断できない……」

　このような苦い経験を思い出し、イヤな気持ちになる人もいるだろう。思いつき、もしくはジャストアイデア。これらの言葉に対する反応も、

創造主義

情報共有

挑戦の尊重

アジャイル

組織によって対照的なのである。

■ 思いつきはイノベーションや改善の種

モヤモヤ同様に、思いつきも決して悪いものではない。ちょっとした思いつきや何気ないアイデアが課題解決につながったり、新製品や新サービスを生むヒントをもたらしたりすることはよくある。

「ザクとうふ」や「うにのようなビヨンドとうふ」などのユニークなヒット商品を次々に生み出している相模屋食料（群馬県）という豆腐メーカーがある。同社の社長、鳥越淳司氏は「自分の思いつきを信じる」を新商品開発のポリシーの一つとして掲げている。思いつきをとにかく大切にして、実現のための具体策や課題の解決策は後で考えればいい。この姿勢で、**同社は過去20年間で売上高を23億円から400億円に成長させた。**

■ 問題なのは向き合い方である

思いつきはイノベーションや改善の種なのである。それなのに言い出しづらくなってしまうのは、思いつきへの向き合い方に問題があるからだ。

- 思いつきがつねに重たく受け止められ、おおごとになる
- 発言したことは必ず実行しなければならない
- 思いついた本人が実行しなければならず、責任も負わされる

これでは迂闊に思いつきを口にできない。筆者にも経験がある。IT企業でシステム運用のマネージャーをしていた頃だ。既存の問題に対する改善策を思いつき、チームのミーティングで「余裕があれば検討したい」と発言したところ、**その翌週に協力会社のリーダーから「ご指示いただいた内容につき、検討体制を立ち上げます」と仰々しい提案をいただいたことがある。**

IT企業では自社といわゆる一次会社、二次会社など協力会社とでチームを組んで仕事をすることが多い。階層をまたいだ伝言の過程で、いつの間にか「余裕があれば」が「必達」に置き換わり伝わってしまったのだ。「階層構造、恐るべし」と思うと同時に、自身の発言の重さを認識したも

のである。

　思いつきが重く受け止められたり、言った本人に丸投げされたりするような風土は、保守的な体質、失敗を許さない体質を加速させる。ひいては「信用できる人にしか発言できない」と疑心暗鬼になり、オープンなコミュニケーションがしにくい体質へと変わっていく。

■ 思いつきの「スルー」は、無力感を生む

　一方で、その逆のケースも存在する。

- 思いつきを誰も受け止めてくれない
- 発言しても放置される

　アイデアを出す（出させる）だけでは新たな挑戦や改善は生まれない。思いつきの垂れ流しが常態化され、やがて「言うだけ無駄だ」となってしまう。重く受け止められるにせよ、軽く流されるにせよ、**思いつきを言い出しづらい環境では、挑戦、創造、変化に対して前向きに考えたり、アジャイルにものごとを発信し解決する体質になりにくい。**

■ 思いつきだとわかる形で書き残しておく

　思いつきを言いやすく、かつ重たく受け止められすぎない風土をつくるにはどうしたらよいか。手堅い手段と軽めの手段の2つを提示したい。

　手堅いのは、**思いつきだとわかる形で書き残しておく方法だ**。誰かが思いつきを発したら、チーム共通のタスク管理表などに内容を書き残すようにする。グループチャットに「思いつき」「アイデア」専用のスレッドをつくって、思いついた人が自分で投稿するようにしてもよい。

　タスク管理表または「思いつき」「アイデア」スレッドは定期的にチームミーティングで確認し、検討の優先度や検討開始条件を話し合って決めよう。

> 3月末の繁忙期が終了した後、4月18日の週から検討に着手しましょう

> 来月異動してくる人がひととおりの業務を理解してから着手しましょう

「when(いつ)」「if(どんな条件が整ったら)」を明記してチーム内で合意しておくだけでも、何でもかんでも重たく受け止められたり、逆に流されたりする状況の常態化を回避できる。

すべてを受け止めなくていい

　思いつきが重たく受け止められ、窮屈な空気が流れている職場に対する軽めの手段も示しておく。ズバリ、**適当に流す。**

　すべて受け止めようとするから重たくなる。つねに細かな仕事やタスクに追われている職場ほど、新たな仕事が増えてはたまったものではない。いっそのこと適当に流してみよう。本気で取り組みたいものであれば、発案者は2度3度と提案してくる。「意志の強い思いつき」だけを優先度が高いと判断し、真剣に向き合うのだ。すぐに忘れ去られる思いつきは、たいしたものではない。

　この方法は、思いつきをフィルタリングする意味もある。それに**適当に流されることで、社内の人も軽い気持ちで思いつきを言いやすくなる。**

一歩踏み出す！
- 思いつきだとわかる形で書き残し、優先度や検討開始条件を決める
- 思いつきを適当に流すマネジメントも検討してみる

日常会話

012
安全なシェルタールールを実践する

「ここだけの話」がしっかり守られているか？

私の説明がわかりにくいんですって？

レガシーな組織
1on1ミーティングなどで話した情報も、気がつけば組織中に筒抜け

モダンな組織
「ここだけの話」にしてほしいと言われた話は、誰にも口外されない

主体性の尊重／フラットな関係／情報共有／多様性の尊重

■ 秘密が守られない組織

　秘密が守られない職場がある。たとえば、あなたがマネージャーと1on1ミーティングをしたとする。あなたはマネージャーからこう問われた。

「気になっていることや、仕事のやりにくさなどを感じている部分はありませんか？」

　気になっていることと言えば……ある。主任の指示の仕方が雑で困っている。他のメンバーもあなたと同様に困っていて、主任とのトラブルは日常茶飯事。同じチームのなかで、すれ違いや回り道を何回も繰り返している。とはいえ、まだあなたはこのチームに異動してきて間もないため、もうしばらく様子を見たい。そこで、この話はマネージャーの胸の内にとどめておいてほしいと入念に前置きした上で、状況を伝えた。

「ここだけの話にしてほしいのですが、主任の指示の仕方が気になっていまして……」

ところが翌日、チームメンバーが苦笑いを浮かべながら、こう語る。

「なんかマネージャーから、主任の指示の仕方についていろいろ聞かれたんだけど……」

ここだけの話にしてほしいと言ったのに……。

■ 「ここだけの話」は絶対に口外してはいけない

　情報は包み隠さずオープンに。その基本理念は素晴らしい。筆者も情報はなるべくオープンに共有する主義だ。しかし、秘密が守られないのはいただけない。

　1on1 ミーティングなどで個別に打ち明けられた相談内容は、その場限りにするのが原則である。他者に話したり、場にいない第三者を巻き込んだりする場合はあらかじめ相手の承諾を得て進めるのが筋だ。「ここだけの話」と相手が前置きしているなら、なおのこと。重大な法令違反の可能性や生命の危険でもない限り、口外すべきでない。

■ 「筒抜け＝オープン＝心理的安全性が高い」ではない

　このような情報筒抜け組織に限って「当社はオープンなカルチャーですから」などと主張する。しかし**筒抜けとオープンは違う。筒抜けの環境は、メンバーの心理的安全性を高めるどころか、むしろ損なう。**モヤモヤや思いつきを含め、本音や気づきを気軽に言うことができない「見た目は明るい独裁国家」さながらの組織風土ができあがる。やがてヒヤリ・ハットも共有されにくくなる（なぜなら面倒なことになるから）。これはガバナンス上もよろしくない。

■ 「安全なシェルタールール」を掲げて運用しよう

「ここだけの話」は口外しない。もはやモラルの問題でもあるが、そうは

いっても組織文化とは恐ろしいもので、相手の一方的な正義の名のもとに（あるいは慣習で悪気なく）他者に伝えられてしまうこともある。そこで筒抜けマインドを徐々に変えていくためのルールを一つ紹介しよう。

「安全なシェルタールール」 なるものがある。会議やワークショップにおけるファシリテーション（議事進行）の手法の一種だ。

- この場は今から安全なシェルターに包まれ、何でも言っていい
- ただし、ここで知ったことは相手の許可を取らない限り一切口外しない

これらを示したルールである。筆者も企業のワークショップや、当社が運営する企業間越境学習プログラム『組織変革Lab』でも、毎回冒頭で安全なシェルタールールを説明し、ルールを念押ししている。このようなルールを会議や1on1の冒頭で周知させるのは有効だ。

今日の1on1は安全なシェルタールールで行います

ここで話されたことは、お互いに絶対に許可なく口外しないようにしましょう

ルールを会議室の壁に貼ったり、1on1や会議の冒頭でスクリーンに投影したりするのもよい。こうして、お互いが秘密を守ることを約束し合う。そこから、オープンだが筒抜けではない健全な組織文化に正していこう。

> 一歩踏み出す！
> - 情報が筒抜けの状態は、むしろ組織の心理的安全性を下げると周りに伝える
> - 「安全なシェルタールール」を運用してみる

013 職場で思いや感情を出してみる

機械のように働く人ばかりになっていないか？

レガシーな組織
職場や仕事に感情を持ち込むのは良くない

モダンな組織
仕事でも思いや喜怒哀楽を表現してよい。感情の豊かさが尊重される

感情を否定する組織、肯定する組織

　職場はあくまで仕事をする場所である。**ビジネスとはドライであるべきだ。意見に私情を挟むなどもってのほか。ルールや決まりおよび上や顧客からの指示に従い、淡々と進めればよい。データやファクト（事実）だけを重視する。仕事の場面で感情を表現するなんて大人げない。**

　こういった価値観や文化が強い職場もある。そうかと思えば、感情を出すことがむしろ歓迎され、**個性を抑えていると「つまらない人」と言われたり「なにかあったのではないか」と心配されたりする職場もある。**

　この特性は個人差もあるが、業界や職種による違いもあるだろう。行政機関や金融機関など、正確性や公平性を重んじる業界においては冷静沈着が重んじられ、一方エンターテインメント分野の企業やクリエイターなどの職種においては個性や感情が重んじられる。

■ 感情は我慢しようと思ってできるものではない

いずれも良い面とネガティブな面があるが、ここまで伝えてきたように筆者は**多少なりとも個の感情や個性をリスペクトしたほうが、組織も人間関係も円滑に回るのではないかと考えている。**

組織や仕事とはいえ、それが人の営みである以上、そこに生じる感情の存在は否定できない。感情的になりすぎるのも考えものだが、感情に蓋をしすぎるあまりストレスを抱え込んだり、組織のおかしさや異変が正しく言語化されず「見て見ぬふり」されたりするのも問題だ。

また、人は誰しも承認欲求を持っている。それに誰かに気にかけてもらったり、誰かを助けて感謝されたりするのは単純に気持ちがいい。**感情を無視しては良い関係構築もできず、良い仕事もできないのだ。なぜなら我々は機械ではないのだから。**

■ 組織にも人にも必要な能力「EQ」

EQという概念がある。Emotional Intelligence Quotientの略称で、自身や他者の感情を察知、理解し、思考や行動に活かす能力を指す。「心の知能指数」とも呼ばれ、しばしばIQ（Intelligence Quotient、知能指数）と対をなす能力として説明される。

知能と同じくらい、いや、それ以上に感情は重要だ。**人の感情がわからない組織に、良い人が集まるだろうか。感情に無頓着な人たちが、人を感動させる製品やサービスを開発できるだろうか。**EQはIQ同様に、組織や社会を健全に営む上で欠かせない能力なのである。

あなたの組織はどうだろう。個人的な感情を表に出すことが悪とされ、無視され、ルールや数字、上からの指示遂行ばかりが重視されていないだろうか。その文化が組織全体を感情に無関心な体質に変えてしまうのだ。

■ ウェルビーイングのために提案する

あなたの職場があまりに感情に無頓着であり、その文化を少しでも変えたいなら、**まずはEQについて職場の人たちに話してみてほしい。**

また、ウェルビーイング（Well-being）なる概念も社会に浸透しつつあり、

取り組む企業も増えている。これは身体的および精神的、社会的、経済的に良好で満たされている状態にあることを意味する概念である。CHO（Chief Happiness Officer）など、従業員のウェルビーイングを高める専門職を設ける企業もある。経営者としても関心の高いテーマであるため、その課題解決に絡めてEQの重要性、ひいては感情を示し、向き合う大切さを説明してもよいだろう。**世の中にはEQの高さを測定する組織診断調査やツールもある。チームビルディングも兼ねて、そういった診断を皆で受けてみるのも面白いかもしれない。**

■「本当のところは？」で感情を引き出す

あなたの周囲の人に感情を出してもらうことも重要だ。前提として、まずはあなたの感情を正直に出した上で、こう聞いてみよう。

> ○○さんも、本当のところはどう思っているんですか？

建前としての意見の存在は理解した上で、それとは切り離して「本音を聞いています」と伝えてみる。もちろん、そうやって吐露してくれた相手の感情は、完全に極秘。その場だけの話にとどめよう。万が一にでも他者に知れ渡ったら、あなたの信用が失われるだけでなく「感情や本音を言ってはいけない」と警戒する組織に逆戻りだ。

感情を持つこと、感情を適切に表現することは良いことである。まずはその箱（発想）をあなたの職場にインストールしよう。感情的にならずに、感情を添えるアサーティブ・コミュニケーションなどの技法もある。そのような技術を皆で学ぶのもよい。相手の感情を大切にする（リスペクトする）発想や文化を、あなたの職場でも育んでいこう。

一歩踏み出す！
- EQ（心の知能指数）という考え方を職場で話してみる
- 周りの人の「本当のところ」を聞いてみる

第 **2** 章

仕事の会話で
できること

014 目に見えないコストを認識させる

仕事の会話

連絡や事務手続きのコストを意識しているか？

レガシーな組織
意思疎通や事務手続きなどにかかる労力や見えないコストを考慮しない

モダンな組織
コミュニケーションや事務手続きにかかるコストを意識し、スリムに対応する

■ 「目に見えないコスト」を見ようとしない組織

　あなたの組織では、目に見えないコストが意識されているだろうか？ 金額などの数字で表せるコストを気にする組織は多いが、**「コミュニケーションコスト」「事務コスト」を意識している組織は少ないかもしれない。**

　コミュニケーションコストとは文字通り、意思疎通や意思決定にかかる労力や人件費その他のコストを言う。事務コストとは、社内の稟議や決裁、見積もり、請求、支払い、入会、解約などの手続きから、会議のための日程調整や招集などの日常的な手続きにかかるコストを指す。

　従来の仕事や慣習の改善や削減すら進まない組織は、その背景の一つに、**コミュニケーションコストや事務コストへの無頓着さや想像力の欠如が挙げられる。**社員や相手（お取引先や顧客など）がやって当たり前。外注費などのお金の支出が発生していないから「痛くない」と感じている。いわゆるサンクコスト（埋没費用。社員の人件費でカバーしているコミュニケーションコストや事務コストも含む）に、まるで無頓着なのだ。

第 2 章 —— 仕事の会話でできること

「社員がやればタダ」「相手がやればタダ」などの言動にも、そういった意識が見て取れる。これらの発言が多い組織は、コミュニケーションコストや事務コストの感覚が麻痺している可能性がある（煩雑かつ難解な事務手続きを増やす政府や行政機関にも、同様の傾向が見受けられる。事業主や国民の見えないタダ働きが増えていく。困ったものである）。

■ 目には見えなくとも人を疲弊させる

コミュニケーションコストも事務コストも、立派なコストである。そこでは貴重な時間や労力が失われている。そしてコミュニケーションコストや事務コストの増加は、中の人たちを疲弊させるのみならず、外の人たちとの共創も遠ざける。**無駄であり、お金にならない作業を一方的に押し付けてくる組織と仕事をし続けたいと誰が思うだろうか。**

関わるメンバーのモチベーションや成長機会にも影響する。私たちは、コミュニケーションコストや事務コストにもっと敏感になったほうがよい。無駄なコミュニケーションコストや事務コストの存在および迷惑である旨を組織に認識、理解させ、削減しよう。そうして余白と時間の余裕を生み、より有意義なコミュニケーションや活動に集中できるようにする。

■ まずは声に出す

まずは「コミュニケーションコスト」「事務コスト」の存在を認知させよう。これらのコストに無頓着な人たちは、そもそも**コミュニケーションや事務間接業務にも見えない労力や損失が発生していることに気づいていない、あるいは想像が及んでいない可能性が高い。**

煩雑なコミュニケーションには見えないコストがかかる。事務手続きはタダではない。それらが中の人と外の人、双方の機会損失を生んでいる。まずはその認知向上を図ろう。ポジティブに伝えるなら**「お互いのコミュニケーションコストを下げるために」「事務コストを下げたいので」など前置きして、スリムなやり方を提案するとよい。**

■ 作業や慣習の目的を疑う

その作業や慣習の目的を疑って、**指示してきた相手に問うてみよう。**コ

柔軟さ

共創意識

創造主義

情報共有

ミュニケーションコストや事務コストに敏感な組織は、当たり前の仕事や慣習であっても率先して声を上げ、存在そのものを疑うことができる。そしてときに業務やプロセスそのものをなくすなど、やり方やルールを柔軟に変えていける。

> この会議、意味があるんですか？

> 日報の慣習やめませんか？ 全員に毎日作文させる必要あるんですか？

> この手続き、なくてもいいのでは？

> わざわざメールでやり取りしなくても、チャットで事足りるのでは？

目的を認識することで、「その手段に固執することに意味はない」と、お互い我に返る。

■ つらさを訴える

とはいえ目的を問われるとイラっとしたり、思考停止してしまう人たちもいる。その場合は**素直につらさを訴えてみよう**。

> コミュニケーションに時間と労力がかかりすぎて、正直つらいです

> 事務手続きが煩雑すぎて、心が折れそうです

> 時間や人のリソースを割けないため、簡易な方法でお願いしたいです

> メンバーの残業が増えてしまって……ご協力をお願いしたいです

第2章 —— 仕事の会話でできること

相手の共感を促すためには、事情や感情をストレートに伝えることも大事なのだ。

■ 自ら効率のよいやり方を率先する

あるいは何も言わず、あなたが率先して合理的なやり方でスマートに行動する。たとえば相手から「ミーティングをお願いします」と言われたら、**さも当然のようにオンラインミーティングのURLを発行して連絡する。**メールではなくチャットで連絡を返す。

筆者（および当社）も、たとえば「請求書を月末までに郵送してください」などの顧客からのメッセージに対し、何も言わずにPDFの請求書をメールやメッセンジャーに添付して返している。何ら揉めることなく「ありがとうございました」で終わるケースも多い。相手はただ単に、今までの慣習で従来のやり方（ここでは郵送）を指定しているだけの場合もある。自分主導で、黙って相手をスマートなやり方に引き込み、何か言われたときに対話と議論をすればよい。

> **一歩踏み出す！**
> - 「コミュニケーションコスト」「事務コスト」を声に出して意識づける
> - 何も言わず、スマートなやり方を淡々と実践してみる

085

仕事の会話

015
電話をやめる、または使う頻度を下げてみる

あなたの職場はいつも電話が鳴っていないか？

レガシーな組織
電話連絡が多い。顧客やお取引先との確認や連絡も電話がメイン

モダンな組織
電話は緊急時や他に方法がない場合の最終手段

■ 日常的に電話を使う組織

　社内はもちろん、顧客やお取引先との確認や連絡も電話がメイン。営業活動も電話によるアプローチ、いわゆるテレアポが主流など、日常的に電話を使用する職場もある。**メールやチャットで連絡していても、送信した後に確認のための電話を必ず入れる。**それがマナーだと教わり、実践している人もいるかもしれない。

　電話には声のトーンで相手の状況を知ったり、自分の意思や状況を伝えたりしやすいメリットもある反面、以下のデメリットもある。

- 場にいない第三者に正確かつスピーディーに情報を伝えにくい
- 情報を正確に残せず「言った・言っていない」の問題を誘発しやすい
- 相手が不在の場合、「伝言」「折り返し電話」などの手間や時間がかかる
- 掛け手の都合で相手の集中力や注意力を一方的に奪ってしまう
- 通話の声が、周りの人の集中力や注意力を損なう

第2章 —— 仕事の会話でできること

- 通話の内容が周りに聞こえるなど、情報セキュリティ上問題がある

コミュニケーションにおけるコストであり、リスクでもあるのだ。

■ 電話は最終手段の組織

一方で、電話はほとんど使わない、または最終手段であると認識している職場も少なくない。業務上のコミュニケーションはチャットやメールなどのテキスト（書き文字）が主流。電話は、たとえば社外でミーティングや待ち合わせをした当日に相手が現れない、または自分が遅れそうなときに連絡をするなど緊急連絡のための手段であり、**他に連絡を取り合う方法がない場合の最終手段**。このように電話の利用場面を限定している職場もある。

「仕事で電話を使わなくなったことで、ストレスが大きく軽減した」

伝統的な日系企業からスタートアップ企業に転職した人がこう呟いていた。転職前の職場では、電話がかかってきたら手や思考を止めて対応していたそう。それが当たり前だったが、現在の職場は電話が一切鳴らない。自分からかけることもなく、急ぎの連絡もチャットで関係者に一斉送信。集中力が削がれることなく、伝言の手間もなく仕事がしやすいとしみじみ語っていた。

■ 相手の都合に配慮しているか？

その場限り、かつ当事者限りで済まされる内容を伝達する手段として、電話は優れている。反面、前述のような多くのデメリットや非効率も生んでいる。**電話でのコミュニケーションはラクであり、考えが整理されていなくても、思いついたままに話せてしまう。しかしそれは、相手の時間や手間を奪った上に、言語化のコストを相手に負担させていることにもなる。**なんでもかんでも電話していては、社内のみならず社外においても迷惑がられ、共創の妨げになる。相手の都合を考慮しない自分勝手な体質の醸成にもつながりかねない。

電話の使い方を今一度見直してみよう

（当社も然りだが）法人全体として、電話を使用していない企業もある。今一度、電話の使い方をチームや組織で話し合ってみよう。自分の都合で相手の時間や集中力を奪っていないか、伝言や折り返し連絡などの手間や無駄を生んでいないかを、まず疑ってみたい。

> お客様への定期連絡はメールでいいのではないでしょうか？

> お取引先とも、チャットを使った気軽なコミュニケーションをしてみては？

> 正直、電話の声が気になって仕事に集中できません……

その上で、**電話の利用場面を限定してみてはどうか**。電話文化を変えたいなら、まずはあなたが電話をやめてみよう。緊急時を除き、チャットやメールで連絡する。電話がかかってきても、しつこくチャットやメールで返す。そもそも電話に出ない（筆者も電話には基本的に出ない主義）。こうして電話しないキャラを確立しよう。

> **一歩踏み出す！**
> - 電話をすることで相手の時間や集中力を奪い、手間をかけていないか話し合ってみる
> - あなたが電話断ちをし、電話しないキャラを確立する

仕事の会話

016
欠席連絡をチャットやメールで送る

いかなるときも電話連絡を強制されていないか？

部長いますか？
不在？
またかけます……

レガシーな組織
職場への休みの連絡は上長に対して電話で行うのが礼儀

モダンな組織
欠席の連絡は、チャットやメールで問題ナシ

柔軟さ／主体性の尊重／フラットな関係／情報共有

■ 電話以外の欠席連絡が咎められる組織

　突然の休暇取得や欠席の連絡をする際にも、電話連絡が必須の組織もある。たしかにひと昔前であれば、電話でマネージャーあるいは職場の仲間に連絡するのが一般的であっただろう。今では職場で利用しているSlackやTeamsなどのチャット機能、あるいはメールで連絡を入れることもできるが、そういったやり方に異を唱える人たちも。

「チャットやメールで軽々しく済ませるな。当日の欠席は重要な連絡なのだから、上司と直接話をするべきだ」

　このような一家言を持つ人もいる。また本人の体調を把握するためなど、健康管理上の理由からやはり口頭で話を聞いたほうがよい、話しぶりや声の様子などを伺うべきだと言う人もいる。この点については合理性も理解できる。

■ 体調不良時の電話連絡はなかなかつらい

つねに健康体の人（あるいは体調不良を気合い・根性でカバーしてしまう人）にはわかり得ないかもしれないが、体調がすぐれないときに電話をかけるのは思いのほかかったるい。しかも、**電話をかけたところで相手が出てくれるとは限らない。**

「沢渡課長は出社されていますか？」
「今は席を外されています」
「では、またかけ直します」

このやり取りと、その後のかけ直しも相当しんどい。折り返し電話をかけてもらうにしても、病院に行くために車を運転していたり、診察室や待合室で待機していたりと、咄嗟の電話に出られない場合もある。

さらには電話がつながったとしても、「本当に体調が悪いのか？」「午後からは出られるのか？」「今日予定している仕事はどうするんだ？」など追及される可能性もあるだろう。

電話で連絡する際のあらゆる心理的障壁の高さが、体調不良でも休みにくい空気を醸成してしまう。「とやかく言われるくらいなら、少しくらい無理してでも会社に行こう」となる。ひいては、上の顔色だけを見て無理をする組織体質が助長されてしまう部分もあるだろう。

■ 何と言われようがチャットやメールで連絡する

時間や場所の制約なく用件を伝達できるチャットやメールは、自身や家族が体調不良である人にとって優しいコミュニケーション手段と言える。今やビジネスのコミュニケーション手段として立派な地位を確立しているチャットやメール。使いこなさない道理もない。**会社を欠席する際は、誰に何と言われようが、少なくとも最初の連絡はチャットかメール。**強い意志を持ってそれを断行しよう。小言を言われそうなら、次のような一言を添える。

第 2 章 —— 仕事の会話でできること

> 体調が悪く、電話の連絡がしんどいためチャットで連絡しました

> 家族を病院に連れていくため通話ができず、メールで連絡しますね

　この一言があるだけでも、チャットやメールで欠席連絡を行う合理性を堂々と示すことができる。もちろん、声の状態で健康状態を把握したいなどの要求を受けた場合は、時間を置いて通話するなど柔軟に判断して行動しよう。

　誰かが始めれば、かつ合理性を説明すれば、少しずつその行動が浸透してくることもある。まずはあなたから、始めよう。

一歩踏み出す！
- 周りを気にせず、欠席連絡はチャットやメールで送る
- 何か言われたら、電話できない理由をそっと添える

017 コミュニケーションの内容を書き残す

仕事の会話

なんでもかんでも口頭で済ませていないか？

レガシーな組織
伝達事項や指示事項など、口頭で済ませる傾向にある

モダンな組織
口頭での会話内容も、必ずチャットやドキュメントなどに書き残す

（吹き出し左）13時までにってお願いしたよね？
（吹き出し右）え!? 13日までにって言ってましたよ？

■ なんでも口頭で伝え合う組織

　遠方の相手に限らず、近場にいる相手とのコミュニケーションにおいても、口頭を好むか、テキスト（書き残した文字情報）を好むかの差が出る。
「いちいちメールやチャットで連絡してくるな。目の前にいるんだから、声をかければよいだろう」
「電話で話してしまった方が早い」
　このようなセリフが飛び交う職場は、口頭文化が優位と言える。口頭の伝達はとにかく手っ取り早い。その場限りの注意喚起や、目先の用件を処理するために当事者間で一時的に共有されればよい情報であれば、口頭の伝達のみでもよい。その場で伝えてしまえば、発信者はスッキリできる。受信者も待たされる時間が少なく、即座に情報を処理できるのでラクである。メールやチャットなどで作文するのは手間も時間もかかるため、まどろっこしいと感じる人もいるであろう。

第 2 章── 仕事の会話でできること

■ 口頭の伝達が引き起こすトラブル

一方で、口頭文化には弊害もある。

- 伝達ミスや認識違いを誘発し「言った・言わない」のトラブルが起こる
- その場にいない第三者に伝わりにくく、伝達のコストと時間がかかる
- 伝言ゲームの過程で、意図がねじ曲がって伝わってしまうこともある
- 後になって参照や利活用ができない

その情報を一定期間記憶しておいたり、場にいない第三者に伝えなければならないとしたら、受信者がコミュニケーションの手間やコスト、リスク（忘却、伝達ミスなど）をすべて背負うことになる。また口頭のみで伝えられた情報は風化しやすい。子どもの頃に楽しんだ「伝言ゲーム」。筆者は、口頭による伝達のリスクを知るための教育の意味があったのではないかとさえ思っている。**口頭はその場ですぐ気持ちよくなるコミュニケーション。テキストは後になって泣かないためのコミュニケーション。そう言えるのではないか。**

■ 口頭文化＝問題先送り体質!?

口頭の情報伝達が主流の組織においては、当事者の休暇、異動、あるいは組織体制の変更など何らかの変化があったときに仕事を引き継ぐのにも苦労する。

- 引き継げないから休めない
- 毎年人事異動の時期になると、引き継ぎ資料の作成で異動者が最終日のギリギリまで深夜残業
- それでも十分な引き継ぎ資料を作成しきれず、異動後も後任者から問い合わせをされまくる
- 問い合わせをされても覚えておらず答えられない

あなたが所属する組織では、このような状況が常態化していないだろう

共創意識

創造主義

フラットな関係

情報共有

か。口頭のみでの伝達はコミュニケーションの手間やコストの先送りともいえる。**なんでもかんでも口頭で済ませて後でドタバタする組織は、問題先送り体質を疑ったほうがよい。**

■ コミュニケーションの内容を文字で残す

先述のように、当事者間でのその場限りの一時記憶で流してしまってよい情報を「フロー情報」と言う。一方で、記録しておきたい情報を「ストック情報」という。個人や組織単位で、**その情報はフローなのかストックなのか判断する習慣を身につけよう。**そしてストックしておきたい情報は以下のような方法で必ずテキスト化する。

- 口頭で伝えた（伝えられた）内容を、直後にチャットやメールで書き残して送信する
- 口頭で交わした内容のうち、ストックすべき情報や知識はドキュメント（マニュアル、手順書、共有された知識集など）に書き残す

■ 生み出された快適さを言葉にする

さらに、上記の実践で「休みを取れた」「ラクになった」「残業せずに済んだ」などの**快感体験を、体験者が率先して発していこう。**

> テキストで残しておいたから、引継ぎの手間もかからず休暇を取ることができました！

> 日頃からチャットやドキュメントに情報を残していたから、異動の際の引継ぎがスムーズにいった！

組織の行動を変えるには、快適さの言語化の積み重ねも肝要である。

一歩踏み出す！
- その情報が「フロー」か「ストック」か判断する
- ストックすべき情報は、必ずチャットなどに書き残す
- 「休みを取れた」「残業せずに済んだ」など快感を共有する

018 複数人への送信をデフォルトにする

仕事の会話

見えない個人連絡が飛び交っていないか？

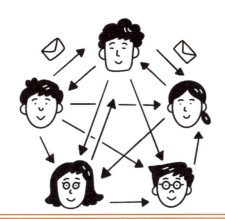

レガシーな組織
チャットやメールにおいて、個人間でのやり取りが目立つ

モダンな組織
なるべくチームメンバーやアシスタントを交じえてやり取りする

■ DM（ダイレクトメール）が飛び交う組織

テキストコミュニケーションからも、組織体質が醸成されていく。あなたの組織は、**いかなる連絡も1対1での私信（いわゆるDM：Direct Mail）で送っていないだろうか**。DMのメリットはおおむね以下の通りである。

- 大勢の前で言いにくい／聞かれたくない話もやり取りできる
- 関係のないやり取りを防ぐことができる
- 担当者に任せきる。主体性を尊重する

一方で、次のようなデメリットやリスクも伴う。

- 情報や仕事が属人化（その人にしかできない仕事を増やし、業務をブラックボックス化させてしまう）しやすい
- チームやプロジェクト内での情報のバラつきが生まれる

● 癒着など不正行為を生みやすい

　加えて、すべて自分でレスしなければならない、他者に共有する手間やコミュニケーションコストが発生するなど、本人の負担も大きい。

個人連絡が疑心暗鬼を生み出す

「会議の後、いつも参加者から個別に質問メールが届き、その回答と、その他の参加メンバーへの共有に手間がかかる」
「作業に必要な手続きをメンバーの一人しか知らず、その人の休暇中は作業が止まってしまう」
　クローズドな情報が増えると、業務に支障をきたしたり、共有の手間がかかったりしてしまう。**「自分が知らない情報を他者は知っている」「自分の知らないところでやり取りが行われている」という事実から疑心暗鬼になり、社内の信頼関係にもヒビが入りかねない。**

チームでコミュニケーションしよう

　一方で、複数名（またはグループアドレス）を宛先に入れた上でのやり取りを好む組織もある。組織で仕事をする以上、**情報を担当者だけに集中させず、なるべくグループでやり取りしたほうがよいだろう。**関係者が必要に応じてキャッチアップやフォローができたり、筆者もそうだが人によっては秘書やアシスタントを介してやり取りできたりするからだ。すべて本人がやり取りしていたらチャットやメールだけで日が暮れる。個別にコミュニケーション負担を負うのではなく、チームで負荷分散していきたい。「メールのCCに宛先を入れすぎるな」との意見もわかるが、DMの乱立も困りものである。一見、自分に関係ないと思われる情報でも、新たな発想や自分の仕事に関係する情報を得られて、そこから課題解決できたりすることがある。知識との偶然の出会いを誘発するためにも、仕事でのやり取りは**「基本はチームで、状況に応じてDMで」**がヘルシーだろう。

なるべくグループチャットを使う

　思い切ってメールでのやり取りをやめ、代わりに**グループチャットの**

チーム共通チャンネルやスレッドでやり取りをするようにする。担当者と1対1のやり取りをしたい場合は、その人にメンションをつける。こうすれば、誰とコミュニケーションしたいかを明示しつつ、やり取りを属人化させない。自分にメンションがついたチャット以外は通知されない設定にすることもできるため、他の受信者の気も散りにくい。

■ CCに他のメンバーを入れる理由を説明する

いきなりツールを変えるのが難しい場合は、まずはメールにおいて、必要だと思う人をCCの宛先に入れていこう。その場合、**なぜ他のメンバーをCCに入れてやり取りするのかを相手に説明する**。「チームでやり取りしたいのでアシスタントの小倉さんをCCに入れます」「技術面の話は対応できないため、エンジニアの平野さんにもやり取りに入ってもらいます」。このような一言があるだけで、相手は複数名でコミュニケーションすることの合理性を理解でき、CCに入っている人の役割も把握できる。

もちろん、チーム共通のメールアドレスでやり取りするのも手である。そうすれば最初からメンバー全員で情報共有できる。担当変更などがあっても、新メンバーを共通アドレスに追加すればよく変化にも対応しやすい。

これらを実践してなお、個別に連絡してくる人には、こう返してみよう。

> **貴重な情報をありがとうございます！ チームにも共有したいので、ここからはメンバーをCCに入れてやり取りします**

自分に関係のないやり取りはスルー（無視）して、仕事に集中しつつ、必要に応じて誰でも情報を取りにいける。そのようなヘルシーなコミュニケーションを実践してみよう。

> **一歩踏み出す！**
> - グループチャット＋メンションでやり取りする
> - メールでは、なぜその人をCCに入れるのかを都度相手に説明する

019 仕事の内容を要素分解して確認する

仕事の会話

目的が不明確な依頼が横行していないか？

とりあえず、やってみて!

レガシーな組織
仕事の依頼や伝達時、目的を説明しない。受け手も目的を確認しない

モダンな組織
仕事の目的を依頼者、受け手のいずれかが確認する

目的意識が悪気なくズレている組織

　マネージャーがメンバーに仕事を依頼する際、あるいは経営陣や管理職が社内に通達や伝達を行うとき、**目的や背景が共有されない、または悪気なく省略される**。あなたの職場ではそのような景色が常態化していないだろうか。

　また、聞かされる側も、相手に目的を問うことを躊躇していないだろうか。目的を共有しない、確認しない。その慣習は以下の3つの観点から、組織文化そのものをじわりじわり曇らせる。

すれ違い、手戻り、相互不信が常態化する

　目的を伝えられないまま（確認しないまま）に仕事を進め、**成果物が出てきてから「イメージと違う」とやり直しをさせられる**。目的がわからないまま方針や指示内容だけが示され、**皆考え込んでしまいものごとが進まない。あるいは、憶測で進めて後で批判される**。

第2章 —— 仕事の会話でできること

この景色、控えめに言って不健全である。考えてみてほしい。そもそも相手は他人である以上、目的に対する認識は悪気なくズレる。それにもかかわらず**目的の伝達や確認を省略するのは、仕事の進め方が楽観的すぎるというか雑すぎる。**すれ違い、手戻りの繰り返しはやがて相互不信を生む。「どうせダメ出しされるのだから」と受け手の主体性もなくなり、共創どころではない。職場の雰囲気もギスギスする。

■ 発注者マインド／下請けマインドが染みつく

「いいからやれ」「察しろ」。このような目的の伝達を省略する習慣、目的に立ち返らない習慣は、仕事の依頼者と受け手の双方にとってやがて不幸をもたらす。まず**依頼者側（マネージャーや発注者）には、発注者マインド、ひいては殿様マインドが染みつく。**丁寧な伝達はもちろん、対話やフラットなコミュニケーションを通じた仕事の仕方がいつまでたっても身につかない。適当に指示を出しても、受け手（メンバーやお取引先）が必死に察して対応してくれるからだ。

また「目的や背景を伝えない＝相手を作業者扱いする」行為でもある。**知らず知らずのうちに相手を下請け扱い、業者扱いして、他者（他社）と協力関係を構築できなくなる。**殿様マインドでの仕事しかできない人は組織にとっても扱いが難しく、定年後に転職先が見つからなくて路頭に迷うケースもある。

受け手側（メンバー）には下請けマインドが染みつく。人は目的や背景を伝えられず指示だけされると、作業者扱い、下請け扱いされた気持ちになる。その積み重ねが、細かに指示をされないと動けないマインドを醸成し、目的を想定したり疑ったりして行動を改める思考習慣を奪う。それどころか主体的な意見提案や自分の考えを持つ習慣すらなくなる。

■ 思考停止癖がつく

こうして、マネージャーとメンバーともに思考をする習慣が奪われる。マネージャーはとにかく指示するだけ、メンバーは言われたことをやるだけ。**心ある人が「非効率だ」「不条理だ」と思って異を唱えても、誰も目的に立ち返ることをせず、「ルールだから」「今までそうしてきたか**

ら」「皆がやっているから」で同じことを続けよう／続けさせようとする。ルールや慣習を決めてきた上位者にもの申そうともしない。**思考停止集団、行動停止集団のできあがりだ**。これではいつまでたっても、チャレンジもイノベーションも、いや創意工夫や改善さえも生まれない。仕事に対する自律性も主体性も育まれない。育まれるわけがない。

百歩譲ってお互いがお互いをよくわかっていて、いわゆる「阿吽の呼吸」で意思疎通が成り立つ環境であれば、あるいはマネージャーや依頼者の指示内容が非の打ちどころのないエクセレントなものであれば、目的などいちいち確認しなくてもよいだろう。言われたことをただやっていれば100点を取ることができる。しかしマネージャーとて万能ではない。それに人材の多様化が進む今の時代、「阿吽の呼吸」や「察しろ」の文化で回る職場がどれだけあるだろうか。

仕事の要素を分解して確認する

繰り返しになるが、目的の捉え方や意識、すなわち仕事に対する景色の見え方は悪気なく相手とズレる。目的の言い忘れや伝え漏れも発生する。なぜなら我々は人間だからである。筆者は仕事を「5つの要素」に分解し、相手と景色合わせをする行動を推奨している。どんな仕事（あるいは会議の議題など）も、以下の5つの要素に分解できる。

図：仕事の5つの要素

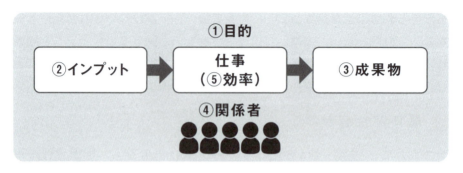

出典：筆者作成資料

第2章 —— 仕事の会話でできること

- ①目的：その仕事は、なんのためにするのか
- ②インプット：原材料。データや参照すべき情報、意見照会先など
- ③成果物：その仕事の成果の具体的なイメージや完了状態
- ④関係者：その仕事に直接または間接的に関係する人。成果物の提供を受ける人。成果物を評価する人。意見照会先、インプットの提供元なども含む
- ⑤効率：目標とする所要時間、コスト、歩留まりなど。結果としてかかった分も振り返る

　仕事を依頼する際、受ける際、あるいは組織の方針や指示などを伝達する際、相手と対話しながらこの5つの要素を確認しよう。

■ 相手と一緒に、仕事の景色を合わせる

　あるいは仕事の進め方や慣習について「おやっ？」と思ったとき、仕事の5つの要素の図を見返してほしい。**5つの要素を書きながら、あるいは相手と一緒に指差ししながら、抜け漏れや認識ズレがないか、ひいてはより良い方法がないか対話によって確認する習慣を身につけてほしい。**

　依頼者が完璧である必要はない。5つの要素を書き出しながら、受け手と一緒に悩む、一緒に考える。その景色がもっとあってよい。そうすればいつの間にか、発注者と下請けの関係から、ともに同じゴールを目指す共創パートナーへとお互いの関係が変わっていく。その景色の変化が、組織にマインドシフトとカルチャーシフトをもたらす。

　人間ゆえの弱さに仕組み・仕掛けで向き合い、克服することもマネジメントだ。相手の気合・根性やエスパー能力に依存するのではなく、マネジメントで解決しよう。

> 一歩踏み出す！
>
> - 仕事を「5つの要素」に分解して確認する
> - 相手と一緒に要素を確認しながら背景を合わせていく

主体性の尊重

共創意識

創造主義

フラットな関係

仕事の会話

020
仕事を任せるときは制約条件を聞く

仕事の押し付け合いが起きていないか？

レガシーな組織
仕事を担当者が一人で抱え込む。または担当者だけに押し付ける

モダンな組織
仕事を他者に任せるが、人任せにはしない

人に仕事を頼めない組織

　前項では、人に仕事を頼む際のコミュニケーションにおいてできることを説明した。**しかしそもそもあなたの職場には、人に仕事を任せられる空気があるだろうか？**

　たとえば、抱えている仕事が多すぎてキャパシティを超えてしまいそうなとき。チームのメンバーに仕事の一部を任せることができるだろうか。不得意な仕事や、自分でやると時間と労力がかかる作業は部分的にでも切り出して、得意な人に任せられるだろうか。そのほうがコストパフォーマンスやタイムパフォーマンスの面でも、もちろん精神衛生上もよい。あなたがマネージャーやリーダーなら、仕事を振るのは欠かせない仕事だろう。

　しかしなかには、人に仕事を頼みづらい職場も存在する。**「人に任せる、頼むなんてラクをしてはいけない」「自分の仕事だけやっていればよい」**といった意識があり、仕事を任せようと声をかけるも、**「それ、私の仕事ですか？」「私も忙しいんですけど……」**と、やんわり否定されてしまう。

第2章 —— 仕事の会話でできること

現場の人間なら、他者に仕事を頼もうとしている姿をマネージャーに見られて、「甘えるな！」「みんな頑張ってるぞ！」「責任感がないのか！」と叱責されてしまうことも。

プライドの高さゆえに人に仕事を任せられない人たちもいる。自分の仕事を誰にも頼めない、任せられない、そんな職場は少なくないのだ。

■ 仕事を抱え込んでしまうことのリスク

この状態が、仕事を抱え込んだ人の心身に異常をきたすこともある。お互いの業務内容や忙しさへの理解も進まず、社外はおろか社内での共創も難しくなる。**「人に頼むなんて、あの人は能力が低い」「私を下に見ているのだろうか」**といった上下意識も芽生えてしまう。さらには、「上から言われたことだけやればいい」「言われていないことはやらない」の意識が根付き、**思考停止した自発性のない体質を助長することもある。**

上記のような事態に陥らないためにも、仕事を誰かが抱え込むことなく、状況や内容に合わせて他者に正しく任せられる環境に変えていきたい。

「人に任せるのが得意。けれど、人任せにしない」

先日、筆者が顧問先のメンバーと会話していたときに生まれたフレーズである。心理的安全性の高い組織とは？　チーム成果を出せる組織とは？などのテーマで話をしていて行きついた結論の一つだ。そのためには一にも二にも対話である。仕事を正しく任せる／任せられる関係をつくるには、とりわけ初期の対話と制約条件の景色合わせが重要である。

■ 景色を合わせる初期の対話を行う

まず、初期の対話から。仕事を任せる／任せられるときは、依頼する人と受ける人とで、**その仕事の背景、目的、成果物イメージ、関係者、要求事項、活用可能なリソース（ヒト、モノ、カネ、設備、能力、情報など）などの景色を合わせる対話の場を持とう。**前項で紹介した「仕事の5つの要素」のフレームワークも役立つ。なるべく早い段階でそのための対話を行い、認識のズレを防ぐとともに、お互いに相談しやすい関係性を構築しておき

103

共創意識

フラットな関係

情報共有

多様性の尊重

たい。

　加えて重要なのが、任せる理由だ。「あなたのためになると思って」「あなたなら得意だと思って」などの大げさな誇張はいらない。

別のプロジェクトが炎上中で、こっちまで手が回らなくて……

この仕事を引き受けてもらえると、とても嬉しいです！

　現状や感情を素直に伝えよう。多発すると相手も呆れるが、人は基本的に人の役に立ちたい生き物である。もちろん、感謝やお礼は忘れずに。

▊ 制約条件の景色合わせをする

　一方で、当然ながら相手にも都合がある。その仕事に時間や労力を潤沢に割いて対応できるとは限らない。今までの経験や体験でカバーできない未知の領域に対して不安もあろう。

　それらの不安を取り除くべく、こちらがお願いしたい内容、相手の制約条件を擦り合わせる。とくに意識したいのが、後者だ。

どんな条件なら、引き受けていただけそうですか？

　このように、こちらから積極的に条件を聞き出す。すると、このように答えてくれるかもしれない。

- 毎日1時間程度の稼働で仕上げられる程度の成果物で許容してほしい
- 必要な知識や技術を身につけるためのレクチャーを受けたい
- 集計など細かな作業をサポートしてくれる人をつけてほしい
- 社外の人にも相談したい

第2章——仕事の会話でできること

これらの制約条件を聞き合い、伝え合う。他には、もちろんプライベートな事情の伝達と理解も、後で揉めないために不可欠だ。

- 家庭の事情があるため、出張が発生しない前提で対応したい
- 作業量が増えるため、テレワークで対応したい
- これ以上の残業は体力的にも厳しいので、複数名で対応させてほしい

仕事を頼む側は、このような制約条件と丁寧に向き合おう。

◼️ 「0か100か」以外の選択肢を持たせる

相手も「引き受けるか、断るか」つまり「0か100か」の選択肢しかないと思っているから、条件反射的に断ってしまう（または無理をしてすべて受け、抱え込んでしまう）場合もある。**「70」「50」「30」だけ任せる選択肢も提示したい**。裏を返すと、仕事を引き受ける側は、こういったタイミングで働き方やスキルアップの要望を伝えやすい。

もちろん、突発かつ急ぎの作業などで、相手の要望にすべて応えるのは難しい場合もあるだろう。しかし、日頃から丁寧な対話と景色合わせをしておけば、お互いの事情や仕事のスタイルへの理解が深まり、ベースとしての信頼関係を損なわずに、多少の融通が利くようになっていくはずだ。

> **一歩踏み出す！**
> - **仕事を任せる／任せられる際は、初期の対話を丁寧に行う**
> - **お互いの制約条件を伝え合う**

共創意識

フラットな関係

情報共有

多様性の尊重

仕事の会話

021
仕事を丸投げしない

仕事を任せて終わりになっていないだろうか？

あとよろしく！

レガシーな組織
仕事を丸投げしていて、進捗も知識も、担当者しか知らない

モダンな組織
任せた仕事の内容や進捗を、別の誰かに説明できるようにしている

■ 仕事を丸投げする組織

　前項では、仕事を任せる初期段階のコミュニケーションに注目して考えた。しかし**初期段階でどんなに丁寧に景色合わせをしても、その後の任せ方が雑かつ丸投げではうまくいかない**。ここで、筆者のかつての勤務先でのエピソードをお話ししよう。

　その会社は、どちらかというと成果主義が色濃い組織文化が漂っていた（少なくとも、筆者は当時そう感じていた）。とくに筆者が所属していた部署は、中途採用も積極的に行っており経験者も多い、いわばプロ集団。職人気質の強い人も多く、自分の仕事は自分でなんとかする姿勢を尊重する空気も強かった。

　とはいえ専門外の仕事や未経験の仕事もたびたび発生する。都度、リーダーが誰かに仕事を振ることになる。「頼まれてくれないかな」と、最初はお願い調であったリーダーや他のメンバー。ところが、いったんその仕事を引き受けたら、その後が大変。**その仕事はすべて自分でなんとかしな**

さい。**困りごとがあっても、あなたが解決しなさい。**そういった、すべて
その人が何とかしなければいけないムードが強かったのだ。

■ 丸投げが招くさまざまな弊害

自分ですべてコントロールできる仕事ならさておき、未経験の仕事なら
他人の助けを借りたい。しかしその声を上げにくい。**下手に「助けて」な
どと言おうものなら、能力のない人だと思われる。その空気が色濃いと、
任されたメンバーは「任された」のではなく「押しつけられた」または
「丸投げされた」と感じる。**それは、メンバーの組織に対する信頼感やエ
ンゲージメントにも悪影響を及ぼすのである。

他にも「困りごとを相談できない」「ヘルプの声を上げられない」と
いった状況は進捗や知識の属人化（ブラックボックス化）を招く。結果とし
て、**期待した納期までに仕事が完了しない、期待していた品質が満たされ
ない。さらには他人に引き継げないため、本人が休めない、後任の担当者
が苦労する**など、組織的にも社会的にも不健康な状態を創る。

■ 任せるけど、丸投げはしない

しかし、つねに張り付いてマイクロマネジメント（担当者を細かに監視し
指示・命令するアプローチ）するのも現実的ではない。人間は機械ではない。
**監視され細かな指揮を受けた結果、尊厳が損なわれ、メンタルに不調をき
たすことさえある。**人間関係も、職場の空気も悪くなるだろう。

仕事を正しく任せる。けれども丸投げはしない。その環境づくりとマネ
ジメントは本人のためならず、周りのためでもあるのだ。仕事を人任せに
しすぎない。担当者が困りごとを周りに相談できる、そしていざとなった
ら誰かに引き継げる。任された人が「丸投げされた」と感じない仕組みを
創るために、あなたができる行動を3つ挙げる。

■ 仕事に名前をつける

まず、**仕事やタスクに名前をつけよう。**その場ですぐ終わる突発作業な
らさておき、今後も繰り返し行う仕事、ある程度の期間にわたって取り組
む仕事であれば、何らかの案件名や作業名をつけたほうがいい。

そうしないと進捗の説明はもとより、**そもそもどんな仕事を、どのメンバーが持っているか、何のタスクでメンバーが忙しくしているのかさえ、お互いわからなくなる**。名前をつけることは、名もなき作業を「仕事」たらしめ、視覚化し、他者への説明や共有を可能にするための第一歩なのだ。

■ グループウェアに書き残す

仕事を頼んだ後は、その進捗や個々のタスクをTeamsやSlackなどのグループウェアのチャンネルやスレッドに書き留めてもらうようにしよう。必要なドキュメントが格納されたフォルダへのリンクも、そのチャンネルやスレッドに投稿しておく。**要は「ここを見れば自分もチームメンバーも状況がわかる」「ここを見れば説明しやすい」状態で仕事を進めるのだ**。そうすれば、引き継ぎもしやすく、誰かに助けを求めやすくなる。

この仕事のやり方は、前述の「仕事に名前をつける」とも相性がいい。新たな仕事やタスクが振られた次の瞬間、グループウェアに仕事の名称のチャンネルやスレッドを立ち上げる習慣をつくろう。

■ ヘルプシーキングの場を創る

チームメンバーに助けを求められる。必要に応じて仲間のリソースを借りられる。そういったヘルプシーキングのための場創りも欠かせない。

- チームの定例会の最初の10分を、困りごとの声を上げる場とする
- 「ヘルプ」というタイトルのチャンネルやスレッドをグループウェアに設け、あなたがまず書き込んでみる

このようなところから始めてみよう。もちろんヘルプシーキングが正しく機能するための、日々の対話能力の向上も不可欠である。

一歩踏み出す！
- 仕事やタスクに名前をつけ、相談や説明が可能な状態にする
- グループウェアに足跡を残す
- ヘルプシーキングの場を創る

022 対話ができているか自問する

仕事の会話

柔軟さ / 主体性の尊重 / 共創意識 / フラットな関係

相手の話をきちんと聴かずに行動していないか？

レガシーな組織
相手の話を聴かず自分たちの主張をする。一方的に動き回り場をかき乱す

モダンな組織
相手の話をきちんと聴き、相手の望む行動をしようと努める

■ 話を聞くことができない人たち

　筆者が最近、ある企業の経営者（A氏）から聞いたエピソードを紹介する。A氏は、連携関係にある他社の経営者（B氏）に対し、仕事の進め方について気になる点をメールで指摘した。両社は人材交流も盛んであり、決して縁遠い関係ではない。一緒に進めているプロジェクトもある。A氏にB氏を責める意図はなく、会社対会社で良好な関係で仕事を進めていくために、一緒により良いやり方を話し合っていきたいと考えていた。そこで、現場の担当者同士の関係が悪くならないよう、まずは経営者同士で腹を割って話をしたいと考え、意図も伝えた上でこう切り出した。

「まずは経営者同士で、ざっくばらんに対話をしたい」

　ところがB氏からは一向に返事がない。翌日になって、B氏から回答が届いた。そのメールには、すぐさま社内の関係各所の責任者にヒアリング

および事実確認したこと、同社としての見解、および会社として真摯に改善検討をする旨が記されていた。その公式見解の説明を受け、A氏は落胆した。苦言を呈して、すぐに課題解決してほしかったわけではない。対話による共創で解決していきたかったのに。

「私は、まるでお騒がせクレーマーじゃないですか……」

A氏は肩を落とした。

◤ 迂闊なことが言えない組織

まずは相手とじっくり対話をして、お互いの背景や意図を確認しつつ、アクションを進める。社外との会話に限らず、社内におけるコミュニケーションにおいてもこの呼吸ができていない組織は多い。**聞いたつもりになって自己判断だけで勝手に行動する**。聞けば先ほどのB氏の会社は、社内のコミュニケーションも同様であるとのことだった。**マネージャーとメンバーの1on1ミーティングなどで誰かの名前が出ようものなら、すぐその周りの人に対するヒアリングと事実確認が入るそうだ**。こうして、迂闊なことを言えない組織文化が醸成される。

◤ 人の本心は聞かないとわからない

切ないエピソードを一つ紹介する。筆者がかつて勤めていた製造業の職場での話だ。その部署は、今思えば割と自分たちの思い込みでものごとを進めてしまう傾向が強かった。あるとき、Cさんが中途入社で加わった。Cさんの前職はIT企業。IT関連の資格もいくつか保有している。その経験が買われたのか、Cさんは早速ITに関連する業務を多く任された。

IT業界出身だから。ITが得意だから。そのような理由で他部署や他チームから、ITに関する問い合わせや相談がCさん宛てに入ることも増えてきた。**Cさん本人も前職の知見や能力を即戦力で発揮できてさぞ満足しているだろう……と思いきや日に日に元気がなくなっていく**。気になって、Cさんに声をかけ話を聞いてみたところ、彼女の口をついて出てきたのは意外な一言だった。

第2章── 仕事の会話でできること

「私はITの仕事に疲れて転職した。なのに、ここでもITの仕事ばかり任される。正直気が重い。ブランディングやマーケティングなど新たな領域の仕事にチャレンジしたくて転職したのに……」

　おそらく筆者を含む周りの人たちは、CさんはITの仕事を好んでやりたがっていると思っていた。それがCさんを追い詰めてしまっていたとは。対話のない一方的な決めつけでものごとを進めてしまうことがいかに危険か、筆者はこの出来事を通じて痛感した。その後Cさんはマーケティング関連の担当になり、表情も明るくなった。

　対話を省いた拙速すぎる（なおかつ一方的すぎる）アクションは、組織内においてはマネージャーとメンバー、もしくはメンバー同士の、組織外においては会社と会社の壁を創る。

■ 共創できない組織体質に

　このような「聞かない」コミュニケーションを続けていると、組織そのものが共創できない独り善がりな体質になっていく。共創とは相手と対等な立場で、相互理解をしながら課題解決や価値創造を行うことである。自分たちの事情を一方的に押し付けるのは共創ではない。また聞いたつもりになって、自分たちが正しい前提で良かれと思った行動を一方的にとるのも共創ではない。

- ①相手の立場や事情を理解し
- ②自分たちの立場や事情を示し
- ③双方が意見や提案を述べ合い
- ④お互いの期待役割を理解し
- ⑤合意形成する（合意できない場合は、別々の道を歩む判断をする）

　このプロセスを経てはじめて、共創が成り立つのである。
　これからの時代、あらゆる組織において共創が求められる。VUCAと呼ばれる時代において、自分たちだけで答えを出せる領域は限られつつある。

柔軟さ

主体性の尊重

共創意識

フラットな関係

過去の成功パターンは通用しない。意思決定層やベテランが答えを出せるとは限らない。少子高齢化による労働力不足が社会問題になり、同じ組織や地域の中に答えを出せる人を確保し続けられる保証もない。**こうした時代において、他者とフラットにつながり、他者の能力や意欲を借りつつ自分たちなりの答えを出していく。下請け関係ではなく、共創関係でものごとを解決する。その姿勢がいよいよ求められる。**共創できない組織は、経営リスクを背負うと言っても過言ではない。

■ そもそも対話ができているか？

共創ができるようになるためには、個々の対話能力および組織としての対話の習慣が欠かせない。「聞かない」とは、「対話ができていない」状態の裏返しでもある。

> 対話ですか？ 毎日メンバーと1on1ミーティングしていますよ。**十分にできています**

こう自信たっぷりに話す人もいるが、はたしてそうだろうか？ 1on1ミーティングという名のものに、**相手に自分の都合を押し付けるだけ、その場で聞きかじった情報をもとに一方的に走りまわり、チームの雰囲気を悪くするだけの勘違いマネージャー**も世の中にはたくさんいる。

まずは自分たちの組織やチームは「本当に対話できているか」と、問うことから始めよう。あなたの組織では対話ができているか、対話をする習慣があるか疑ってみてほしい。では、対話とはどのようなコミュニケーションを言うのか。次項から詳しく解説する。

一歩踏み出す！

- 自分たちの組織やチームは「対話ができているか？」と問う

仕事の会話

023
対話しやすい場をつくる

言葉の裏にある背景や景色を共有できているか？

レガシーな組織
上意下達な指示・命令型のコミュニケーションが中心で、対話の発想も習慣もない

モダンな組織
職位や立場を問わず、対話が日常的に行われる

主体性の尊重／共創意識／フラットな関係／情報共有

■ 「対話らしきもの」で満足している組織

あなたの職場では、対話ができているだろうか？

たとえばあなたがある企業の営業部門の社員だと仮定する。マネージャーから来月に1,000万円の売り上げを作るよう目標を示された。「1,000万円なら楽勝」と思う人もいれば、「1,000万円はしんどい」と思う人もいるであろう。1,000万円の売り上げ目標という事実に対して、相手によって受け取り方、すなわち意味は異なる。

翌日、あなたはマネージャーにこう伝えたとする。「1,000万円はちょっとしんどいです」。**次の瞬間、マネージャーはあなたに能力がない、やる気がないと判断し、くどくどと説教をする。あるいは「わかりました」と**だけあなたに伝え、自分が代わりに動いて1,000万円を売り上げる。

あなたは自分の意見を正直に伝え、相手も耳を傾けて聞き入れた。これは、対話なのだろうか？　これであなたは、幸せだろうか？

■ 発言された内容だけを見ていないか

「1,000万円はちょっとしんどいです」

その言葉にはさまざまな背景や事情が考えられる。はじめて取り扱う商材だから、いきなり1,000万円は難しい。あるいは通常なら1,000万円は高い目標ではないのだが、来月はたまたま家族の入院立ち合いが予定されているため難しい。だから目標金額を下げてほしい、あるいはサポート役をつけてほしい。そのような背景や事情、組織への期待が含まれているかもしれない。

これを把握することなく、**マネージャーが一方的に「能力がない」と判断し、勝手にコトを進めてしまうのはどうなのだろうか**。せめて相手に相談してからコトを起こすべきであろう。

■ 見ている「景色」を合わせよう

お互いの期待役割（相手にどう振る舞ってほしいか）を伝え合い、聴き合う。その上で行動する。そのような対話の呼吸を習慣化していきたい。**対話とはすなわち、意味・背景・期待役割を伝え合い、相手と景色を合わせるコミュニケーションであり、そのゴールは相互理解である。**

筆者はこの所作を「景色合わせ」と呼んでいる。お互いの背景や事情、ものごとの見方や捉え方が違うことを理解し合うことだ。対話とは、表面上の言葉を交わす行為ではないのだ。対話の段階で結論を急ぐ必要はない。まずはお互いの景色を丁寧に合わせる。そのためには、まず聴く。そして良い／悪いなどの価値判断をしない。それらの行動が重要だ。

■ 「対話ラブル」な職場に変えるために

対話を苦手とする組織、あるいは対話ができていると思っているがうまくいっていない組織は多い。株式会社NOKIOO（静岡県浜松市）が全国の企業のマネージャー・リーダーおよそ1,100名に実施した調査によると、**対話の意味を正しく理解している人の割合は1割に満たなかった**。また、対話の効果を事業運営のなかで実感している人も1割程度だった。裏を返せば、対話の習慣を正しく身につけることで組織のコミュニケーションや文

第2章 —— 仕事の会話でできること

化が改善する余地は大きいということだ。

対話を個人のセンスや相性の問題で片づけようとする人たちもいるが、それは早計である。**対話の問題は仕組みや仕掛け、および技術で克服できる。**筆者は対話が生まれやすい状態を「対話ラブル」と呼んでいる。あなたの組織に対話ラブルな景色を増やすための着眼点を示したい。

■ テーマを投げ込む

まず、対話が生まれやすいテーマや問いを投げ込む。**「とにかく〇〇しなさい」。このようなテーマ設定は、相手と対話をする余地を生まない。**また、テーマが大きすぎたり小さすぎたりしても対話は生まれにくい。問いを立てる、テーマの粒感を調整するなど工夫をしよう。

言葉によるテーマ設定が難しければ、図を投げ込んでみるのもよい。たとえば筆者はなにかしらの図を、メンバーや顧客との1on1ミーティング、会議などに投げ込んでみることがある。図を見ながら話すことで、お互いの解釈や日々思っていること、感じたこと、疑問に思ったこと、深めたいことなどの意見を示しやすくなる。**図が「対話の肴」にもなる。**対話を喚起するための図をあなたが用意したり、あるいは描いてみても良い。

■ 対話しやすい場や環境をつくる

皆、目先の仕事で忙しすぎて、そもそも対話をする隙がない。それでは対話は生まれない。**定例会議の一部の時間帯を対話に充てる、1on1ミーティングの時間を確保するなど、対話のための場創りも必須である。**カジュアルな対話をしやすいオープンスペースやカフェコーナー、他人に聞かれたくない話をしやすい囲われた空間、オンラインで対話しやすいチャットや会議システムがあるなど、環境にも気を配りたい。

> **書籍紹介**
> もちろん個々の能力開発も欠かせない。話を聞く傾聴スキル、意見を引き出すためのファシリテーションスキル、価値判断をいったん脇に置くメタ認知、すぐに結論を出そうと急がないネガティブ・ケイパビリティなどは誰もが持っておいた方がいい。対話能力については拙著『コミュニケーションの問題地図』（技術評論社）および小田木朝子氏の著書『仕事は自分ひとりでやらない』（フォレスト出版）を参照されたい。

主体性の尊重

共創意識

フラットな関係

情報共有

■ 3方向の対話が不可欠

対話の効果は個人対個人の関係を良くするだけではない。会社対会社、部署対部署など組織間の関係、ひいては組織そのものを健全に保つ効果もある。組織開発の観点では次の3方向の対話を定期的に行いたい。

- ①チーム内の対話
- ②経営と現場の対話
- ③自社と社外（社会）との対話

これら3方向の対話を欠いた組織は内向きかつ独り善がりになり、組織文化もおかしくなる。なお①は次項で、②は第9章、③は第5章で、そのための方法を詳しく述べるので、そちらも参考にしてもらいたい。

まずは日々の個人対個人のコミュニケーションを「対話」に改めるところから始めよう。そのためにはとにかく相手の話を聴く、そしていきなり価値判断をしない。この2つを徹底しよう。日々の1on1ミーティング、商談など半径5m以内の場面から実践してほしい。

> 一歩踏み出す！
>
> - 言葉や図によって、対話のためのテーマを会話に投げ込む
> - 対話しやすい場・環境をつくる
> - とにかく相手の話を聴く。いきなり価値判断しない

仕事の会話

チーム内で対話をする

一方通行の「名ばかり対話」が横行していないか？

レガシーな組織
マネージャーとメンバー、メンバー同士など対話をする機会も発想もない

モダンな組織
チーム内で日常的に対話が行われる

主体性の尊重／共創意識／フラットな関係／情報共有

■ チーム内で「名ばかり対話」が横行する組織

　対話習慣の重要性と、組織体質に及ぼす影響について伝えてきた。そのための第一歩として、あなたの半径5m以内、すなわちチーム内のコミュニケーションに目を向けてこの章を締めたい。

　あなたの部やチームでは、マネージャーとメンバー、あるいはメンバー同士の対話が行われているだろうか。**マネージャーがメンバーに一方的に主張したり、進捗を詰めたりするだけの「名ばかり対話」「独り善がり1on1ミーティング」が横行していないだろうか。**

　組織を健全に運営するためには、前項で伝えたように経営と現場の景色合わせ（対話）が必要だ。だがその前提として、現場での景色合わせも肝心である。これができていないと、マネージャーが現場のリアルを正しく言語化できず、職場の課題を解決できなかったり、経営側に誤った情報が伝わったりしてしまう。

■ リーダーは監視ではなく観察を

　現場の景色合わせは、マネージャーだけに依存していてはいけない。マネジメントの分散や多様なコミュニケーション機会の創出も大事だが、やはり現場での常日頃からの対話を大切にすべきだ。メンバーの意見や変化に耳や目を傾けているか。メンバーの困りごとや制約条件、能力や意欲、やりたいこと、できることなどを把握できているか。あなたがマネージャーやリーダーの立場ならば、日々メンバーと対話できているか振り返ってみよう。

　ここで言う把握とは監視ではない。**ガチガチな行動監視はメンバーの心理的安全性を損なう。監視されたメンバーはマネージャーや組織そのものに不信感を募らせるだろう。フラットな対話がますます遠のいてしまう。監視ではなく観察をしよう。**

　あなたがメンバーの立場なら、マネージャーと対話する場や機会があるか、困りごとや心配ごと、やりたいことなどをフラットに伝えられているか、聞いてもらえているか、メンバー同士で対話できているか、振り返ってみてほしい。その上で次に紹介する、チーム内で対話の習慣を育てるための方法を実践してもらいたい。

■ 日常のなかで小さく対話してみる

　日々の仕事のなかで、チームのメンバーに小さく対話を仕掛ける。そのやり方はここまででも触れてきた。

- チームの週次ミーティングの最後の10分を対話の時間にする
- 1on1ミーティングを活用する
- 対話しやすい空間を創る
- 読書会や勉強会などをチームで始めてみる

　などである。あるいは新年度の部やチームのキックオフミーティングで対話の場を設けるのもよい。そうはいっても何を対話したらよいのかわからない人は、**まずは相手のコンディションを尋ねるところから始めてみて**

はどうか。シンプルに「今日のあなたのコンディションはどうですか？」と聞く。そのくらいからでもよい。

それでも対話の機会を創れそうにないなら、または相手が対話に応じてくれそうになければ、どうするか？

> 対話が足りていないと思います

> もっと対話をしたいです

こうして地道に声を上げよう。

■ 対話力向上のトレーニングを受ける

対話の定義を理解するのはもちろん、**マネージャーもメンバーも、皆が対話をするための技術を身につけておきたい。**対話とは相互の働きかけであり、対話を仕掛ける側、仕掛けられる側、双方の技術向上と行動変容が求められるからだ。統制管理型一辺倒で成長してきた日本の組織においては「言われたことをこなすのみ」のコミュニケーションが長らく続いてきたため、対話のトレーニングを正しく受けていないビジネスパーソンがとくに多いと感じている。その由々しき状況を打破しよう。

人事部門と話をして、対話力向上のためのトレーニングを全員が受ける。越境学習プログラムに参加し、他社の人たちとのリアルな対話を通じて技術と経験を積むのも効果的だ。この際、勉強会やキックオフミーティングのテーマを「対話」にし、対話の技術を皆で学んでみてはどうだろう。チーム全体の対話力を向上するいい機会になる。

■ コミュニティマネージャーを置く

そうはいっても皆日々忙しく、なかなか対話に意識が向かないかもしれない。個々の能力やマインド（心持ち）のバラつきもある。コミュニケーションが不得手な人もいる。そこで、**チーム内にコミュニケーション促進役を置いてみてはどうだろう。**

実際、「コミュニティマネージャー」という職種がある。同一コミュニティ（ここではチーム）内のコミュニケーションを円滑にする役割を担う人

を指す。メンバー個々の自助努力でうまくいかないなら、コミュニティマネージャーを置こう。もちろん、あなたがその役目を務めるのもありだ。

> **書籍紹介**
>
> 「コミュニティマネージャー」は社内のコミュニケーションにおいてのみ必要な存在ではない。本来は、社外の顧客や見込み客たちとのコミュニティを創り、運営し、参加者をファンに変えていく役割を担う存在だ。会話を円滑かつ活発にするだけでなく、良好な関係性づくりのプロであると言える。顧客との強いつながりが求められる現代において、より必要とされる存在である。その仕事や役割を深く理解したい人は、河原あず氏と藤田祐司氏による共著『ファンをはぐくみ事業を成長させる「コミュニティ」づくりの教科書』(ダイヤモンド社)を読んでみるといい。

　対話能力の向上と対話習慣の定着は、チーム内の関係性を良くするだけではない。経営層との景色合わせができるようになるのはもちろん、商談など顧客やお取引先との関係構築にもプラスに働く。

> **一歩踏み出す！**
>
> - 日常のなかで小さく対話を仕掛ける
> - 対話力を向上するためのトレーニングを皆で受ける
> - チーム内にコミュニティマネージャーを置く

第 **3** 章

会議の場で
できること

025 会議が時間通りに始まる(終わる)ようにする

会議の開始・終了時間が無視されていないか?

レガシーな組織
会議は遅れて始まるのが当たり前。終わりも延びることが日常茶飯事

モダンな組織
会議は時間通りに始まる。時間より早く終わって解散することも

会議が時間通りに始まらない組織

「当社は時間通りに会議が始まることが少ない。これって当社の企業体質であり文化かも……」

　ある日系大企業で組織文化についてディスカッションしていた際、同社の複数の社員から挙がった声である。会議の開始時間に参加者が集まらない。毎度ギリギリまたは開始時間が過ぎてから会議室に駆け込む(オンラインミーティングであれば「ログイン」する)。それが日常の景色になっている企業は少なくないようだ。そういえば、過去に何度か上記の会社の人から**「当社は時間ギリギリにならないと集まらない人が多くて、スミマセン……」**と申し訳なさそうに言われたことを思い出した。

　かたや時間通りに会議が始まるものの、時間内に終わらせるのが苦手、あるいは時間をめいっぱい使いきろうとして議題を次から次へと盛り込む企業もあるから面白い。会議に対する時間の意識一つとってみても、その企業の体質や文化を察することができる。

第3章 —— 会議の場でできること

柔軟さ

■ さまざまな慣習や制約が折り重なっている可能性も

会議が時間通りに始まったためしがない、時間より早く終わったためしがない。そう聞くと「だらしない人たち」「時間にルーズな人たち」と思いがちだが、決してそうとは限らない。

- 皆まじめで、時間ギリギリまで熱心に話し合う
- そこに会議室間の移動が加わる
- その結果、次の会議の開始が遅れてしまう
- それにともなって終了時間もズレこむ
- 次の会議の開始が遅れる

共創意識

このようなメカニズムが働いている可能性がある。また、会議を運営するための仕組みや制約が遅刻の常態化を助長している可能性もある。

- システムの都合で、会議室が30分や60分単位でしか予約できない
- おのずと会議が60分刻みで設定される
- 移動時間を考慮せず、立て続けに会議が設定される

この連鎖をどこかで断ち切れば、あなたの職場でも時間通りに始まり、場合によっては時間より早く終わる会議を習慣化できる可能性はある。

多様性の尊重

■ たかが5分の遅刻が共創体質を遠ざける

このような「しかたのない理由」によって会議開始の遅延が常態化している場合も多い。とはいえ、しかたないで放置するのもいかがなものか。**誰かが会議に遅刻する一方で、時間通りに到着している人もいる。そういった人を待たせることは失礼であり、会議の質そのものも下げる。**

また「少しくらい遅れても大丈夫」を看過していると、やがて締め切りなどに対して「1日くらい遅れても大丈夫」「1週間くらいは大丈夫」「注意されたら提出すればいい」など悪い方向に発展していく。こうして**だらしない組織文化や、自分本位な思考と体質が蔓延していく。**

123

そうかといって、**誰かが遅刻した人を厳しく咎めだてしようものなら、会議の空気は開始から重たくなる**。遅刻して慌ただしく参加した精神状態では、議題を理解したり、理路整然と意見を組み立てて発言したりもしにくい。活発な意見や前向きな議論がしにくくなる。他の参加者との気持ちよい意見交換、ひいては共創が妨げられる。

時間通りに始まらない会議／終わらない会議。その常態化が、会議を「共創できない場」に変え、自分本位な組織体質を醸成していく。そこで、この状況を改善するための方法を2つ示す。

◤ 標準所要時間を45分にする

会議は何となく60分で設定されていることが多い。その状態で会議が詰め込まれると、毎時ゼロ分に前の会議の終了と次の会議の始まりがかち合うことになる。移動の必要がある場合、到底次の会議の開始時刻に間に合うはずがない。もちろん、会議を立て続けに入れない工夫も大事だが、なかなかそうもいかない場合もある。

そこで、**「会議時間＝60分」の常識を捨てよう**。たとえば45分で設定する。おのずと15分の余白ができて、次の会議の準備や頭の切り替えをする余裕も生まれる。その直後（つまり45分）に始まる会議を入れられてしまえば水の泡だが、多くの人が開始時刻はキリよく0分ないし30分で設定し続けるだろう。会議室予約システムが30分単位で設定されているならば、システム担当に相談して15分単位で設定できるよう変更してもらおう。

もちろん、45分間で議事進行できるようにするための準備やファシリテーション能力の向上も必須だ。その壁を乗り越えれば、会議の質そのものが向上する。

◤ 開始前に「一席」設ける

参加者が早めに会議に参加したくなる、そのためのひと工夫を凝らしてみるのもよい。**たとえばあなたが会議開始5分前くらいに入り、そこで会議の議題とは直接関係のない有益な情報を提供したり、悩み相談に乗る**。または楽しい雑談をする。場を温める目的で「最近、手品にハマってまし

て……」と披露するなどもアリだ。**すなわち「一席」設ける。**

　遅れてきた人は、すでに盛り上がっている、温まっている、有益な会話がされている場を見て、少しの疎外感と**「自分ももっと早くくればよかった」**と後悔を感じるだろう。そこから会議前の一席を楽しむために、あなたの参加する会議には早めに参加する人が増えるかもしれない。

■ 早く終わることを称賛する

　会議を予定時間より早く終わらせるための工夫も推奨したい。予定時刻よりも早く議題に結論が出るなどした際は、「早く終わっちゃいましたね……」ともじもじしながら別の議題を無理やり探すのは時間がもったいない。会議の目的は、予定時間めいっぱいに会議室を使うことではない。**結論が早く出たときは称賛の一言を述べて切り上げよう。**「みんなが頑張ったおかげで、早く結論が出ましたね。では、これで終わりにしましょう！」と、さわやかに散会する。

　私がかつてともに仕事をした海外のビジネスパーソンたちは、たとえば会議が5分でも早く終了すると、以下の言葉をにこやかに発して場を終わらせていた。

5 minutes, back to you
（あなたたちに5分お返しします）

　貴重な時間を参加者にお返しする。その発想を持ち、仕事そのものを早く終えることを良しとする空気を創っていきたい。ためしにあなたも会議の終わりに「X minutes, back to you」と発してみてはいかがだろうか？

> 一歩踏み出す！
> - 会議を60分間ではなく45分間で設定する
> - 開始前に「一席」設ける
> - 「X minutes, back to you」を口ぐせにする

026
オンラインミーティングは一人1端末で参加する

会議

「出社組」だけで議論が進んでいないか？

レガシーな組織
オフィスにいる人たちだけで会議室に集まって、1端末でリモートの相手と会議する

モダンな組織
パソコンやスマホなど各自の端末からログインして会議する

■ 出社組とオンライン組に分かれる会議

　パンデミックが落ち着き、出社かリモートかを選べる企業が増えてきた。全員強制的に出社に戻してしまう企業の何倍もよいとは思うが、出社と在宅のハイブリッド勤務形態で悩みのタネとなるのが、会議である。

　よくあるのが、**出社組は会議室に集まり、各自のPCや会議室のモニターでリモート組とオンライン会議をつないで行うスタイル**。出社している人たちだけでも対面で話した方が効率がいい。その気持ちもわかる。

　一方で、**出社組も各自のデスクや社内のバラバラな場所からPCでオンライン会議に入るスタイル**の企業もある。リアルとオンラインで分けるのではなく、全員が等しくオンラインで集まる。そのような意図がある。

■ 全員オンラインの合理性

　出社組だけ対面で集まるスタイルは、たしかにその場にいる人たち同士のコミュニケーションはしやすい。一方で、**その場にいる人たちだけで話**

第3章 —— 会議の場でできること

が進んでしまい、場にいない人が輪に入りにくかったり、取り残されやすいデメリットもある。ともすれば出社を好むような価値観の人たちによる同質的な意思決定が促されるなど、議論の多様性が損なわれてしまう。

　一方で全員がオンラインなら、全員が同じ環境で、同じ画面を見ながら場を創っていくことになる。見えている景色（参加者同士の距離と見え方）、画面共有されたスライド、文字情報（チャットなど）、音声などが同じになり温度差や情報格差が生まれにくい。加えて以下のメリットもあるだろう。

- 誰が参加し、誰が発言しているかが視覚的にわかりやすい
- チャット機能を併用しての発言や補足がしやすくなる
- 声とチャットで別々のコミュニケーションを同時進行できる
- 参加者のコメントや議事録を残しやすくなる

　記録が残れば、後で議論の内容を思い出しやすくなり、**その場にいない第三者**（欠席者、後にその議題に巻き込みたくなった人など）**への共有もしやすくなる。**会議メンバーの参加意識を高め、意思決定に多様性を持たせたいのであれば、全員オンラインのスタイルが望ましいだろう。

■ その場にいない人もラクになる方法で

　出社組だけその場に集まるのは「その場にいる人たちがラクになる」コミュニケーションスタイル、全員オンラインは「その場にいなかった人たちもラクになる」コミュニケーションスタイルと捉えることができる。

　空間や時間を超えて共創できる体質になっていくためにも、オンラインミーティングは可能な限り一人1端末で参加しよう。チャット機能なども活用し、発言やコメントをテキストで残すやり方にも慣れていこう。

> 一歩踏み出す！
> - オンラインミーティングは一人1端末で入るよう提案する
> - 自分が出社している場合でも、自席や別室などからオンラインで会議に参加する

柔軟さ

共創意識

情報共有

多様性の尊重

027 会議前のプチ雑談で自己開示してみる

会議

あなたの職場は他者に興味・関心があるか?

昨日、交流会で面白い人と会ったんだけど……

それより例の案件のことなんだけど〜

レガシーな組織
他者に興味・関心がない。雑談を仕掛けても「へー」で終わってしまう

モダンな組織
他者の話に興味・関心を示し、そこから会話や協力が起こる

■ 他者への興味・関心がない組織

　他者への興味・関心の度合いや、そこから会話が弾むかどうかも組織によって異なる。たとえば、あなたの部署に中途採用された人が着任したとする。他者への興味・関心が高い組織の人たちは、**その人が前職でやってきたことなどに興味を示し、あれこれ質問するだろう**。あるいは、その人の話に興味を持って耳を傾けるかもしれない。一方で、他者への興味・関心が薄い職場ではどうか。**自己紹介もそこそこに、淡々と各々の仕事を始める。その後も口を開けば仕事の話しかしない。**

　別の場面を見てみよう。あなたが社外研修を受けたとする。他者への興味・関心が高い人であれば、**翌日あなたに「どうだった?」の一言でもかけるだろう**。あなたがどんな知識や技術を得たか、興味津々で尋ねてくる人もいるかもしれない。一方で他者に無関心な組織では、そうはならない。**あなたが研修の感想や学びを共有しようとしても「ところで、あの案件の進捗なんだけど」といった具合に華麗にスルーされ、仕事の話しかされな**

い。まるで研修がなかったかのように扱われる。

　興味・関心が強い組織と弱い組織、あなたはどちらの組織で働きたい、積極的に関わりたいと思うだろうか。

他者への興味・関心がある組織のメリット・デメリット

　興味・関心の対象は自組織のメンバーだけとは限らない、他部署、他社、他業界など、さまざまな対象においてその組織が内向きか外向きかを行動からうかがい知ることができる。

　いずれも良し悪しがある。**他者への興味・関心が強い組織はメンバー同士あるいは関係者同士の相互理解が進み、雑談なども生まれ、そこから協力関係を築きやすい。**今すぐ何かが起こらなくても、過去に交わした雑談で相互理解が進み、しばらくたった後に思わぬ共創に発展することもある。Google社のメールサービス「Gmail」も、エンジニア同士の雑談から生まれたという。お互いが相手に興味・関心を示さなければ、このような社内のコラボレーションも生まれなかったであろう。

　反面、**相手に踏み込みすぎてしまうリスクもある。**誰しも触れられたくない話の1つや2つはあるだろう。そうでなくても、プライベートに踏み込まれたくない人もいれば、あまり職場に大げさにしてほしくない活動をしている人もいるかもしれない。行きすぎると、**同調圧力や監視色の強い「ムラ社会」文化を形成してしまうから要注意**だ。雑談が盛り上がるのもよいが自分の仕事に集中したいときもあるだろう。

他者への興味・関心がない組織のメリット・デメリット

　その点、他者に無関心な組織はドライである。仕事以外の会話はほぼないため、自分の仕事に全力で集中できる。プライベートはもちろん、業務で得た知識や経験についても、とやかく聞かれることも言われることもない。ある意味で自由である。

　一方で、**困りごとがあったときなどに周りに相談しにくい。そもそも、誰が何をやっているのかもわからなければ、どんな場面で誰に声をかけたらよいのかもわからない。**なぜなら自分の仕事以外の会話をしたことがないから。社外で新しいことを学んでも、それを職場に持ち込みにくいし活

かしにくい。**なぜなら誰もあなたがどこで何を学んだかに興味を示さないからである。**目先の仕事を淡々とこなすには良い環境かもしれないが、協力や共創、チャレンジやイノベーションは期待できないかもしれない。

◤ 他者への興味・関心はエンゲージメントにも影響する

他者への興味・関心の度合いは、メンバーや組織に対するエンゲージメントにも影響する。人は誰からも興味・関心を示されないと、その組織やメンバーに対しても無関心になりやすい。

これは人対人のみの関係ではない。部署間や会社間の関係にも当てはまる。**自部署の人やコトにしか興味を示さない。社内の人の話にしか聞く耳を持たない。そのような組織と積極的に関わりたいと思うだろうか。**好奇心が旺盛な人、意欲的な人ほど敬遠するだろう。ものごとには返報性の原理というものが働く。エンゲージメントにおいても然りである。

ただし、むしろ放ってくれておいたほうが心地よく、エンゲージメントを適度に高められる人もいるから世の中面白い。他者への興味・関心がある組織、ない組織のどちらにもメリットとデメリットがある。両極端に陥るのではなく、適度な距離を保っていきたい。

◤ ミーティング前の「プチ雑談」で自己開示する

他者に適度に興味・関心を持ちつつ、過干渉しない。その文化を創るには、まずはあなたから自己開示をしてみよう。自分の過去の経験、成功体験や失敗体験、今の業務内容、どんな気持ちで日々の仕事に取り組んでいるか、どんな仕事をしてみたいか、プライベートで取り組んでいること、勉強していること、好きな食べ物、お気に入りのダム（おっと失礼。これは筆者の趣味である）、何でもかまわない。

124ページで示したように、**会議開始前の隙間時間などは狙い目だ。早めに集まった人同士で「週末は秩父に釣りに行ってきたんです」など、カジュアルな話題で自己開示して相手の反応をうかがってみる。**あなたの自己開示を受けて一人、また一人と周りの人が自己開示をしてくれるかもしれない。誰かが自分の趣味の話を語り出したら「この人とは趣味の話ならイケるな」と知ることができる。あなたが先に自己開示をすることで、相

手がどんなテーマの話にのってくれるか相互に確認することができる。

逆に、相手があまりに無反応だったり、表情を曇らせたテーマについてはそれ以上触れないようにしよう。

■ 相手との関係を適度に保つ

今まで誰も自分のことを話す人がいなかったから誰も自己開示をしなかった。誰も他者に興味・関心を持とうとしなかった。そのような職場を筆者はこれまで数多く見てきた。あなたが最初の一人になろう。その際、自分にとって心地よいコミュニケーションのスタイルを話すのもよい。

> デスクにいるときには気軽に声をかけてね。でも作業に集中したいときは、会議室に籠るかテレワークにします！

> じつは前職にあまり良い思い出がないので、前職のことは触れないでいただけたら嬉しいです！

> 今日は企画書の作成に集中したいので、話しかけないでもらえたら嬉しいです！

徐々に職場の空気が打ち解けてきたら、他者にも関心を示し、質問や相談をしてみよう。今まで誰にも関心を持ってもらえなかった、話を聞いてもらえなかったから心を閉ざしてしまっている人もいるかもしれない。あなたの一言から、協力関係が生まれるかもしれない。

ただし繰り返しになるが、相手が難色を示したときにはそれ以上深入りしない。そうして、お互いに心地よい適度な距離を保っていこう。

一歩踏み出す！
- まずはあなたから自己開示をする
- 相手に質問や相談をする。ただし難色を示されたら深入りしない

028 場や状況に応じて会議の進行役を変える

会議

部課長だけが会議を仕切っていないか?

レガシーな組織
会議の進行役は固定。かつ必ず部長や課長など、責任者が進行する

モダンな組織
若手が進行する。あるいは場に応じて適切な人を進行役に指名する

では、会議を始めます!

■ いつも同じ「偉い人」が会議を仕切る組織

　会議や商談を誰が仕切るかにも組織の特徴が出る。**儀礼を重んじる組織ほど会議は上位者、すなわち部課長などの役職者が仕切るケースが目立つ。**あるいはその議題の責任者や、勝手知ったるベテランが場を仕切る。そこには、参加者に失礼があってはならないという思いがあることも。

　詳しい人が仕切るほうが話が早い。そのメリットもわからなくはない。一方で、部課長など上位の役職者が仕切る会議にはマイナスの面もある。

- 場の雰囲気が堅くなりがち
- 自由な発想や意見が出にくい
- 役職者でないメンバーや若手、新参者が意見を言いにくい

　どんなに丁寧な進行をしても、役職や権限がある人ばかりが場を仕切っていると出てくるアイデアや意見に偏りが生まれがちである。

第3章 —— 会議の場でできること

■ 場に応じて進行役を変えてみよう

　問題は、いつも上位者が仕切っていることではない。**会議の景色が固定され、マンネリ化する点にある。**議題や目的、あるいは事情に応じて進行役を変えてみよう。たとえば、自由な発想を促したい会議なら若手に進行役を任せる。あるいはチームの定例会は中堅のメンバーに任せてみる。**持ち回りで進行役を変えるのも会議の景色を変えるには効果的だ。**ただし進行役を一人に押し付けるのは重荷になる場合もある。進行役を複数名に任せたり、補佐役をつけたりするのも有効だ。

- 進行役（メイン＆サブ）
- 書記役／スライド操作役
- タイムキーパー

　役割分担により、進行役の負担は軽減でき、心にゆとりも生まれる。**会議の議題や目的によってはメイン役とサブ役の対話形式で会議を進行するのもよい。**参加者が共感できる接点や機会が増え、同意を示したり、意見や質問をしたりしやすくなって会議の景色に広がりが生まれる。

■ ただし、後でくどくどと文句を言うのはNG

　役割を持ち回りにする場合、注意したい点がある。**進行に対して後から文句を言うのはご法度だ。**誰もがいきなり会議をうまく進行できるわけではない。後になって**「なぜ、あそこで予算の話をしたの？」「あのタイミングでコストの話をすべきではないのでは？」**など、会議が終わってから批判的なコメントを寄せる人がいる。これをやると、「とやかく言われるなら、進行は部課長に任せてしまおう」と、振り出しに戻ってしまう。なにより評論家のような態度は会議を進行する人を不快な気持ちにさせる。会議が有意義な場にならない。

　筆者にも経験がある。グローバル企業に勤務していた頃、海外拠点の部門長との英語でのオンラインミーティングの司会進行を、筆者を含む中堅と若手がいつも行っていた。日本拠点の部長陣は「英語が苦手だから」と

柔軟さ

主体性の尊重

創造主義

フラットな関係

及び腰。仕方ない部分もあるが、会議が終わってから「なぜ、この点を質問しなかったの？」「あれについてはもっと深い議論を促してほしかったなぁ」など、さも評論家のようなコメントを浴びせてくる部長に閉口した。

「だったらその場で発言してください。僕たちは進行で必死なんです！」

思わず語気を荒げて言ってしまったものだ。

文句を言うのではなく、足りていない観点をその場で投げ込む、あるいは助言をするなど良い場づくりのためにできることをして、共に場を良くしようとする当事者意識を持とう。**「任せる」とは「手助けしない」ではないし、ましてや「後で文句を言う」でもない。**会議に評論家はいらない。

■ 全員のファシリテーション能力を高めよう

進行役は会議のテーマや目的、状況などに応じて柔軟に指名してもいいし、手挙げ式で決めてもいい。その結果、会議のマンネリ化を防ぎ、さまざまな意見やアイデアが出るようになる。そのためにも研修などはもちろん、皆がファシリテーションを実践する場を日常的に設け、スキルを磨こう。その力が効果を発揮するのは会議の進行にとどまらない。

- 商談やプレゼンテーションをうまく進めることができる
- 1on1ミーティングの進行がスムーズになる
- イベントの企画や運営がこなれてくる
- 組織の問題・課題発見力と解決力が高まる

ファシリテーション能力はさまざまなビジネスシーンにおいて効果的なスキルであり、ビジネスパーソンとしての一生モノの宝である。その向上は、なによりのスキルアップであり、組織力向上の意義も大きいのだ。

> **一歩踏み出す！**
> - **会議の進行役を固定化せず、さまざまな人が進行役を経験してみる**
> - **ファシリテーション能力を身につけ実践する**

029
沈黙の多い会議を率先して仕切る

会議

誰も発言しない会議になっていないか？

レガシーな組織
会議や商談で沈黙が多い。誰かが進行しないと進まない、決まらない

モダンな組織
会議や商談は、とくに役割を決めなくても誰かが仕切って進めてくれる

主体性の尊重　創造主義　フラットな関係　アジャイル

■ 会議で意見が出ない、出しにくい、何も決まらない組織

　前項に続き会議の進行に関して。**進行役を決めないとものごとが進まない。**進行役だけがあたふたと話を進めるが他の誰も発言や協力をしようとしない。**話を盛り上げようと話題や議論のテーマを投げ込んでも「シーン」。沈黙が流れる。当然、何も決まらない。**そのような職場がある。

　一方で、とくに進行役やファシリテータ役を決めなくても誰かが口火を切って話が進み、活発な意見交換が始まる。他の誰かが手持ちのパソコンで率先してメモを取ったり、タイムマネジメント（進行管理）をしたりする。それらが息を吸うように行われる職場もある。

　これも体質の差と捉えられるが、前者の文化の放置は組織にとって大きなリスクを伴う。**意見が出ない、出しにくい、何も決まらない……。このような状況は「誰かが何とかしてくれるだろう」とする他責体質を強める。**たかが会議とあなどるなかれ。そこから、主体性のない職場風土のできあがりだ。

会議の目的と参加者の役割を明確にする

そもそも世の中には、**会議とは偉い人の話をただ聞く場だと思っている人もいる**。そんな人にとっては、たとえ沈黙が多くても何も問題はない。そうかと思えば、意見を交わして何かを決める場だと思っている人もいる。**まずは会議の景色をすり合わせよう**。会議の目的や成果物、参加者に求められている期待役割など確認して共有する。

- 決めるための会議
- 協議するための会議
- 報告や通達のための会議
- 情報共有のための会議
- 意見照会をするための会議
- お互いの人となりを理解するための会議
- アイデア出しをするための会議

その沈黙する会議はどのような場なのかを確認しよう。100ページで紹介した「仕事の5つの要素」の図に当てはめて、会議の目的やゴールを振り返るのもよい。それだけで「もっと意見を述べてディスカッションの場にすべきでは」「役職者の演説だけで終わるのはよくない」など、参加者に必要なアクションが明確になってくる。

会議の景色と形式を変える

会議の目的を振り返ることは、会議の形式や、そもそもその会議が必要なのかどうかを話し合うきっかけにもなる。

> 通達や情報共有だけなら、わざわざ会議をしなくてもよいのでは？

> グループチャットの共有でいいのでは？

報告の会議と、価値創造をするための会議とでは、適する環境や進め方

第3章 — 会議の場でできること

も異なるであろう。皆がスーツ＆ネクタイ姿で身を固めた堅苦しい雰囲気の会議で自由な意見や発想が出るだろうか。ワーケーションのように、普段とは景色や服装を変えて対話したほうがいいアイデアや発想が生まれやすかったりもする。目的に合わせて会議の景色を変えてみよう。

■ 参加者に求められる役割を分担する

そもそも会議に役割分担が必要と認識していない人もいる。参加者や関係者の役割分担は、会議の良し悪しを決める。進行役、書記役、タイムキーパー、発表者（グループ討議などがある場合）をあらかじめ決めて進行しよう。持ち回りで役割を担う仕組みをつくるのもよい。**誰か一人に押し付けたり、あるいは勇気ある人が仕切ってくれるのを待ったりするだけでは、うまくいかないのだ。**

とはいえすべての会議において、入念な準備や役割分担ができるとは限らない。トラブル対応のために突然組まれる会議や、たまたまそこにいた人たちだけで意気投合して何となく始まるアイデア出し会議などもあるだろう。そんなときは、**あなたが率先してファシリテータになろう。**主な役割は以下の通りだ。

- 目的を提案する
- ゴールイメージを提案し合意する
- 役割の分担を決める
- 議題を提案する
- テーマや「問い」を投げ込む
- 参加者の意見を引き出す
- まとめる（結論や決定事項をまとめる、次のアクションを決める）
- アイスブレークする（雑談などを仕掛けて場の空気を和ませ、参加者の心の凝りを解きほぐす）

最も大事なのは、**目的やゴールイメージの確認と合意形成である。**滞りなく進行し、スムーズに結論を出すことができれば、周りから感謝され一目置かれるだろう。

主体性の尊重

創造主義

フラットな関係

アジャイル

■ ファシリテーション能力を身につける

　このように、誰もが議事進行をできたほうがよい。そのためには、どのような能力を高めたらよいか。ファシリテーションできるようになるためには、以下の能力を身につけておきたい。

- 観察する力
- 問いを立てる力
- 期待役割を設計し合意形成する力
- 傾聴力
- 言語化能力

　これらの能力は組織のメンバー全員が持っておきたい。研修などの人材育成プログラムを受講し、素養として高めておこう。

　誰も仕切ろうとしない、助けようとしない。その裏には自信のなさも多分にあるだろう。会議を仕切った経験がないのに、下手に役割に名乗り出て失敗したらどうしよう……。そのような心理が働き、誰も仕切ろうとも進めようともしない沈黙の会議が常態化してしまう。

　その不安を、あなたが断ち切ろう。**あなたが不安を乗り越えて進行役をかって出れば、その姿を見た人たちも少しずつ発言したり協力したりし始めるだろう。**

> 一歩踏み出す！
>
> - 沈黙の多い会議では、目的や参加者の役割を確認して共有する
> - ファシリテーションをかって出る勇気と能力を身につける

会議

030
誰もが意見を言える会議にする

役職者やベテランだけが発言していないか？

レガシーな組織
意見を言うのは役職者やベテランのみ。若手やお取引先の人などは意見しにくい

モダンな組織
職位、年齢、社歴などにかかわらず誰でも意見を言いやすく、聞いてもらえる

主体性の尊重　創造主義　フラットな関係　情報共有

■ 職場に「風」が通らない組織

　風通しのよい職場。企業の採用サイトなどでもPR文としてよく使われるフレーズだ。風通しのよさを判断する材料の一つに、意見の言いやすさがある。あなたの職場はどうだろうか。たとえば、**会議などで発言する人、日々の仕事の場面で意見を言う人が偏っていないだろうか。あるいは、意見を言っても聞いてもらえなかったり、若手が意見をしようとすると「あなたの意見は聞いていない」などと言われ制止されたりしていないだろうか。**そうなると、役職者やベテラン、またはよっぽどの勇者以外、誰も意見を言わなくなる。言っても虚しいだけだからだ。

■ 役職者やベテランが正しいとは限らない

　言われたことを忠実にこなしさえすれば成果を出せる。または問題や課題を解決できる。そうであれば一部の役職者やベテランの意見を優先する文化もあながち間違ってはいないかもしれない。しかしながら我々は正解

のない問い、前例ない問いに答えなければいけない時代に突入した。その問いに対して**役職者やベテランが正しい意見を出せるとは限らない**。社歴の浅い人、異なる経験を持った人、社外の人などが答えを持っていることもある。今までとは異なる発想やアプローチが思わぬ課題解決を生むこともある。一部の人しか意見できない、役職者やベテラン、または勇者しか意見を言うことができない。その文化は組織のリスクなのである。

異なる世代、異なる経験や専門性を持った人、異なる会社や地域の人などと越境してチームを組んで共創していく機会は増えてくる。それにともない、相手の背景や事情を理解しつつ、チームとして成果を出せるやり方に変えていく柔軟性もますます求められるだろう。

■ 意見が言いやすい、聞いてもらえる職場「4つの条件」

「いやいや、みんな意見を言ってこないんですよ」
「意見なんて、ないんですよ」

管理職やベテランの読者から、こんな声が聞こえてきそうである。「意見を言わない職場」の話をすると、個の能力不足のせいにする人たちもいる。しかし能力向上だけでは不十分だ。筆者はこれまで400以上の組織に向き合ってきたが、**個のプレゼンテーション能力や論理的思考能力は高いにもかかわらず、誰も意見を言おうとしない職場を多く見てきた**。

繰り返すが、彼／彼女らの能力は決して低くない。ではなぜ意見を言わないのだろう。誰もが意見を言いやすく、聞いてもらえる職場。その要因を4つ指摘したい。能力、習慣、場、環境である。どんなに個の能力が高くても、意見を言う習慣がなければ宝の持ち腐れである。そもそも意見を言う習慣がない職場もある。若手や新参者が意見を言っていいなんて発想すらしない人たちもいる。

「会議で役職者以外が発言するのをはじめてみました……」

日本のあるレガシーな企業の主任が、社外の会議でこう発言する場面に立ち会ったことがある。

「パートの私が、意見を求められるなんて思ってもみませんでした」

そのように言う人もいた。能力開発ももちろん重要だが、**「この場で意見を言ってもよい」「あなたにも意見を持ってほしい」と働きかけ、習慣**

化、場や環境創りに時間をかけて取り組もう。その積み重ねで、徐々に誰もが意見を言う風土が醸成される。プレゼンテーション能力や思考能力を高める研修をしたところで、行動が変わるには時間がかかる。組織は急には変わらない。受け入れる組織側のマインドや行動が変わらなければ、意見を言う/受け止める文化は醸成されないのだ。

◼ 小さな対話を仕掛けてみる

あなたの半径5m以内から、意見しやすい、聞いてもらいやすい組織風土を創っていこう。とはいえ会議でいきなり意見するのは憚られるかもしれない。そこで、まずは小さな対話を仕掛けてみよう。**社長や経営陣との対話会、あるいは上長との1on1などで伝えたり、社内の交流会や勉強会などで会った役員や他部署の管理職に直接言ったりするのでもかまわない。小さく自分の意見や思いを伝えてみよう。**その際、（いつものように）一方的な要求を押しつけられそうになったら、次の言葉を発してみよう。

たまには私たちの意見も聞いてください

知っておいてほしいことがあります／ご相談があります

少し弱気にいくなら後者がおすすめだ。このように相談モードで話を切り出す。一人では勇気が出ないなら複数名で実行するのもありだ。役割を分担できるし、劣勢になったときに加勢やフォローをしてもらえる。こうして仲間と共に意見を言う習慣を創ろう。

そもそも意見を言う文化／聞く文化がない組織に対しては、他者の意見を聞く発想を植え付ける働きかけをしよう。

いったん、対話モードで聞いてください

対話モードで、あなたの話を聞きますね

このように、「ここからは私の意見を聞いてください」「ここからはあなたが意見を言っていい場です」と、明示的に示す。「対話モード」、この言

葉を多用し、あなたの職場の流行り言葉にしてほしい。

自由に意見を言える場や空間を創る

会議室の脇に小さくリフレッシュコーナーを設けてみる。「コミュニケーションスペース」など、対話を促す名前を付けてもよい。そこはお菓子をつまみ、コーヒーを飲みながら言いたいことを言ってよい場とする。会議では意見しにくくても、そこでは誰もが本音を言える／聞ける場だ。

思うに、ルールや役割に忠実な人が日本の組織には多いように感じる。だから「上司が偉い」「部下は発言してはいけない」と、とらわれてしまう。しかしそれは、裏を返せば**「ルールを変えてしまえば素直に従える」ということでもある。**この特性を利用しよう。「ここでは上下関係は気にせず意見を言ってもよい」とルールを定めて明文化する。そうして気兼ねなく発言できるようにする。ルールでもって、理想的な行動習慣を創っていこう。

意見を言うための能力開発も忘れずに

もちろん、意見を組み立てる能力、示す能力、そして受け止める能力の開発も欠かせない。**「ロジカルシンキング」「クリティカルシンキング」「傾聴力」「ファシリテーション能力」。これらの能力は、意見を言う側／受け止める側の双方に求められる。**本を読む、研修を受けるなど、能力開発の機会を創る、または利用することも大切だ。207ページも参考に、「研修を受けさせてください」などの声も積極的に上げていこう。

一歩踏み出す！

- 小さな対話を仕掛けてみる
- 対話する「モード」や「場所」を明示してみる

031 「その方法があったか！」を口ぐせにする

会議 / 柔軟さ

従来のやり方に悪気なく固執していないか？

「その方法は失敗のリスクがあります！」

「これまでどおりでいきましょう！」

レガシーな組織
過去の成功体験に縛られ、新しい方法を試そうとしない／否定する

モダンな組織
新しい方法を率先して試そうとする

■ 過去の成功体験を手放せない組織

「今までのやり方にこだわる」
「新たなアプローチや考え方に興味を示し、率先して試してみる」

　何か行動を起こそうとするとき、あるいは従来の仕事のやり方やプロセスを改善しようと試みるとき、あなたの職場の人たちはどちらの行動をとりがちだろうか？

　過去の成功体験が強い組織ほど、従来の固定観念にとらわれ前者を選びやすい。一部の人が行動を起こそうとしても、今までのやり方を変えたくない人たちの圧力に押され新しい方法を試すことができず、今までのやり方を手放せないことも多い。もちろん、従来の方法を続ける合理性もある。約束された安全・安心・確実をわざわざ手放して冒険をする理由もない。失敗が許されない組織風土の強い職場ほど、新しきを拒絶する空気は濃い。

■ 創意工夫やイノベーションが起こりにくい体質に

安全・安心・確実だけを重視する無難な組織風土は、新たな発想や創意工夫、そしてイノベーションが起こりにくい体質を創る。経営者が「チャレンジを！」「イノベーションだ！」「変革だ！」と叫ぶほど、現場のメンバーは小さなチャレンジすら許されない実情に心を冷やす。そして辞めていくか、物言わぬおとなしい人たちになってしまう。チャレンジもイノベーションも変革もますます遠ざかる。

過去のやり方を踏襲していては、いつまでたっても現場のチャレンジマインドは育たない。まずは小さなところからでも、新しいやり方を試してみる。このような体質をつくっていくために会議の場でできることがある。新しい方法を小さく試してみるために心がけたい2つの言葉を紹介する。

■「やってみよう」と口ずさむ

新しいアプローチを試してみたいときや、誰かから今までにない考え方や方法を提案されたとき。まずはあなたが率先して「やってみよう！」と言ってみよう。そこから感化され、新たな行動をしてみたい、新たな方法を考えてみたいと思う人が増えればしめたものだ。

事例紹介

「やってみよう」が口ぐせの組織

製造業におけるDXの先進企業としてメディアなどで紹介される老舗企業、旭鉄工（愛知県碧南市）では、社長の木村哲也さんが「やってみよう」を口ぐせのように連発している。徐々に社内に浸透し、今では日常的に「やってみよう」と口にし、新たなやり方にチャレンジする人が増えたという。同社の社内Slackのグループチャットで「やってみよう」と検索すると、社員の皆さんが発信した「やってみよう」のメッセージが数多くヒットする（日々コミュニケーションをテキスト化していると、このようにメンバーの意識や"組織の口ぐせ"の変化、すなわち組織文化の変化を可視化して捉えることができる。口頭文化の組織ではこうはいかない）。

■「その方法があったか！」と発する

会議で誰かが意見提案した際はもちろん、日常の雑談も含めて誰かから新たな発想や方法が投げ込まれたとき、この一言を発しよう。

> その方法があったか！

　今までとは異なるやり方にトライして新たな成功パターンに気づいたときや、成功の手ごたえを感じたときも同様だ。**この言葉によって「今までとは異なる見方をしていいんだ」「新たな方法を試していいんだ」という空気と効力感が醸成される**。たとえ実際にはその方法を試すことができなかったとしても、見方や考え方そのものを肯定しよう。それが良いのかどうかはいったん脇に置いて、まずは新しい意見や方法に出会えたことに感動し、喜ぼう。

■ 言葉が思考を変え、行動を変え、体質を変える

　一人の口ぐせが伝播し、チームの口ぐせになる。やがて組織の口ぐせになる。そして組織の口ぐせは、組織の思考習慣や行動習慣そのものを変えていく。あなたが率先して、口ぐせのインフルエンサーになろう。ちなみに筆者も数多くの口ぐせを生み出してきた。やがて顧問先の企業全体の口ぐせになり、思考や行動が変わり、ビジネスモデルさえ変わってしまった事例もある。口ぐせをあなどることなかれ。

　もちろん、新たな方法やアプローチを知るためには外にも目を向けなければならない。新聞や本を読む、外部の講演を聞く、インターネットニュースを収集して社内やチーム内に流すなど、情報のシャワーを浴びる、浴びせることも忘れずに。それについては第5章で詳しくお伝えしよう。

> 一歩踏み出す！
> - 「やってみよう！」「その方法があったか！」を口ぐせにする
> - 言葉から、組織の思考、行動、体質を変えていく

032 「言ったもの負け」の文化を変える

会議

言った人がやるのが当たり前になっていないか？

レガシーな組織
意見を提案した人が実行を押し付けられる「言ったもの負け」文化がある

モダンな組織
意見や提案をしたからと言って、必ずしもその人が実行する必要はない

■ 「言ったもの負け」の文化がある組織

　職位が上の人や立場が強い相手に対して意見しづらい背景に、「怒られるのが怖い」「否定されるのが怖い」などがある。その状況を変えるために前項で紹介した方法を試してほしいが、一方で、**否定されないからといって必ずしも意見が出しやすくなるとは限らない**。次のような文化が色濃い職場では、メンバーは意見や改善提案を言い出しにくい。
　「言ったもの負け」である。
　語感からしてネガティブ感200％なこの言葉。意見や提案をしようものなら言った本人が実行する羽目になる。または、すべての責任を押し付けられる。その文化を揶揄した言葉である。**反対されない代わりに、すべてを丸投げされてしまう。これも意見を言い出しづらくする大きな要因だ。**
　筆者は日本の大企業を複数渡り歩いてきたが（現在は顧問として関わっているところもある）、行く先々で「ウチには"言ったもの負け"って言葉があってね」と、入社早々に親切な先輩方から言われた。さすがに3社4社で言

われると、「言ったもの負け」はその組織独自の文化というより、もはや日本の大企業のお家芸ではないかと思わざるを得ない。そのくらい「言ったもの負け」は多くの組織に根付いてしまっている文化である。

気づける人たちの力を無駄にすることに

提案者に実行を押し付けられてしまっては、ちょっとした気づきや改善点も口にしにくくなる。日常業務が多すぎてキャパシティオーバーしている、時短勤務で稼働できる時間が限られているなど、課題の解決や改善に力を注げない人たちもいる。そういった人たちが物言えぬ状態をつくってしまうのは不健全であり、組織にとってももったいない。

なおかつ、提案者がその課題を解決する能力や適性を持ち合わせているとは限らない。全体を俯瞰して課題に気づける人と、与えられた任務を完遂するのが得意な人は別だ。優秀なプレイヤーが、優秀な改善推進者とは限らないのである。

「言ったもの負け」文化の放置は、チャレンジはもちろん、小さな改善や提案をも現場から遠ざけるのだ。

提案者と実行者の分離を周知しよう

本人に明確にやりたい意志や能力がある場合（または組織として人材育成の意図がある場合）は除き、基本的に提案者と実行者は分離したほうがよい。これは組織の課題解決や業務改善の基本である。まずは、この概念を周りに知ってもらうようにしてほしい。

> 自分では対処できないのですが、気になったことがありまして……

このように、正直かつ真摯に伝える。その一言で、提案者と実行者を分離する発想を周りに促すのだ。

とはいえ提案者と実行者を分離すれば、すべてが平和に解決するわけでもない。たとえば、あなたが問題や課題を指摘し、その解決を別の誰かが担うことになったとする。解決担当者は「余計な仕事が増えた」とネガ

ティブに捉えるかもしれない。その体験が積もると**「仕事が増えるから余計なことを言うな」と同調圧力が形成され、迂闊に問題や課題を指摘したり改善提案したりできない空気が濃くなっていく。**

その状態を回避するためには「メンバーの仕事に余白／余裕を生む」「改善や解決する行為を評価する」といったマネジメントも欠かせない。第6章や第7章も参考に、組織やチームにも働きかけていこう。

◼️ 「言ったもの負け」文化を逆手に取る

「言ったもの負け」ではなく、なるべくなら「言ったものが輝く」前例を創りたい。**「言ったもの負け」は、裏を返せば「言った人に任せてもらえる」文化と捉えることもできる。**つまり提案したあなたが主導権を握って、課題解決や価値創造に取り組むことができるのだ。ある意味、美味しい状態であるとも言える。この文化を好機と捉えて活用するために、筆者が提言したい行動はたった2つである。

- 本気で取り組みたいテーマ、改善したい問題や課題を見つけよう
- ここぞとばかりに手を挙げよう

筆者もこのやり方で業務改善や組織開発の実績を積み上げてきた。「言ったもの負け」文化も使いようなのである。**こうしてあなたが成果を出してから、「言ったもの負け」の文化を変えるためのマネジメント改革に着手すればよい。**ただし手を挙げたからには覚悟を決めて本気で取り組もう。

えっ、そもそも本気で取り組みたいテーマが見つからない⁉　まずは、それを見つけることがあなたの最初の一歩かもしれない。

一歩踏み出す！
● 提案者と実行者を分けて考える意識を持ってもらう ● 「言ったもの負け」を利用して課題解決や価値創造する ● 本気で取り組みたいテーマを見つけ、進んで手を挙げる

033 議論する場面を明示的につくる

会議

会議で意見が出るとギクシャクしていないか?

レガシーな組織
感想の共有、一方的な主張や感情論、または潰し合いで終わってしまう

モダンな組織
正しく議論ができる

主体性の尊重 / 共創意識 / フラットな関係 / 挑戦の尊重

▍議論をするとギクシャクする組織

「当社の社員は議論が苦手なんです」
「ウチの職場では、議論が成り立たない」

　このお悩みの声も、企業の管理職や担当者から大変よく聞く。**議論をするつもりで会議を行うものの、議論にならず結論が出ない。その逆に、メンバーと対話をするつもりで1on1ミーティングを設定するも気が付けば議論に発展してしまい、相手との関係がギクシャクしてしまう。**

　これが常態化すると、その組織における会議や1on1ミーティングに対する人々の効力感も信頼感も下がる。そして**「お地蔵さん」（そこに座っているだけで何も発言しない人）や欠席者が増える。**結果、コミュニケーションも提案も減り、共創の機会が失われていく。改善や挑戦の意識も薄れていくだろう。提案したところで、場の空気がこじれるだけだからだ。

■ 議論の定義をしているか？

議論ができる職場にするには、どうすればいいのだろう。答えを見つけるには、**そもそも議論とは何か、その解像度と理解度を上げよう**。議論が苦手な組織では、次のような行為が目立つ。

- 誰かが一方的に主張をしているだけ
- 相手を打ち負かそうとする
- 感情論に発展してしまう
- 感想や所感の共有で終わってしまう

これでは議論が成り立つわけがない。議論を定義するなら、こうである。**「あるテーマに対して、意見を交わしつつ結論を出す行為」**

■ あなたの組織は、なぜ議論ができないのか？

議論の定義に沿って、あなたの職場で議論が成り立たない要因を分析してみよう。具体的な要因が把握できただけで解決策が見えることもある。

❶ 場の目的が共有されていない

目的の認識やゴールのイメージが参加者間で異なる。議論をする場なのに、皆あるいは一部の人がそのつもりで参加していない。あるいは議論に白熱するあまり相手を打ち負かしてしまう。

❷ テーマ設定が不適切

テーマが曖昧、またはテーマの粒度が大きすぎて（あるいは小さすぎて）出席者がピンときていない。

❸ 参加者の選定が不適切

その目的を達成するのに相応しい人がその場にいない（例：決裁権を持つ人がいない）。そのテーマを論じるのに十分な知識や経験または役割を持った人が参加者にいない。

第3章 —— 会議の場でできること

④ 意見がない

そもそもそのテーマに対して誰も意見を持っていない。それ以前にメンバーの多くは意見を持った経験すらない。

⑤ 十分な材料が提供されていない

議論をするために必要な情報やデータが揃っていない。

⑥ 仕切る人がいない

議論を仕切る人、ファシリテータや書記役、タイムキーパーなどがいない。皆、思い思いの意見を言うか黙るかのいずれか。事実と感情の切り分けができず、感情論による言い争いに発展してしまう。

⑦ 場の雰囲気が悪い

意見を言えるような雰囲気ではない。高圧的な人がいて意見しにくい、または雰囲気は決して悪くはないが、初対面の人たちばかりでお互いをよく知らない。

⑧ 実行されない

決まったことが確実に実行されない。流れてしまう。だから参加者は議論をする気が起きない。

⑨ 能力不足、経験不足

議論をするための能力がメンバーに備わっていない。まともに議論をした経験すらない。ゆえに、あるべき議論の姿さえもイメージできない。議論イコール相手を打ち負かす場だと思ってしまっている人も。

あなたの職場では、上記のどれがネックだろうか。①の一部と②③⑤については、135ページや、100ページで紹介した「仕事の5つの要素」が解決策になり得る。仕事の5つの要素を、会議の設計にも当てはめて、議論ができる状態を創ってほしい。

④は135ページや139ページが、⑥についても135ページが参考になるだろう。⑦⑧⑨は主に139ページや266ページも参照してほしい。ここでは①に対する打ち手を示す。

🚩「今、この場は議論をする場である」と明言する

141ページで、対話を成り立たせるための第一歩は「ここからは対話モードで」と宣言することだと説明した。議論についても同様である。議論慣れしていない職場の人たちには、**「ここからは議論モードで」と言おう**。もし「議論モードとは？」と問われたら、**「あるテーマに対して、意見を交わしつつ結論を出す行為です」と説明しよう**。この場は感想共有の場でも、一方的に意見を言う場でも、ましてや他者を打ち負かす場でもないと認識を合わせる。

なお議論モードは、**対話モードと組み合わせて使うと効果的だ**。まずは対話モードで相手および参加者同士の立場、背景、価値観などの自己開示と相互理解を進め、問題設定と問題共有をした上で議論モードに移行する。そこから意見をぶつけ合い、合意形成に導く。モードの切り替えと使い分けができると、組織のコミュニケーションそのものが良くなる。

図：コミュニケーションのフェーズ

提供：株式会社NOKIOO

> 一歩踏み出す！
> - なぜ自分の職場では議論が成り立たないのか、要因を分析してみる
> - 「ここからは議論モードで」と言う

034 組織と個人を切り離して考える

会議

組織と社員を同一視しすぎていないか？

会社こそ、我が人生のすべて！

レガシーな組織
会社と個を同一視して、「会社の批判＝自己への批判」と捉え反発する

モダンな組織
会社と自己を切り離して考える

創造主義／フラットな関係／挑戦の尊重／アジャイル

■ 会社と自身を同一視しすぎてしまう人

　たとえばあなたが、職場で仕事の進め方や業務プロセスの不備を指摘したとする。または改善するための提言をしたとする。上長や周りの人はどのような反応をするだろうか。
「あなたの指摘を冷静に受け止める」
「猛烈に反発する」
　後者の反応を示す人たちは、**「組織の否定＝自己の否定」と捉え感情的になっている可能性が高い。**これは何ら珍しいことではない。組織への忠誠心が高い人や、情熱を持って尽くしてきた人ほど、会社の人格と自己の人格を同一視しがちである。自分たちが会社を支えてきた自負もある。その結果、**今の組織のあり方に対する指摘や提言を、会社に対する批判、ひいては自分自身に対する批判と捉え、ついカッとなってしまう**のだ。
　一方で、社歴が浅い人、転職を繰り返してきた人、人生における仕事の比重が低い人、複業や兼業または地域活動などをしていて他にも所属する

153

場がある人は、あまり気にしない。組織と自己を分けて考える傾向が強いからだ。人材流動性が少なく、一社専任で働いている人が多い組織ほど、組織のアイデンティティと個のアイデンティティを同一視する。

◼ 会社と個の同一視は対話を阻害する

これはどちらが良い悪いということではない。組織との関わり方によってもたらされる傾向の話である。とはいえ組織と個を同一視しすぎるのも問題である。他者による組織への指摘を素直かつ客観的に受け止めにくくなり、その結果、組織の問題や業務プロセスを改善する動機づけが行われにくくなる。**対話や議論も阻害され、いわゆる大企業病に陥りやすい。**

逆に、過度に自己や他者を攻撃しがちなのも問題だ。たとえば会社や部署が大きなトラブルや不祥事を起こしたとする。組織の問題であるにもかかわらず必要以上に自分自身を否定し、皆で萎縮する。またはトラブルを発生させた個人を責め、罰して済ませようとする。

その傾向が強くなると、**他社や他部署の不祥事に対しても個を責めるようになる。**たとえば、不祥事を起こした他部署の管理職や社員が外食している姿を目撃して「不謹慎だ」などと批判する。**不祥事は部署や社の問題であって個人の問題ではない。プライベートの時間で何をしようが関係ない。こうして陰湿なムラ社会さながらの価値観ができあがる。**

これは難関な入社試験や資格試験などを合格した末に就いた職種や、いわゆる学歴の高い人たちが多い職種や業種などで起こりがちである。人材流動性が低く（辞める人が少ない）、なおかつプライドが高すぎるがゆえに、その組織や職種の批判を自己の批判と捉え、異を唱える人たちを排除しようとする。**組織への忠誠心や依存心が強すぎるのも問題なのだ。**

◼ 心の依存先を分散できるのが理想

組織と個を同一視している組織の人たちは、内向きな志向が強くなる。**自組織に対する健全な批判を受け入れられなくなり、自己を過剰に正当化したり、他者を攻撃したりするようになる。**これでは議論が成立しないのはもちろん、社外との共創も見込めなくなる。組織へのエンゲージメント

が強すぎる人は、組織と個を引きはがす体験が必要だ。人材流動性の低い組織の人たちほど複業や兼業などをし、他の組織の顔を持つことで心の依存先を分散するほうが健全だ。自組織を客観視できるようにもなる。

🚩 組織と個を切り離す問いかけや発言をしよう

そうはいっても組織や個人の事情もあり、誰もが複業や兼業をできるわけではない。社会制度や人事制度もまだ追いついていない。では組織と個の関係を同一視しすぎる人に対して、それを優しく引きはがしてあげるにはどうしたらよいか。ズバリ、**組織と個を切り離して考えるための問いかけや発言を増やそう**。そのための口上を3つ紹介する。

「組織の問題と個の問題を分けて考えましょう」

会議などで組織の問題に対してなされた指摘や提言を個の批判のように捉え感情的になっている人がいたら、こう声を上げてみよう。その際ホワイトボードに「組織の問題」と大きく書いてみてもよい。相手および他者の心のアンテナを組織の問題に振り向けられる。

「あくまで個人的な見解ですが……」

組織の立場や境遇とは切り離した発言や提言をしたいとき、明示的に「あくまで個人的な見解ですが」と強調して話を切り出す。「組織の見解ではなく、個人の意見ですが」などと前置きするのもよい。

「イチ個人としての意見をお伺いしたいです」

組織としての立場を意識しすぎる人、プライドが邪魔して柔軟な発想を欠いている人、自己目的化した行動をしがちな人に対しては、こう問いか

けてみよう。

■ 引き出した意見は、個の意見として受けとめる

　いきなり個の意見を述べてはくれないかもしれない。相手は今まで組織と個を切り離して考えたり発言した経験がないのだから仕方がない。それでもよい。組織と個を切り離して考えるためのシグナルを発することが大事だ。

　ここで**仮に相手が意見を述べたとして、それを組織の意志であるかのように受け取ってはいけない。**それをやってしまったら、ますます相手は組織と個を切り離して考えられなくなる。このような地道な言語化の繰り返しで、組織と個を切り離して考える習慣があなたの組織にも芽生える。

> 一歩踏み出す！
>
> - 「組織の問題と個の問題を分けて考えましょう」と切り出す
> - 個人の意見として伝え、話を聞き出す

035 具体と抽象を行き来する

会議

机上の空論や現場の意見だけで決めていないか？

レガシーな組織
抽象論あるいは現場の具体の話だけで進めようとする

モダンな組織
具体と抽象を行き来しながら話を進める

■「机上の空論」か「現場の具体論」に終始する組織

　会議などにおいて結論を出す際にも、組織による違いがでる。**机上の空論だけで話を進めようとする人たちがいる**。たとえば、あなたの会社が地方都市の企業向けのサービスを企画・開発するとする。本社の人たちだけで話を進め、地方支社の人たちから「まるでわかっていない」と反感を買い協力を得られない。または東京や海外のコンサルティングファームの提案や調査レポートの内容をそのままに実践してうまくいかない（滑る）。このような痛い経験をした人もいるのではないだろうか。

　あるいは**理論や仮説の話に終始し、誰も実行策を提示できない**。ゆえに意思決定できない。決まらない。そのようなモヤモヤした会議が、今この瞬間にもどこかで行われている。

　とはいえ、**現場の議論やリアルだけが優先されるのも考えものである**。今のやり方に固執してしまう、大胆な発想が生まれにくい、目先の利益や快適さが優先され変化に抵抗するなど、これまたものごとが決まらない。

鳥の目と蟻の目を使い分ける

一方で、本社と現場、机上とリアル、これらのバランスを取りながらものごとをうまく進められる人たちもいる。**いわば鳥の目と蟻の目をうまく使い分けている。**鳥の目とは、ものごとを上またはタテ・ヨコ・ナナメなどから俯瞰して眺める視点。蟻の目とは、地上を這う蟻のごとく現場のリアルと向き合う視点である。鳥の目と蟻の目を使い分けることにより、具体と抽象を行き来できる。

抽象論ばかりで話がまとまらないときは「たとえば、〜について考えてみましょう」など例を挙げて、具体的な意見を引き出す。逆に具体論ばかりで方向性がバラバラなときは抽象的な意見を共有して景色を合わせる。このように視点を上げ下げし、抽象論だけ具体論だけで突っ走らないようにしよう。鳥の目と蟻の目を使い分けるための具体的な行動を3つ挙げる。

具体と抽象を意識する／させる

まずはいちばんシンプルな方法から。**「具体で考えてみましょう」「抽象で考えてみましょう」と、参加者の目線や意識を明示的に切り替える。**たとえば先ほどの地方都市向けのサービスについてであれば、地方都市でも、政令指定都市なのか、中山間地や過疎地なのかで実態も議論すべき着眼点もまるで異なる。政令指定都市でも、札幌、仙台、浜松とでは産業構造も住民の行動特性も異なる。話がうまくまとまらない場合は、議題が抽象的すぎることが原因かもしれない。そこで、こう提案してみる。

具体的に、たとえば浜松で考えてみましょうか

具体例を提示することで、たとえば「今すぐ入れる鰻屋さんを教えてくれるアプリ」といったリアリティのある意見が出てくるかもしれない。そこから**「それでは浜松でしか使えない」「それなら抽象度を上げて、それぞれの地域の名産だけおすすめしてくれるアプリは？」**など抽象度を調整していくことで、広く活用できるアイデアにつながるかもしれない。

第3章 ── 会議の場でできること

その場でいい意見が出てこなければ、後日、現場に行って具体的な話を聞いたり、有識者に話を聞きに行ったり、データを手に入れたりするのもよい。具体が見えているからこそ、必要な情報や行動も見えてくる。

■ ホワイトボードに「具体」「抽象」と書いて話を進める

机上論や具体論に陥りすぎないよう、**会議室のホワイトボードやオンラインミーティングで共有するスライドに「具体」「抽象」の枠を書いておくのも効果的**だ。出てきた意見を都度、「具体」「抽象」の枠に振り分けて書き込む。こうすれば、今話されている内容が具体に寄っているのか、抽象に寄っているのかが視覚化され、偏りを防ぎやすくなる。

具体の話をしている人と抽象の話をしている人とでは往々にして議論が噛み合わない。先の例では「今さら浜松の鰻をおすすめして効果はあるのか」と反対する人に対して「アプリなら現場の手間やコストを抑えられる」と意見をしても話はまとまらないだろう。他方は「目的」の話をしていて他方は「実行策」の話をしているからだ。具体と抽象に意見を分けておけば、前者は「なんのためにやるか」の抽象の話で、後者は「どうやって実行するか」の具体の話であり、そもそも着眼点も論点も違うとわかる。具体の話なのか抽象の話なのかを明確にするだけで、不毛な議論や削り合いを減らすことができる。

■ 「行き詰まった」と声を上げる

話が行き詰まった場合は「行き詰まった」と声を上げよう。そうやって視点を切り替える必要があることを匂わせる。行き詰まったとは言わず「ちょっと視点を切り替えたほうがよさそうですね」などの表現でもよい。抽象で行き詰まったら具体に、具体で行き詰まったら抽象に。その発想を持っておくだけでも、会議の進行をうまく進められるようになる。

> **一歩踏み出す！**
> - 「具体と抽象で考えてみましょう」と明示する
> - ホワイトボードなどで具体と抽象を整理して話を進める
> - 「行き詰まった」と声を上げて視点を切り替える

創造主義

フラットな関係

多様性の尊重

越境学習

036 質問しやすい空気をつくる

会議

講演や会議などで積極的に質問が出るか？

質問はありますか？

レガシーな組織
講演や会議などで質問をしない。躊躇する人が大多数

モダンな組織
講演や会議など、大勢の前でも積極的に手を挙げて質問できる

■ 会議や講演会で沈黙の多い組織

　社内講演会や会議などで、**その組織の体質が如実に表れるのが質疑応答の時間**だ。筆者はこれまで400を超える企業や自治体で講演や対談に出演している。聴講者として講演会や社内会議に参加することもある。

　質疑応答になった瞬間、**参加者は司会者から目をそらし、誰も手を挙げない組織もある。見かねた事務局の担当者が「では、私から……」と小さく手を挙げて質問するのが常である。**こういった場面に直面すると、「この会社は人前で意見を言いにくい文化なのだな」「質問するだけでもリスクを恐れなくてはいけない体質なのだな」と感じてしまう。

　大勢の前で手を挙げて質問しにくい要因はいくつか考えられる。

❶ 恥ずかしい

　見当違いなことを質問してしまい、残念な人だと思われたくない。バカにされたくない。そのような心理的なブレーキもあるだろう。

第3章── 会議の場でできること

② 悪目立ちしたくない

積極的に手を挙げると「意識の高い人」だと思われ、悪目立ちしてしまう。だからおとなしくしていたい。なるべく目立ちたくない。

③ 怒られる

「そんなこと聞いてどうするの？」「そんなことも知らないの？」など上長や周りのメンバーから怒られた経験がある。あるいは他の人が叱責を受ける場面に居合わせたことがある。

④ 思考する習慣、言語化する習慣がない

他人の話を自分ごととしてとらえて思考することに慣れていない。疑問や課題やモヤモヤを言い表す習慣も能力もない。そもそも話の内容が難解で何を質問したらよいのかわからないケースもあろう。

一方で、活発に質問したり所感を述べる人たちが多い組織もある。不慣れな参加者でも安心して質問や所感を言語化し、発言できる空気をつくっていこう。そこから、個人の発言が受け入れられ、尊重される体質にも変わっていく。そのためにできる仕組みや仕掛けを紹介しよう。

■ あなたが手を挙げる

何と言っても、あなたが率先して手を挙げる。いきなり質問する必要はなく、**感謝の一言、所感、身近な事象と照らし合わせて考えたことの順で話すと、質問を言葉にするハードルを下げられる。**「ここまでのお話、ありがとうございました」の言葉に次いで所感や身近な話をすることで、他の聴衆も自分ごととして感じたことや、日頃から疑問に思っていることを想起しやすい。いきなり難しい話をすると、質問をするハードルがさらに上がる。後に続く人が手を挙げやすくなる風穴をあなたが開けよう。

■ 疑問点を書き出す

講演や会議を運営する側の立場であるなら、できることはもっと多い。

161

主体性の尊重

情報共有

挑戦の尊重

アジャイル

- 事前に付箋とサインペンを配布し、話を聞きながら疑問に思ったことや、感じたことを書き出してもらう
- （オンラインの場合）チャットに質問を投稿してもらう

　口頭では言いにくいことも、書き出すなら伝えやすいことがある。付箋は後でホワイトボードに貼ってもらうなり事務局スタッフが集めるなりして、特定の誰かの発言だけが目立たないやり方で回収する。チャットが参加者の目にさらされるのが憚られるようであれば、事務局しか見えない設定にして、司会者が質問の内容だけを匿名で読み上げる。

◤ グループワークを挟む

　参加者にペア、または3〜5名程度のグループに分かれてもらい、所感や質問などを意見交換してもらう。**大勢の前では聞きにくいこと、わからなかったことなども、少人数であれば話しやすい。**実際、ペアワークやグループワークを経て質問を募ると意外に手が多く挙がる。いくつかのグループを事前に指名しておいて所感と質問を発表してもらうのもよい。

◤ 対談形式にする

　講演のような、一人だけが話をするケースでは、内容がわかりにくかったり共感できるポイントが限られることがある。それなら対談形式にしてみよう。**複数の話し手がいれば、誰かの意見には理解・共感できる可能性が上がる。**モデレータを立てて意見を引き出す対話スタイルで進行する方法もある。わかりにくいと思った内容はモデレータが言い換えて伝える。そのワンクッションがあるだけでも聴衆の共感が増え、質問が活発になる。

> 一歩踏み出す！
>
> - まずはあなたが率先して質問して、風穴を開ける
> - 書き出す、グループワークを挟む、対談にするなど、形式を変える

会議

議事録をその場で作る

議事録共有までに3日も4日もかかっていないか？

レガシーな組織
議事録が出てくるまでに3日も4日もかかる

モダンな組織
議事録、ないし決定事項のメモなどがすぐ出てくる

柔軟さ

共創意識

フラットな関係

情報共有

■ いつまでたっても議事録が共有されない組織

　会議後のアクションにも組織による違いがある。**議事録が共有されるまでに3日も4日も、ひどいと1週間以上も待たせる組織がある。**議事録共有の遅れは、場にいなかった第三者も含めたその後のアクションの遅れにつながり、意思決定の質にも影響する（もっとも、議事録などなくても各自速やかに次のアクションに移すことができるのが理想だが、組織や関係者の数が多くなるとそうもいかない）。**議事録を出すのが遅い組織は、意思決定が遅い組織、アクションが遅い組織だと思われる。**ITに対する感度も低く、他社の人たちから「この会社、大丈夫か」と不安に思われても仕方がない。そうなると社外の人たちとの共創も遠のく。

■ 議事録の遅れが人間関係をギクシャクさせる

　また、遅い議事録は人間関係をいたずらにギクシャクさせる。たとえば、ある部署の人が議事録の共有を待たずしてアクションを起こした結

163

果、意思決定者や他部署の参加者から**「そのアクションに合意した覚えはない」「なに先走っているんだ」**とモノイイされ、手戻りすることもある。スピード重視で行動したのに悪く言われては、本人としても面白くない。

　なにより人は忘れっぽい生き物である。時間が経てば経つほど、自分たちの都合のいいように記憶が上書きされる。その結果、**いざ議事録の確認を求められたときに「そんな発言をした覚えはない」「あれは、そういう意味で言ったのではない」など、出席者から悪気なくちゃぶ台返しされる。**いつまでたっても議事録が完成しない。負のスパイラルである。

■ 議事録の作成を遅延させる組織の病

　この問題、単に議事録作成者の言語化能力や仕事のスピードなど、属人的な能力の問題で片づけてはならない。**組織的な病である可能性が高い。**以下、なかなか議事録が出てこない職場の主な病状を挙げてみた。

❶ 発言者の意図が不明

　そもそも何を言っているのかわからない。皆、思い思いの発言を雑に繰り返す。あのときの部長の発言は指示なのか、参考情報の提示なのか、あるいは単なる感想やつぶやきなのかがわからない。ざっくばらんなアイデア出しの場ならさておき、意思決定のための会議であれば雑すぎる。意図が不明な発言の応酬が、議事録作成者に内容の理解といった手間を押し付け、議事録の作成を遅れさせる。

❷ 完璧主義

　完璧さや美しさに異様にこだわる。議事録の内容が一字一句、各自の発言内容と相違がないことを、いわゆる「てにをは」に至るまで神経質なまでに確かめる。ゆえにその確認に時間がかかっている場合もある。

　テキストファイルやチャットの簡易なメモでは許されない。**必ず所定の様式のドキュメントに綺麗に書き残すこと。出席者は職位順に記述しなければならないなど、お作法にもとことんこだわる。**こういった完璧主義が余計な手間を生む。もちろん正確性や格式が重視される会議の議事録であれば完璧主義を貫く合理性もあるだろう。しかし、すべてがそのような性

第3章 ── 会議の場でできること

質の会議ではないはずだ。

③ ITリテラシーが低い

単純に便利な方法を知らない。たとえばZoomやTeams会議などを活用したオンラインミーティングであれば、**画面共有機能を駆使し、議事録のファイルやチャット画面を共有しながらその場で議事をメモすれば、後で議事録を作成したり確認したりする手間も省ける。**しかしながらそのような方法を知らない、あるいは能力がない、または許されない。その結果、時間が経ってからの議事録作成と確認行為を余儀なくされる。

これらの症状が積もり積もると、あなたの組織はスピード感がなく、コミュニケーション不全の体質へと陥っていく。この際あなたがファシリテータ役になり、自分なりの方法でバリバリ進めてしまおう。

◼ 発言者の意図をその場ですぐ確認する

まず要因①への対処法。**意図が不明な発言がされたら、「今の部長の発言は指示事項という理解でよろしいでしょうか?」と、即座に発言者に意図を確認しよう。**もし何か言われたら「議事録を正確に書き残すために、ご協力をお願いします!」と元気よく返す。つっこまれ続ければ、発言方法を改める人もいるだろう。

それさえも切り出しにくければ、**会議の冒頭で「議事録を正確かつ迅速に作成するために、質問、回答、参考意見、賛成、反対、指示事項、依頼事項、感想など、意図を最初に示してからの発言をお願いします」**と、グラウンドルール(会議共通のルール)のように断っておく方法もある。会議室に貼り出しておくのもよい。発言者への地道な教育も重要だ。

◼ 会議の場で議事録をつくる

次に要因②への対処法。**議事録を「後で完璧に仕上げるもの」ではなく、「その場で完成させるもの」にしてしまおう。**オンライン会議なら、メモを画面共有しながら作成すれば「ここはこう直して」「ちょっとニュアンスが違います」など、発言者がその場で指摘してくれるようになる。こう

165

柔軟さ

共創意識

フラットな関係

情報共有

すれば会議終了時には議事録または議事メモが完成している。たとえお堅い職場であっても、形式よりも、その場で議事録が完成する心地良さが優先され「今後もこのやり方でいきましょう」「形式ばった議事録は不要としましょう」などの合意形成が行われるだろう。

■ 率先して画面共有し、その場で議事録（議事メモ）をとる

最後に要因③への対処法。あなたが率先して、便利なツールを使いこなそう。**たとえばプロジェクターで議事録係（あなた）の画面を会議室に投影し、あるいはオンラインミーティングで画面共有機能を使い、議事録を投影しながらリアルタイムで書いていく。**またはチャットに都度、指摘事項や決定事項を書きこむ。そうして各自の発言の直後、または次の議題に移る前に「意図があっているかご確認ください」と問う。しだいに参加者も「こういう方法があるのか」と学習し、真似するようになるだろう。

■ ファシリテータ役をおく

ファシリテータ役を立てて会議の司会進行をしてもらうのも手だ。

> 今の沢渡さんの発言は、石井さんの提案に対する"賛成意見"という理解でよろしいですか？

> 決定事項は3つです。1点目は……

など、参加者の発言の意図や決定事項などを言語化してもらう。議事録係はファシリテータの言葉を記録するだけで済む。もちろん、あなたがファシリテーション能力を身につけ、場を仕切るのもアリだ。頼もしい人として、社内外の人たちに一目置かれるようになるだろう。

> 一歩踏み出す！
> - 意図が不明確な発言は、その場ですぐに確認する
> - その場で画面共有して議事録・議事メモを作成してしまう
> - ファシリテータ役をおくか、あなたがファシリテータ役になる

第**4**章

社内との関わりで
できること

社内との関わり

038
他部署と関わるプロジェクトやスペースをつくる

他部署と連携・共創する習慣があるか？

レガシーな組織
いわゆる縦割り組織。部署を超えた連携が行われにくい

モダンな組織
部署を超えた、組織横断の活動がしやすい

■ 他部署と連携した共創ができない組織

　社内で部署間の連携が行われやすい組織と、行われにくい組織。あなたが所属する組織はどちらだろうか。筆者は講演やメディアなどで、越境と共創の重要性を力説しているが、社外はおろか社内の越境と共創が苦手な企業も多い。

「こんなことができませんか？」
「このやり方を改めていただきたいです」

　部署内や他部署などから新たな取り組みの相談や仕事の仕方の改善提案を持ち掛けられたとしても、思考停止または行動停止してしまう。取り組んだ方がよい、解決したほうがよいと頭ではわかっていても体が動かない。せっかく持ち込まれたアイデアや改善要望も、いつも「いいね！」「やったほうがいいね！」で終わってしまい（総論賛成）、そこから先に進まない（各論動かず）。**いわゆる大企業病の症例の一つだ。**ちなみに大企業病は、行政組織はもちろん、スタートアップや中小企業でも罹患するから油断で

きない。

■ 社内共創が苦手な組織の諸症状

社内共創ができない背景には、さまざまな要因が考えられる。

- 社内共創の経験がなく、やり方がわからない
- そもそも話を聞いてもらえない
- どの部署に声をかけたらよいのかわからない
- どの部署が何をやっているのかもわからない
- 社内共創の心理的ハードルや物理的ハードルが高い
- 連携するための手続きや根回しが面倒
- 自部署単独の仕事が忙しすぎて、社内共創どころではない
- 評価されない

理由はどうあれ、**「総論賛成、各論動かず」の組織はやがて求心力を失う。当然、新たなビジネスチャンスも逃す。**新たな課題やテーマが生まれた瞬間、誰かからSlackやTeamsなどに投げ込まれ（投稿され）、さまざまな部署の人が手と声を上げて社内横断プロジェクトが立ち上がり、ものごとが前に進む。それらが息を吸って吐くように行われる組織との共創力格差は、広がる一方である。まずは小さなところから、社内越境ができるようになるための地ならしから始めてみよう。

■ 自部署のことを知ってもらう

相手を知る前に、**まずはこちらのことを知ってもらおう。**自部署にどんなメンバーがいて、どんな思いを持って仕事をしていて、どんな目標を掲げ、どんな取り組みをしているのか。自部署のことを発信してみよう。社内のイントラネットのサイトに部署紹介を掲載するもよし、社内ブログを書くもよし、あるいは手を挙げて社内報に取り上げてもらうもよし。または社内勉強会などを仕掛けてみるのもよいだろう。

新明工業（愛知県豊田市）は情報システム部門が中心となり、ITに関する社内勉強会を定期的に開催している。他部署の人たちが集まって一緒に学

び合い、そこからお互いに相談しやすい関係、協力しやすい関係が芽生え
てきたという。

■ 社内横断プロジェクトを立ち上げてみる

　自部署だけで解決できないテーマに向き合う際、**他部署の協力を仰いで**
社内横断プロジェクトを立ち上げてみよう。その際は、経営企画部門や人
事部門などと相談し、評価の仕組みや人的リソース確保の仕組みも設計し
ながら進めるとよい。

■ 自部署のスペースを解放する

　自部署を知ってもらうために、**部署のスペースの一部を他部署の人に解**
放する。筆者が出入りしている大手製造業の開発部門は、部署の大部分を
オープンスペースに改装し、他部署の人が自由に出入りして作業やミー
ティングをできるようにしている。感謝されるとともに、他部署の人たち
が開発部門に気軽に寄ってくれるようになった。

　さらには開発部門の有志がオープンスペースで勉強会を開催し、他部署
の人も参加できるようにしたり、図書コーナーを設置して本を読みながら
会話できるようにしたりなど、社内コミュニケーションのハブとしても機
能し始めている。自部署を他部署に解放してみよう。そこから越境・共創
しやすい雰囲気を創ろう。

　上記の方法は効果的ではあるが、とはいえ共創に慣れていない人も多数
いる。共創を進める上で求められる能力、具体的にはファシリテーション
能力、対話能力、ロジカルシンキング、クリティカルシンキング、プレゼ
ンテーション能力。それらを強化するトレーニングも並行して行おう。こ
れらの能力は、やがて社外の人たちと共創をする上でも間違いなく役立つ。

> 一歩踏み出す！
> ● 自部署の取り組みを発信してみる
> ● 社内横断プロジェクトを立ち上げてみる
> ● 自部署のスペースを他部署に解放してみる

039 情報を進んで開示・共有する

社内との関わり

情報を囲い込む秘密主義になっていないか？

レガシーな組織
情報共有の概念がない。自分または自部署や自社で情報を囲う

モダンな組織
進んで情報を開示・共有する

■ 情報を共有しない秘密主義の組織

　前項で、社内で共創できる体質にするために自部署のことを知ってもらおうと伝えた。しかし世の中には、そもそも情報共有の概念がない組織がある。担当業務が細分化され、各自が自分の仕事をまっとうする。情報もその人だけが抱えて、わざわざ他人に共有しようとも思わない。**そして飲みの場やタバコ部屋などの非公式の場で、管理職やベテランだけで情報共有がされ、ものごとが決まってしまう。**そんなクローズドな組織だ。

　あるいはチーム内での情報共有は行われるものの、セキュリティ意識の高さからか他所に共有しようとしない。社内のサーバにおかれた情報も、チームや部署が異なると閲覧できない。

　社外に対しても、SNSはもちろん社外フォーラムやコミュニティなどで自社に関して発信することも許されない。それどころか参加すら認められにくい（またはあからさまに嫌な顔をされる）組織もある。

■ 情報で相手をマウンティングする不健全な体質になる

　その人しかわからない情報や仕事を増やすことはリスクになる。その人が休んだり辞めたりしたら仕事が回らなくなるからだ。ひどい場合には、**自分がいないと仕事が回らなくなる状況を利用し、他者にマウンティングする人が現れ始める。**

「情報がほしければ取りに来い」「情報を知りたければ言う通りにしろ」。エスカレートすると、情報や仕事を人質にしてハラスメントを繰り返す人や、コンプライアンス違反を繰り返す人がやりたい放題になる。目先の仕事が回らなくなるどころの騒ぎではない。組織のモラルが崩壊する。

　また、**アクセスできる情報が人や部署によって異なることは、共創においても障壁となる。**限られた情報だけでは、新たな発想も生まれにくいし多様な議論もしにくい。情報共有が行われない文化は、さまざまな不健全さを組織にもたらすのである。

■ 情報を発信するところに、よい出会いが生まれる

　かたや、チーム内でも積極的に情報を共有し、助け合う職場もある。SlackやTeamsなどのツールを駆使し、関係者に情報を一斉に共有。オフィス勤務者もテレワーク勤務者も、時短勤務者や複業・兼業をしている人にも公平に情報が共有され、意思決定に関与できる。他部署や社外への情報公開にも意欲的で、それにより他者とつながり、コラボレーション（共創）で課題解決や価値創造を行う。そんな公開主義な組織もある。

　社内の人だけで、または組織やチームの中だけで事業運営や課題解決ができるのであれば秘密主義であっても特段問題はない。しかしながら社内では解決できない課題やテーマについては、外で仲間を探してつながるしかない。他者や社外にも情報を共有したり、日頃から情報を発信したりしていれば仲間探しがしやすくなる。

　人材採用にも少なからず影響する。**何をしているのか、誰がどんな思いを持って仕事に取り組んでいるのか、どんな技術やノウハウがあるのか、そういったことがわからない組織に意欲的な人が集まるだろうか。**情報を発信する「顔が見える組織」にこそ意欲的な人が集まる。

■ あなたが率先して情報や気づきを発信する

　そもそも情報共有の概念や発想すらない組織もある。まずは、あなたが率先して情報を共有してみよう。といっても、いきなりSNSなどで広く発信すると問題になることもあるので、まずは半径5m以内から。**たとえばチームミーティングで、仕事に関連するニュースの内容や所感、仕事を通じて気になったこと、仕入れた情報などを共有するなど。**まずはチームの中で、仕事に関連する情報や気づきを発信するところから始めてみよう。そこから、情報共有の発想がチームに小さく芽生えていく。

■ 情報を囲い込みたがる人に声をかけてみる

　情報を囲い込もうとする人には、こちらから関心を持って積極的に質問したり話を聞いてみよう。そして皆に共有したほうがよいと思われる有益な情報を見つけたら、本人にその旨を伝える。

> この情報、他の部署の人もほしがると思います

> この解決策、めちゃくちゃ有益だと思います。他にも困っている人がいると思うので、社内SNSに投稿していただけませんか？

> このファイル、他部署の人が見られるフォルダに置いてみてはいかがでしょうか？

　人は自分に興味・関心を持ってくれる相手に心を開く生き物である。あなたからの興味・関心によって、相手の心の扉を小さく開ける。そこから情報共有に対して「まんざらでもない」と思ってもらえたらラッキーだ。

一歩踏み出す！
- あなたから率先して情報や気づきを周りに共有する
- 相手に関心を示し、情報を広く共有してほしい旨を伝える

社内との関わり

040
中途採用者を積極的にフォローする

「お手並み拝見」で放置していないか？

レガシーな組織
中途で入社した人に対して「お手並み拝見」の姿勢をとりがち

モダンな組織
中途で入社した人に興味・関心を示し、積極的にサポートする

■ 中途採用者をフォローする組織、放置する組織

　これまでの仲間だけでなく、新たに仲間になった人、つまり中途で入社した人との関わり方にも組織ごとの違いが表れる。**中途採用者に対して積極的に興味・関心を示し理解しようとしたり、はやく職場に馴染めるようメンター役をつけてフォローしたりと、サポートが手厚い職場もある。**その一方、大したフォローもせずに放置し、「お手並み拝見」の姿勢で中途採用者の様子を見る職場もある。

　どちらがよいかは中途入社した本人次第ではあるだろう。深い関わりや手厚いサポートが心地よい人もいれば、ドライな関係性を好む人もいる。即戦力を期待されて入社したのだから、細かいことをとやかく言われたくない。プロとして接してほしい。そのような人もいる。

■ フォローがないとポテンシャルは発揮できない

　そうはいっても完全放置では、うまく組織に馴染めない。**たとえ同じ業**

界、職種での転職であっても、**組織ごとに仕事の進め方やコミュニケーションの慣習、お作法は異なるからだ。**まさに体質の壁、文化の壁が存在する。入社後に最初に任された仕事が、たまたま前職でのやり方が通用するものであっても、周りとのコミュニケーションや思考には大きな隔たりが生まれてしまう。「あの人は周りに合わせられない」「独り善がりだ」などのレッテルを貼られ、孤立してしまうこともある。どんなに優秀な人であっても、チームの仲間との呼吸がかみ合わなければ十分な力を発揮することはできない。**中途採用者の放置は、本来優秀な人のポテンシャルを引き出せないばかりか、ミスマッチを生むリスクもあるのだ。**

■ 組織社会化のプロセスが必要

　組織社会化という言葉がある。新たに組織に加わったメンバーが、組織に馴染み活躍できるよう適応していくプロセスを意味する。着任早々バリバリと活躍している人でも、文化の違いによる心理的なギャップは多かれ少なかれ感じている。受け入れる人たちも同様のギャップを感じているだろう。過ごしてきた環境が違うのだから当然だ。

　受け入れる側と受け入れられる側、お互いが馴染んできた行動様式、思考パターン、コミュニケーションの取り方などの文化や背景の違いを理解し、歩み寄る部分は歩み寄る。そのプロセスを経てこそ、中途採用者は組織で活きる。百歩譲って専門能力を発揮する部分は「お手並み拝見」でよくても、組織社会化の部分まで放置していてはうまくはいかない。中途採用者の組織社会化を進めるには、受け入れる側と受け入れられる側、双方による丁寧なコミュニケーションが欠かせない。ここでは、まずは受け入れる側に必要な4つの手法を紹介する。

■ 積極的に自己開示をする

　中途で人が入社した際、**一人ひとりが自己紹介するなどお互いの人となりを理解する場を設けよう。**飲み会を開くまでしなくとも、ランチ会をしたり、相互理解のための1on1を個別に設けたりするのもよい。雑談などを通じてお互いの共通点が見つかれば、声を掛け合いやすくなる。

■ オンボーディングプランを策定する

　新たな人を受け入れる際、**筆者は3か月程度のオンボーディングプランを作成して実行してくださいとアドバイスしている**。オンボーディングとは、新たな人がその組織に馴染んで能力を発揮するための定着の取り組みを指す。具体的には、**3か月分のカレンダーに中途採用者が「いつ」「誰と」「何の目的で」「どんな仕事や活動をする」「何を教わる」などを明示した活動計画を描く**。

　これがあるだけで、向こう3か月にどんなことが起こるのか、その組織にどんな業務があって、各々の業務について誰に話を聞けばよいのか、あらかじめどんなことを勉強しておけばよいのかなど、受け入れられる側（中途採用者）が俯瞰できるようになる。先が見えることが大きな安心となる。受け入れる側もいつ何をすればよいのか計画的に考えて動くことができる。

　なぜ3か月かというと、多くの業務は3か月（すなわち一四半期）で一回りするからだ。すなわち3か月あれば一通りの業務を経験できる。もちろん3か月でなくてもよい。業務の特性に応じて、1か月なり半年なり適切な期間を設定してほしい。

■ メンター役をつけてフォローする

　中途採用者を専属でフォローするメンター役をつけるのもよい。中途採用者は即戦力として期待されるあまり、わからないことを周りの人たちに聞けなかったり、そもそも誰に聞いたらいいかわからず右往左往したりすることがある。上位者に直接聞いてよいのか、あるいは誰かを介して聞いたほうがよいのかなど、お作法がわからず悩む場合もある。

　メンター役がいれば中途採用者は悩まずに相談ができる。**優秀な人材が、組織のお作法に悩んで時間を無駄にしたり実力を発揮できなかったりするのはもったいない**。迷わず聞ける相手の存在は、初心者にとって大きな支えとなる。メンター側も中途採用者が気軽に相談しやすくなるための傾聴や対話のスキルを身につけておきたい。

第4章 —— 社内との関わりでできること

■ 中途採用者の声を組織改善に活かす

　入社1か月後などに、チームのメンバー全員で**中途採用者の声を聞く場を設けてはどうだろうか**。入社して感じたギャップ、良かったこと、改善してほしいことなどを中途採用者に話してもらう。**別の組織から来たからこそ気づける違和感は、常態化した悪習慣を改善するための素晴らしいヒントになる**。積極的に話を聞き、必要であれば改善しよう。中途採用者の新鮮な感覚や視点を組織に活かさないのはもったいない！

事例紹介	**外からの視点を活かす「KPTシート」** DROBE（東京都港区）は「KPT（ケプト）シート」を入社1か月目の社員に記入してもらい、社内に共有している。仕事を通じて感じた良かった点（Keep）、改善したほうがよいと思う点（Problem）、改善するためにやってみたいこと（Try）をシートに書き出す。受け入れ側は、外から入った人の視点で自組織の良いところも改善点も知ることができる。

■ 組織のブランドを高めていこう

　中途採用者を放置しない組織、塩対応しない組織は、ファンを増やすことができる。**「この会社は中途採用者を大切にする」といった口コミや評判が、さらに良い中途採用者を惹きつける**。組織のファンを増やす行為をブランドマネジメントと言う。組織のブランドマネジメントの観点からも、新たな仲間を大切にしていこう。

　もちろん、受け入れられる側（中途採用者）の行動変容も重要だ。その点については、次項で解説する。

一歩踏み出す！	● 中途採用者を受け入れる側は、積極的に自己開示をする ● 3か月分の「オンボーディングプラン」を作成して実行する ● 気軽に相談できる「メンター」をつける

共創意識

フラットな関係

多様性の尊重

越境学習

177

社内との関わり

041
転職してすぐに組織を批判しない

いきなり組織にダメ出ししていないか？

レガシーな組織
中途で入社した人がなんとなく上から目線。「前職では……」ばかりを繰り返す

モダンな組織
中途で入社した人が率先して仲間に声をかけ、組織に馴染もうとする

■ 中途採用者側の行動変容も大事

　前項では中途採用者を放置するデメリットと、改善のためのアクションを伝えた。中途採用者が正しく組織に馴染み活躍するためには、受け入れ側が積極的にコミュニケーションする姿勢が大事だ。

　一方で、受け入れられる側、すなわち中途採用者側の行動変容も極めて重要だ。あなたが中途採用者だとしよう。余計な発言はせず、まずは同僚たちの働き方を観察するも、「この組織は古いな」と感じて早々に落胆。そこから**「自分がこの組織を変えよう」**と奮い立ち、ことあるごとに**「私が前にいた会社では〜」とアドバイスを伝える。良かれと思っての行動かもしれないが、あなたを受け入れた側はどう感じるだろうか。**

　性格や能力もわからない人がある日突然現れた。無口な人だと感じていたら、ある日突然、横柄な態度を取り出した。そして聞いてもいないのに前職の話を持ち出す。**それでは協調性がないと思われてしまう。**前向きなコミュニケーションも減り、共創は遠ざかる。

178

第4章 —— 社内との関わりでできること

このようなミスマッチを避け、組織に馴染むために中途採用者側にとってほしい行動を4つ述べる。あなたが中途採用者を受け入れる側の立場の人であれば、**「お互いの理解を深め、見ている景色を合わせるため」**など前置きして、これらの行動を中途採用者にお願いするのもありだ。

◾ 自己開示をする

受け入れられる側も積極的な自己開示を。中途採用に慣れていない組織ほど、中途採用者にどう接したらわからず戸惑っている場合もある。中途採用された側は、いわば宇宙人だ。どう会話を切り出していいか、気軽に声をかけていいものか、受け入れる地球人たちにはわからないこともあるだろう。**「ランチタイムで1on1をお願いします！」**など、中途採用者から1on1を働きかけるのもよい。そして相互の自己開示を図っていく。

◾ 「前職では……」と言わない

新しい風を吹かせるのが中途採用者である自分に期待された役割だと信じ、入社早々に組織にダメ出しをする人がいる。**しかし人材流動性の低い職場であればあるほど、ダメ出しされたほうはムッとするものである。**入社早々に「前職ではこうだった」「やり方を変えるべきだ」などの指摘をするのは避けよう。最低1か月は様子を見たいところだ。ある程度馴染んできてから「気づいたこと」「提案したいこと」として切り出すくらいがよいだろう。どうしてもすぐに改善してほしい点、気になる点は、メンターに違和感を伝える程度にとどめておこう。

あるいは**問題点を指摘したり文句を言ったりするのではなく、行動で示す方法もある。**たとえば進行がグダグダな会議にもどかしさを感じたとする。「前職ではこうやっていました」とは言わず、図を描いて論点をまとめるなど、前職でとっていた行動を率先して成果を出す。それなら嫌みもないし、むしろ感謝されるだろう。

◾ 行動の理由や背景をきちんと説明する

前職の仕事の進め方のスタイル、あるいは言葉遣い一つとっても、転職先の組織の人たちに馴染まず「？？？」と思わせてしまうことがある。そ

共創意識

フラットな関係

多様性の尊重

越境学習

179

んなときは**行動や言動の裏にある理由や背景を丁寧に説明しよう**。説明があるだけで、相手の理解は大きく変わる。悪気のない、文化のズレによるものであることをお互い理解し合えるはずだ。相手はあなたの行動をありのまま受け入れてくれたり、あるいは「そのやり方、面白いですね。私も真似してみます！」など、むしろあなたの行動や思考パターンを喜んで取り入れることもある。違いがあることを前提にした、リスペクトし合う姿勢と行動が大事なのだ。

■ わからないことは「わからない」と言おう

即戦力を期待されているからといって、気負いすぎてはいけない。前述の通り、文化の違いによるギャップは黙っていても補正されない。**プライドを捨てて、わからないことは「わからない」と言おう**。案外、そこから相手と心の距離が縮まり、共創できる関係が生まれていくこともある。**「この組織のやり方や考え方は古いな」などと感じたとしても、それはあなたが見えている範囲において感じたことだ**。意外と目に見えていない部分で密なコミュニケーションが交わされていたり、効率的な方法が取り入れられていたりすることもある。お互いをよく知る前から「古い」「変わる必要がある」と決めつけず、まずはコミュニケーションをしてみよう。

いずれの行動も、中途採用者を受け入れる／受け入れられるためのコミュニケーションにとどまらない。組織や文化が異なる人と共創するために求められる考え方である。これらを実践できる人は、どんな環境にも適応することができるだろう。受け入れる側／受け入れられる側、いずれの立場においても自身の今後のキャリアにおいてプラスに働くことは間違いない。キャリア自律の観点からも上記の行動を身につけよう。

> 一歩踏み出す！
>
> ● いきなり組織の不満を伝えたり変えようとしたりしない
> ● まずは丁寧に観察し、自己を開示していく
> ● わからないことは素直に伝え、学ぶ姿勢を見せる

042 さまざまな経験・体験を尊重する

社内との関わり

異なる経験や体験が評価・歓迎されているか？

レガシーな組織
異なる経験・体験をした人に興味・関心がない。活かすことができない

モダンな組織
異なる経験・体験をした人の話をよく聞き、取り入れて活かそうとする

■ 多様な人を集めただけの組織

　異なる組織や業界、地域で働いた経験のある人を採用する。**この効果は単純に「1人分の労働力が増えた」にとどまらない。**今までにない知識や考え方を取り入れ、新たな成果の出し方や組織運営のパターンを実現することにもつながる。

　一方で、**異なる経験・体験をした人がいても、無関心または無視。多様な人を集めただけで、今までの自組織の当たり前を押し付け、同調圧力によって、せっかくの新しい考え方・発想・着眼点などを無力化してしまう組織もある。**ダイバーシティ&インクルージョン（多様性を包括する）どころか、ダイバーシティ&無力化である。せっかく今までとは異なる経験・体験を活かすチャンスなのに、もったいない。

■ 異なる経験・体験をした人を無力化していないか

　異なる経験や体験をした人を無力化する組織。筆者はこれを "Diversity

Zoo"（ダイバーシティ動物園）と呼び、ダイバーシティ&インクルージョンをテーマにした企業講演でも繰り返し主張し、警鐘を鳴らしている。あなたの職場は"Diversity Zoo"の状態に陥っていないだろうか。異なる経験・体験を持った人の知識やエピソードを多様なインプットの一つと捉えてみよう。文化度の高い組織は、そうして経験・体験の多様性を組織づくりに活かしていく。

図：Diversity Zooになっていないか？

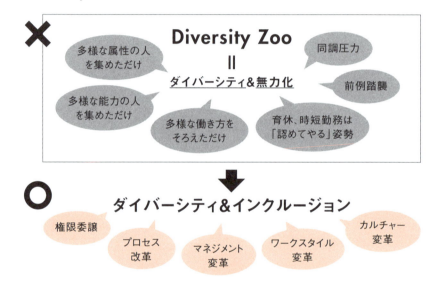

出典：筆者の講演スライドより抜粋

経験・体験のダイバーシティがもたらすメリット

異なる経験・体験をした人の知見や着眼点を組織に取り入れる。あるいは自ら多様な経験や体験をしてみる。いわば経験・体験のダイバーシティは、あなたの組織にさまざまなメリットをもたらす。

❶ 共創力の向上

自分たちと異なる立場の人、異なる経験・体験をした人の事情や背景を知ることができ、**相手に対する想像力を持って接することができる。**たと

第4章 —— 社内との関わりでできること

えば、デザイナーはどのような仕事の仕方を好むのか、その逆にどのようなコミュニケーションをすると悪気なくイラっとさせてしまうのか（もちろん人にもよるので丁寧な対話と相互理解が必須）。それは営業職や事務職の人たちだけで話し合っていても想像しにくい。

自分とは異なる相手と一緒に仕事や対話をすることで、あるいは自分たちが相手の仕事を体験することで、相手の痛みや心地よさを知れる。相手の景色を見に行くことができて、共創しやすい仕事の仕方、コミュニケーションの取り方の実践や工夫も可能になる。先ほどの例の、デザイナーを営業職、事務職などにおきかえても同様のことが言える。

❷ 他者体験の習慣化

さまざまな体験をする機会を増やそう。実体験を通じて、自分たちとは違う立場や境遇にある人の痛み・不便・快適さなどを自分ごととして感じやすくなる。それらを解決するための発想、新たな製品やサービスなどのアイデアも生まれやすくなる。いわゆるデザイン思考の強化、マーケティング能力に直結する。**小難しい勉強や研修をするよりも、経験のダイバーシティを高め他者体験を習慣化したほうが、よっぽどデザイン思考もマーケティング能力も高まるのではないか。**

❸ 組織体質のアップデート

同じ経験しかしたことがない人、同質性の高すぎる人たちばかりでは、**悪気なく内向きになり組織の文化も空気も淀む。**それは、ここまで何度も強調した通りである。多様な経験・体験を持つ人を組織に取り入れることは、上記に限らず、さまざまな組織体質を健全化する意味もあるのだ。

◼ メンバーの経験と体験は、組織の資産である

多様な経験をした人を活かすには、そしてあなた（たち）自身が多様な体験を積み重ねられるようにするためにはどうしたらよいか。一つには、前項までに伝えた**中途採用の人を受け入れるためのアクションを実践してほしい。**そうして自分たちとは異なる経験をしてきた人に興味や関心を持ちつつ、経験・体験のダイバーシティを高めていく。

主体性の尊重

共創意識

多様性の尊重

越境学習

もう一つ。**経験・体験のダイバーシティがデザイン思考の強化、マーケティング能力の強化など、組織のさまざまな課題解決に貢献することを社内に周知しよう。**多様な経験・体験は、本人のみならず組織の資産にもなり得る。筆者は「体験資産」なる言葉を、この原稿の執筆中に想起した。今後、さまざまな業界、領域の専門家と対話し、この考え方を社会に実装していきたいと思う。体験資産の考え方は、以下のブログでも発信した。よければ、このブログ記事をあなたの職場の人たちで読んで対話してみてほしい。

『「体験資産」なる考え方を広めたい・深めたい』
　https://note.com/amane_sawatari/n/n1f3f9db35a28

▌ 多様な経験・体験を楽しもう

　今まで日本の組織ではダイバーシティ＆インクルージョンは国や人事部門が強制する傾向が強かった。それこそ多様な着眼点での効果が論じられてこなかったように思う。ダイバーシティは単なる国家施策や人事施策ではなく、あなたの職場の課題解決力や価値創造力を高める手段なのだ。その発信と議論を、あなたのチームからしてほしい。なにより多様な経験は、間違いなくあなたの仕事を今までよりも面白くする。それがあなたにとってなによりの利ではないか。多様性を楽しもう。

> 一歩踏み出す！
> - 経験のダイバーシティが、デザイン思考やマーケティング力の強化といった現場の利につながると発信する
> - なにより、あなた自身が多様な経験を楽しむ

社内との関わり

043
マネジメントの一部をメンバーに任せてみる

管理職だけでマネジメントしていないか？

レガシーな組織
権限が管理職に集中し、非管理職はマネジメントの機会も経験もない

モダンな組織
役職者以外の一般社員もマネジメントを学ぶ機会、経験する機会がある

柔軟さ　主体性の尊重　フラットな関係　アジャイル

■ 誰も管理職になりたがらない組織

　最近、管理職になりたがる人が減っていると言われている。なぜ管理職になりたがらないのか。現場の人からは次のような声が聞こえてくる。「大変そうだから」「割に合わないから」。**一言で言うと「しんどそうだからやりたくない」である。**人間の心理として当然である。

　とはいえ、若い世代に昇進の意欲がなく、いつまで経っても管理職の顔ぶれが変わらないのも問題である。仕事のやり方や価値観がアップデートされず、さまざまな面で時代に取り残されてしまう。

　指示を出す側、出される側の関係が何年も固定化すると、思考もその関係性に最適化されていく。結果、**メンバーが自主的に行動する機会が奪われ、ボトムアップによる主体的な行動が生まれにくくなる。**

■ なりたくないのは管理職ではなく「自社の管理職」

「そうは言っても、若手が出世したがらないのだからしかたない」

「最近の若者に、やる気や向上心が足りないのがいけない」

　管理職の読者からは、そんな声が聞こえてきそうだ。しかし先入観をもって若者批判をする前に、**あなたが管理職の立場であるなら一度自身を客観的に眺めてみよう。「何をしているかよくわからないが忙しそうな人」になっていないだろうか**。それでは誰も管理職になりたがらないのも当然である。若手がなりたくないのは管理職ではなく、「あなたのような管理職」なのだ。

▶ マネジメントの一部を任せてみよう

　試しに**マネジメントの一部を手放してみてはどうだろう**。課長の仕事の一部を、課長代理や主任に任せてみる。主任の仕事の一部を、現場の人に任せてみる。マネジメントの仕事を再定義、または丁寧に分解し、やめるものはやめ、改善および効率化をする。チームのメンバーに任せるものは任せる。このようにマネジメントの権限や負荷を分散させることで、管理職のしんどさも軽減される。しんどそうなイメージも払拭される。

「そんなことをしたら、代わりに任された側がしんどくなって、ますますマネジメントの仕事を嫌いになるのでは？」

　そう思う人もいるだろう。しかし筆者は、それは思い込みだと考えている。なぜなら**管理職の仕事の見えにくさもまた、しんどそうなイメージを助長しているからだ**。人は見えないモノに恐れを感じる生き物である。本当はマネジメントの仕事にもやりがいや楽しさがあるにもかかわらず、それが伝わっていないのだ。

　実際にマネジメントの仕事を任せることで、その仕事や管理職に対する思い込みが払拭されたり、マネジメントの仕事の面白さを知り、管理職に興味を持つ人もいる。**管理職を「目に見えない、なんだかよくわからない妖怪」にしないことが大切**だ。

▶ 体験するから、やってみたくなる

　筆者はラッキーなことに、課長代理の頃から課長の仕事の一部を任され

第4章 —— 社内との関わりでできること

ていた。チームや人のマネジメントだけでなく、お金についても一千万円単位の金額を回していた。課の予算策定と実行も、課長と一緒に担っていた。もちろん承認行為は社内の権限規定に則り本部長や部課長が行っていたが、その内容は自分で考えて提案し実行管理していた。

おかげで、**非管理職の頃からマネジメントの体験、会社のお金を使う経験を積むことができた**（あなたの職場では、会社のお金を使う体験をしている人がどれだけいるだろうか？）。ビジネスパーソンとしての視座が上がり、経験値と素養も高まったため、今でも感謝している。

同時に、**マネジメント業務の面白さと醍醐味を体感できた。管理職をやってみてもいいかな。そんな気持ちが芽生えた。**ありがたいことに会社がマネジメントに関するさまざまな研修も提供してくれたため、学習機会にも恵まれていた。この経験からも、マネジメントは早いうちから部分的にでも体験および学習しておくに越したことはないと思っている。

■ マネジメントはマネージャーだけの仕事ではない

メンバーが主体的にハンドルを握って仕事をした経験がない、すなわち**マネジメント経験の不足は、指示待ち体質が生まれてしまう要因にもなる。**あなたが管理職の立場なら、マネジメントの仕事を分解して、その一部をメンバーに任せてみよう。マネジメント体験の創出こそ何よりの人材育成であり、あなた自身も正しく身軽になれる。メンバーと同じ景色を共有できることの効果も大きい。任命されたから、マネジメントをするのではない。マネジメントを体験し、やりたい、やってみようと実践していくうちに、マネージャーとして任命されるのが理想なのだ。

> 一歩踏み出す！
>
> ● マネジメントの仕事を分解し、管理職以外の人にもマネジメントの一部を任せる

柔軟さ

主体性の尊重

フラットな関係

アジャイル

044 マネジメントの仕事を管理職から取りにいく

社内との関わり

「おとなしい部下」になっていないか？

ご依頼、お待ちしてます〜

レガシーな組織
権限が管理職に集中し、非管理職は仕事を振られるのを待っているだけ

モダンな組織
一般社員も仕事や人を自発的にマネジメントする機会がある

■ 管理職だけがあらゆるマネジメントをしている組織

　前項では主に管理職に就いている読者に向けて、「あなたの仕事の一部をメンバーに任せてみよう」と伝えた。ではメンバーの側である読者はどうするのがよいだろうか。

　部長や課長の立場の人、あるいはプロジェクトマネージャーやチームリーダーだけが、マネジメントの仕事をしている。そのような組織は多い（というより大半がそうだろう）。しかし**管理職やマネージャー、リーダーとて全知全能の神でも聖人君子でもない。すべての指示や判断が正しいとは限らない。**未知のテーマや新たな技術や考え方も日に日に増えていく。中には不得意な分野もある（にんげんだもの）。

■ マネジメントの仕事を取りにいこう

　受け身の体勢で、**いつまでも「聞き分けのいい部下」に甘んじていては何も変わらない。**統制管理主義的なトップダウンの体質に合わせていては、

第4章 —— 社内との関わりでできること

自らの主体性も奪われてしまう。自分が組織やチームのためにできることは率先して手を挙げて取りにいく。「おとなしい部下」に留まらず、前のめりに意見や行動をしてみよう。仕事を任せてくれるのを待っていてはいけない。あなたから仕事を取りにいこう。

「課長のお手伝いをしたいです」
「マネジメントを体験してみたいです」
「マネジメントの能力を身につけたいです」

と、声を上げてみよう。一方で、こうも思うだろう。「私は一般社員ですから、マネジメントなんて無理です」。それは無理もない。しかしなにも「課長や部長のように、経営者と現場をつなぐ存在になれ」というわけではない。マネジメントの形は1種類ではないのだ。

■ マネジメントを細分化する

ひと口にマネジメントと言っても、対象は組織、仕事、人に分類される。

❶ 組織のマネジメント

自社や自部署、チーム、プロジェクトがうまく機能するようやりくりする。問題や課題を言語化して向き合い方を決め、可能なものは解決する。

❷ 仕事のマネジメント

日々の仕事やタスクをこなす。進捗を把握し、遅れないようにする。または関係者と掛け合って期限を調整する。ときに目標そのものを見直す。仕事やタスクの優先順位をつけ、「やること」「やめること」を決める。

❸ 人のマネジメント

メンバーの様子を観察し（監視ではないので注意！）、能力や意欲を発揮できるよう支援する。各々のコンディションやモチベーションを良好な状態に保つ環境を整えるのも、人のマネジメントである。

主体性の尊重

フラットな関係

挑戦の尊重

越境学習

それぞれにおいて、組織・人・モノ・金・知識などのリソースをやりくりしながらものごとを前に進める。それこそがマネジメントである。

このように、マネジメントの対象や種類はさまざまなのである。そして、現場の担当者のあなたが取り組むことのできるマネジメントもある。たとえば、**まずは自分のチームの仕事の一部をマネジメントしてみる。効率のよい進め方を提案し、進捗管理なども率先する。**それも立派なマネジメントなのだ。できることから、マネジメントしてみよう。やがて管理職のあなたに対する見方も変わってくるはずだ。「この人は視座が上がってきた」「マネジメントの素養がある」。このようにだ。

■ それぞれが得意なマネジメントを担おう

そもそもマネジメントの業務範囲が大きすぎるのかもしれない。すべてを管理職が抱えるのは無理がなかろうか。管理職とて一人の人間である。たとえば**仕事のマネジメントは得意でも、人のマネジメントは不得手。数字を上げるのは得意だが、人のモチベーションを下げまくり、退職者やメンタル不調者を出しまくる管理職もいる。**

加えて、日に日に求められるマネジメントは増える。不得意とする領域も増える。苦手な仕事が、それを苦手とする人に押し付けられて機能不全に陥ってしまう組織も少なくない。

たとえ非管理職であっても、得意な人がマネジメントの一部を実行する。それは組織全体をヘルシーにする。**マネジメントは役職者だけの特権ではない。得意な人や意欲ある人がやったほうがよいのだ。**それに目先の仕事の進捗管理をしたり、優先順位を考えて提案および調整したりするのは、全員ができるに越したことはない。マネジメントを上記の3つに分解し、あなたでもできることがないか考えてみよう。

> 一歩踏み出す！
>
> - 「マネジメントを体験させてください」と声を上げる
> - マネジメントの対象を組織・仕事・人に分解して、自分にできそうなことから手がけてみる

| 社内との関わり | **045 社内のパワーバランスの差をなくす** | 柔軟さ |

組織に部署間の格差が存在していないか？

レガシーな組織
現場と本社で力の差がある。あるいは特定の部署だけ強い影響力を持っている

モダンな組織
現場の意見も本社の意見もリスペクトされ、部署間のパワー格差がない

共創意識 / フラットな関係 / 多様性の尊重

■ 部署間で力の差がある組織

　役職間に限らず、部署間における関わり方においても、組織の体質を変えるためにできることがある。あなたの組織では部署間において力の差が生じていないか。**「ご本社様の仰ることは絶対なんです」**。このような皮肉たっぷりな言葉を、現場の部課長から聞くことがある。本社が強く、現場が弱い。そんな社内の格差を匂わせる。

　一方で、現場が強すぎるのも考えものである。**「ウチは現場が強くてね……」**。このようなボヤキを聞くこともある。本社の企画部門や管理部門が新しい施策を始める、あるいは今までのルールを変えようと試みる。ところが**事業部門や製造現場など、現場の声が強くなかなか受け入れてもらえない。強行しようものなら猛烈に抵抗され、場合によっては本社の担当者の梯子が外されることもある。働き方においても、たとえば現場は皆、汗をかいて頑張っているのだから、本社の人も全員朝から揃って出社すべき。よってテレワークもフレックスタイムも許されない。**このように本社

191

や現場でパワーバランスが均一ではない組織もある。

　特定の部署だけが強大な影響力を持っているケースもある。「当社は営業第二部だけが強い。おかしいとは思うが、売り上げを出しているから誰も口出しできない……」。**特定部署の顔色を窺わないと全社の施策さえも実行できない。その部署の管理職やメンバーがコンプライアンス違反と思われる行動をとっていても誰も何も言えず、黙認されてしまう。**本社においても「ウチは法務がやたら強い」「購買部門が強い」など特定の部署の発言力が大きく、異論はおろか意見することさえ憚られる企業もある。

■ とはいえパワーバランスの問題は根深い

　このように、現場と本社、または部署間のパワーバランスがいびつな組織がある。製造現場第一主義を社是に掲げているなど、その企業の歴史に裏打ちされたポリシーがあったり、歴代の社長が特定の部門の出身者で、その部門の声が大きくなる場合もある。**「人事を経験しないと上がれない」など、ある部門がその会社でのキャリアパス上で重要な役割を果たしているために、その部門の影響力が大きくなってしまったケースもある。**たまたま声の大きな担当役員や部門長がその部署にいて誰も何も言えない……そのようなパターンも存在する。問題の根はなかなか深い。

　しかし部署間のパワーバランスがいびつな状態では、働き方や制度なども特定の部署や職種に偏って、不都合が発生するおそれがある。そもそも**社内において上下関係が前提になっているのだから、社外の関係者にも上下の関係で接する体質が醸成されかねない。**当然、共創は難しくなる。

■ パワー格差をなくすためにできること

　一個人、いや、たとえ役員クラスの人が騒いだとしても、このパワーバランスはすぐに変わるものではない。そうはいっても社内のパワー格差はやはり悩ましい。部署間の格差はない方がよいだろう。不公平感を生み出さないために一律皆同じにしろということではない。意見をする権利や意思決定権、働き方の選択肢なども職種やメンバーの特性に応じて選択可能なほうがよい。**本当の公平とは「全員が表面的に同じ」ことではなく、「全員が同じように選択できる」ことなのだ。**同じ会社であっても、職種

第4章 —— 社内との関わりでできること

ごとに生産性や集中力が高まる環境や仕事の仕方は当然異なる。その違い
をリスペクトし合う関係性を創る方が公平だと言えるだろう。

　他部署に過度に遠慮したり、けなし合ったりする姿は、外の人が見ても
気持ちよいものではない。残念な組織だと思われてしまう。現場と本社、
部署間のリスペクトを醸成するために個人として何ができるだろうか。

■ 異なる部署の仕事を体験してみる

　お互いの気持ちを知るためには、とにかく相手の景色を見に行く。それ
が何よりだ。その部署に異動するのが手っ取り早いが、他にも方法はある。
たとえば**一定期間、相手の部署に滞在してみる。**他部署のやり方を勉強す
るためでも、課題の解決を早めるためでも、理由は何でもよい。最近では
社内複業などの制度で、他部署の仕事との兼任を後押ししている企業もあ
る。そのような制度を利用するのも手だ。

　まずはあなたが、他部署の景色を見に行こう。その部署の人との心の距
離も縮まり、お互いにリスペクトの気持ちも生まれやすいだろう。そこか
ら対等な立場で対話できる関係が構築できる。そして気づいたこと、学ん
だことを自部署に持ち帰り共有しよう。そこから得られる理解もある。

■ 自分たちなりの「勝ちパターン」を実践し発信する

　他部署からの同調圧力に押されたり、周りの目を気にしすぎたりせず、
自分たちなりに最適と思われる仕事の仕方を小さく試してみよう。たとえ
ばテレワークの方が作業に集中できるなら、テレワークを堂々と実践して
みる（そのための方法は366ページを参照）。体感したメリットや得られた成果
は積極的に言語化し発信する。自分たちなりの「勝ちパターン」を堂々と
示す姿勢が大事だ。**何も言わないから、相対的に自部署が弱くなる。**その
現実も間違いなく存在する。変化や成果を発信して、存在感を示そう。

> 一歩踏み出す！
>
> ● 相手の景色を見に行く。社内複業などの制度を活用するの
> 　も手
> ● 自分たちの勝ちパターンを実践し、成果と共に発信する

柔軟さ

共創意識

フラットな関係

多様性の尊重

193

| 社内との関わり |

046
権威主義を変えていく

「偉い人」以外の提案が通るだろうか？

レガシーな組織
権威やメンツを気にしすぎる。若手や新参者が意見、提案、行動しにくい

モダンな組織
権威やメンツを気にしない。自由に意見、提案、行動ができる

■ 内容よりも権威を気にする組織

　権威に弱い組織と、権威をあまり気にしない組織がある。前者の組織では、たとえば意見や提案が行われたとき、「何を言ったか」よりも「誰が言ったか」が重視される。若手や新参者、非役職者の話であればスルーされ、役員や本部長クラスの話なら聞く。その行動パターンが定着している。他にも社内の人の言うことは聞かないが、大学教授や専門家の言うことなら真摯に受け止め取り入れるなど、社外の権威に弱い組織もある。

「当社の経営陣は社外取締役の言うことなら聞きます」
「お取引先の人から（改善提案を）言ってもらったほうが通りやすいです」

　筆者もこのような言葉を、企業の管理職や担当者から聞くことがある。そして実際に、社外の立場を利用して顧客や顧問先に改善の申し入れをし、実現にこぎつけたことが何度もある。

第4章 —— 社内との関わりでできること

■ 権威主義も悪くはないが、理想的ではない

　権威主義もあながち悪くはない。詳しい解説は割愛するが、権威主義にも合理性や必然性はある。一つ言えるのは、権威主義の組織はわかりやすいということだ。先に紹介したメッセージを今一度見てみよう。「当社の経営陣は社外取締役の言うことなら聞きます」「お取引先の人から（改善提案を）言ってもらった方が通りやすいです」。なんとわかりやすい！　**つまり権威のある人とつながれば、権威のない人の意見を通しやすい、聞く耳を持ってもらいやすい、そういうことだ**。このような「街の人たち」のメッセージには、ある意味で**その組織の攻略法が示されている**（その意味で、自社の人たちの口ぐせを分析してみると面白い）。

　とはいえ、もちろん職位や立場にかかわらずオープンな対話や議論ができる環境が理想的だろう。権威やメンツを気にせず、発言や提案の中身がよいと思ったら取り組む。周りの目を気にせずに発言や行動をする。そんな組織もある。権威主義が色濃い組織では権限や役職のない人の意見は通りにくい。いつまでもトップダウン型・統制管理型の組織のままだ。権威主義を変え、体質を変えるためには、どうしたらよいだろう。

■ たとえ権威主義でも意見をし続ける

　一つは、とにかく声を上げ続ける、意見をし続ける。誰も声を上げないから現場の人たちの問題意識やモヤモヤが理解されないし、階層間の景色が合わない。権威主義型、統制管理型が強い組織ほどその傾向が強い。だからこそ声を上げるのだ。その際は、以下のような工夫も欠かせない。

- 相手のキーワード（関心のあるテーマや課題など）に飛び込む
- 対話力やロジカルシンキングを磨く
- クリティカルシンキングなどを身につけて実践する

　そうでないと、ただのお騒がせキャラにしかならない。しつこく言い続ければ聞く耳を持ってくれる人も現れるであろう。やがて、職位にかかわらず意見や提案できる文化が芽を出し始める。

主体性の尊重

フラットな関係

挑戦の尊重

アジャイル

195

権威者を味方につける

　権威者の話には聞く耳を持たれる。ならば**権威者を味方につければよい。** あなたの意見を権威者に聞いてもらい代弁してもらうのだ。取締役や役員など社内の権威者に近づきにくければ、**社外の権威者に話を聞いてもらう方法もある。** 顧客や取引先などは、むしろ社内の経営陣よりも現場の人のほうが、日常の仕事において接点が豊富な場合もあろう。

　あるいは、**社内講演会や勉強会などを企画して社外の有識者と接点を持ち、あなたの意見をその社外の有識者に講演で代弁してもらう。** 詳しくは第5章でも伝える。このような動きができるようになると、あなたの「組織をハックする力」もレベルアップする（ただし、やりすぎには注意）。

　とはいえ、組織文化は急には変わらない。コミュニケーションは手を替え、品を替え、景色を替え。変化球も活用しながら、あなたの意見を間接的に通す方法を模索してみよう。

スイートスポットを見つけて声を上げる

　自ら権限を行使するアクションも大事だ。スイートスポットを狙い、あなたたちがハンドルを握って行動をしてみよう。**スイートスポットとは、経営陣や部課長など、権限を持っている人たちにとってピンと来ない新しいテーマや、誰も関心を持っていない新規の領域などを指す。** たとえば新卒採用のためのイベント企画。学生の気持ちは入社1、2年目など若手のほうが理解しやすく相手の共感も得られやすい。
「新卒採用イベントの企画は若手の私たちが適任だと思います！」

　このような声を上げ、実際に企画をしてみよう。そこでの小さな成果が、若手に仕事を任せる組織風土を生む。権限は待っていても降ってこない。声を上げて、あるいは実際に行動して引き寄せよう。

> **一歩踏み出す！**
> - しつこく、意見をし続ける
> - 権威者と懇意になり、あなたの意見を代弁してもらう
> - スイートスポットを狙い、小さく主体的に行動してみる

第 **5** 章

社外との関わりで
できること

047 社会に興味を向ける

皆、意識が内に向きすぎていないか？

レガシーな組織
中と上だけを見て仕事をする。社外の人や外の情報に触れる機会も少ない

モダンな組織
社外の人の話や情報に積極的に触れている。外部の人たちとの共創も積極的

■ 会社の「内」を向いて働く組織

　第2章の後半で、社内における対話の重要性を伝えた。**しかし対話が必要なのは会社の中だけではない。顧客やお取引先、メンバーの家族や知人、業界他社や他業種の人たち、官公庁、ひいては社会そのもの。社外との対話も、組織文化を健全に保ち続けるために不可欠な習慣である。**

　社会と対話しない、言いかえれば社会に無関心な組織はそれだけで多くのリスクを内包する。外との接点が少ない、あるいは自社以外の人や話に興味を持とうとしない組織は、おのずと内向きになる。

- 社内の上の顔色しか窺わない
- 「自分たちの常識＝社会の常識」と思うようになり、世間からズレる
- 自分たちの常識を他社に押し付け、社会と共創できなくなる

　やがて組織が自己目的化して暴走し、コンプライアンス違反が起こる。

内向きな文化が災いし、社内論理だけが優先され、不祥事を起こす企業が後を絶たない。社内統治、いわゆるガバナンスの崩壊だ。

社会を知り、ルールや価値観をアップデートする

コンプライアンスと言うと法令や社内ルールといった明文化された規則を守ることだけが正当化されがちだが、その考えは改めたほうがいい。**その規則や規範が腐りかけ、もとい、賞味期限切れしていたら話にならない。**近年では、たとえ法律では裁かれずとも、SNSなどの社会の声によって批判され業績低迷や求心力の低下につながることも少なくない。

自分たちは世間からどう見えているか、ルールや規範がもはや時代遅れではないか、独り善がりなものになっていないか、じつは社会に迷惑をかけているのではないか。**世の中のトレンドに敏感になりながら、時代錯誤な仕事のやり方や社内ルールを変えていく。組織の窓を開け続け、価値観をアップデートする。コンプライアンスを守るとは、そういうことだ。**

淀んだ空気は、人の心（カルチャー）も体（行動）も病ませる。組織のマインドやカルチャーを根腐れさせないためには、窓を開け続けて外を知り、新鮮な空気を取り入れ続けることが欠かせないのだ。

社会のことも考えた企業活動を

ときには**自社の利益優先の思考を捨てることも必要だ。**たとえば昨今の「テレワークを廃止して完全出社に戻す」潮流についても、筆者は社会との対話が足りていないのではないかと感じている。自社の効率や目先の生産性だけを重視し、通勤ラッシュに加担し続ける。かたや鉄道会社は労働力確保の問題もあるのか、減らした本数や車両数を元に戻そうとはしない。通勤ラッシュは悪化の一途。企業のそのような「自社さえよければよい」姿勢に筆者はモヤモヤする。

このような意識が強まれば社会全体の流動性も柔軟性も低くなり、皆共倒れになるのではないか。他者を蹴落として自分だけ勝ち上がる。そのような**ゼロサムな文化を、そろそろ社会全体で終わらせなくてはいけない。**では、自社のことばかり考えた内向きな組織に「No（ノー）」の意思表示をするため、個人としてどんな働きかけをしたらよいのだろう。

社外の情報を社内に共有する

業界のニュース、技術情報、組織運営に関するトレンド情報など、仕事に直接関係するところからでかまわない。**インターネットのニュース記事や新聞記事、書籍などを職場で紹介してみよう。**部や課にメールやチャットでニュース記事を共有するくらいであれば受け入れられやすい。やがて外に対して目が向く人、外の情報を活用して仕事の成果を出す人、外から得た情報を根拠に行動を改める人が出てくる。学習する体質の醸成も後押しされていくだろう。これについては次項でも詳しく伝える。

社会の声を共有する

顧客やお取引先の声、世間の反応などを社内に伝えるのもよい。自分たちが外からどう見られているかを知ることができる。あなたが広報担当者なら、社内報に顧客やお取引先のメッセージを掲載するのもよいだろう。社外の専門家のインタビュー記事や対談記事も、役員や社員に読まれる傾向にある。顧客や株主・投資家などからの目先主義の無茶な要求が、会社をおかしくしてしまうこともある。これら社外ステークホルダーとの対話も重要なコミュニケーションである。

外の人を体制に組み込む

新たなミッションに取り組むとき、あるいは新たなチームを発足するときなど、**最初から外の人を加えた越境体制にしよう。**たとえばマーケティングの業務なら、顧客にも参加してもらい、忌憚のない意見を述べてもらうようにしている会社もある。その際、決して相手を下請け扱いしてはならないが、媚びへつらう必要もない。相手をリスペクトし、フラットな関係を構築しよう。主従関係では組織は健全にアップデートされない。

> 一歩踏み出す！
>
> - **外部情報のシャワーを浴びせる**
> - **外の人を体制に組み込む**

048 社外の情報にも目を向ける

社外との関わり

限られたインプットで何とかしようとしていないか？

レガシーな組織
社内や業界内など、情報を入手するための接点が限られている

モダンな組織
社外、業界外、インターネットの幅広い接点から情報を入手し成果を出す

■ 閉じた世界のインプットしかない組織

　よい仕事をして、よりよい成果を出すには、情報の有効活用が欠かせない。しかし一言で情報と言っても種類はさまざまである。

- ルーチン業務を回すための指示や要求事項、数字やデータ、参考情報
- 異常や異変を知らせるための情報
- 仕事の生産性や効率を上げるための改善や工夫を促すヒント
- 新たな発想を得るためのネタやヒント
- 仕事のやり方や組織のあり方を評価するための、利用者や関係者の声

　加えてこれらの情報入手経路も組織によってさまざまだ。あなたの組織やチームでは、このような情報をどのように入手しているだろうか。

- 社内や部内のイントラネットで流れる情報や、ファイルサーバや基幹シ

ステムに格納された資料やデータのみ見ている
- チームのマネージャーやメンバーとやり取りされる情報のみ見ている
- たまに業界紙を眺める程度

　このように内や中に閉じてはいないだろうか。**情報やヒントを得るためのリソース、すなわち入手元が限られれば限られるほど、それだけ課題解決や発想のバリエーションも限定される。**目先の仕事を回す分には問題ないかもしれないが新たな着眼点や発想は得にくい。また、自分たちだけで何とかしようとする体質は他者との共創による課題解決や価値創造を遠ざける。それが組織のリスクを高めることは、ここまで何度も強調してきた。

◤ 多様性（ダイバーシティ）7つの着眼点

　前項で指摘したように、社内だけを見る姿勢は内向きな体質を助長する。そうならないためにも多様な情報に触れることが大切だ。筆者はダイバーシティ＆インクルージョンを7つの着眼点で企業組織に問うている。

図：ダイバーシティの着眼点

①属性のダイバーシティ	性別・国籍・障がい（特性）など
②専門性のダイバーシティ	職種や専門能力のバリエーション
③経験・体験のダイバーシティ	異なる組織・業界・地域での経験。さまざまな体験
④インプットのダイバーシティ	知識の引き出し、着眼点のバリエーションなど
⑤ライフステージのダイバーシティ	育児や通学、介護、通院しながらなど
⑥働き方のダイバーシティ	成果の出し方、組織との関わり方（時短・副業・複業・兼業・週3日勤務）、仕事に対する向き合い方
⑦目的・用途のダイバーシティ	組織や仕事の目的、場や施設の用途など（を多目的に捉え解放する）

出典：筆者作成資料

「属性のダイバーシティ」は比較的わかりやすいであろう。性別や国籍、または障がいなど、さまざまな特性を持った人を受け入れて活かす。日本でもすでに多くの企業が施策として取り組んでいる。
「専門性のダイバーシティ」も、組織によりけりだが進んできている。たとえばマーケティングやデザインなど、今までその組織になかった能力を有する人を取り入れて新たなビジネスモデルや「勝ちパターン」を実現す

る。ITエンジニアを起用または専門職種を組織に創設し、アナログ一辺倒だった仕事のやり方を変革する。DX（デジタルトランスフォーメーション）の後押しもあって、今までとは異なる先進的な能力を持った人を採用または育成する取り組みも各所で進みつつある。

■ インプットの多様性はあるか？

しかし、それだけではダイバーシティ＆インクルージョンは十分とは言えない。**意外と見落としがちなのが「経験・体験のダイバーシティ」「インプットのダイバーシティ」「ライフステージのダイバーシティ」、そして「働き方のダイバーシティ」**である。「経験のダイバーシティ」については182ページで触れた。ここで目を向けたいのが4つ目の着眼点。インプットのダイバーシティだ。情報の入手元、すなわちインプット経路の多様性が、私たちの発想を豊かにする。日々の仕事の生産性や効率はもちろん、新たな「勝ちパターン」を創出しやすくする。

「仕事のやり方がマンネリ化してつまらない」
「新たな発想が得られない」
「いいアイデアが浮かんでこない」

このようにモヤモヤしている人ほど、情報の入手元、すなわちインプットを得るための接点が限定されすぎていないか疑ってみよう。そしてあなたが起点となり、インプットの多様性に対する理解を組織に広めていく。そのためにはどうしたらよいか。4つのアクションを示す。

■ 情報のシャワーを浴びせ続ける

インターネットで得た業界に関連する情報や職種に関わるニュースなどを、**チームのグループチャットや社内の掲示板にあなたが率先して流してみよう。**情報のシャワーをチーム内や社内に浴びせ続けるのだ。何かしら仕事に関係する情報であればイヤな顔もされにくく、理解が得られやすいであろう。ただし寡黙な組織ほど何もコメントや反応が得られない可能性が高い。それでもひたすら続けることで、賛同して同じように真似してく

共創意識

情報共有

多様性の尊重

越境学習

れる人も出てくるかもしれない。

▆ 外の情報を使って課題を解決してみる

　情報のシャワーの中や、または社外など、**今までとは異なるインプット元から得られた情報やヒントをもとにあなた自身がチームや組織の課題を解決してみよう**。小さくでも成果を出していけると、インプットの接点を増やすことの合理性や有用性を周囲にも徐々に理解してもらえるだろう。「その発想、どうやって得たの？」と聞かれたら、笑顔で種明かしをすればよい。成果はなによりの説得材料なのである。

▆ 「中だけでは限界」と主張する

（組織の）中の情報だけでは限界です

インプット元を増やしましょう

　問題や課題に直面したとき、**このように主張してみよう**。それにより、皆の意識が外に目が向くように仕向ける。いくら頭をひねったところで、中に無いものはないのである、無いものはない、だからナインだってば。

▆ 多様なインプットを楽しむ

　なによりも、あなた自身が**外との接点や情報を楽しもう。感動、発見、驚き、成長、これらを楽しそうに声に出そう**（またはチャットやメールにて文章で表現しよう）。多様な情報に触れることは楽しい。あなたのその姿勢に魅力を感じ、多様なインプットに触れてみようと思う人が徐々に増えるかもしれない。楽しさは人を惹きつけるなによりの材料なのだ。

> 一歩踏み出す！
> - 外から得た情報を活用して課題を解決し、共有する
> - 「中の情報だけでは限界です！」と声を上げる
> - 多様な出会いや情報を楽しみ、表現する

049 社外の人のSNS投稿にも反応を示す

社外との関わり

自社の人たちばかりで「いいね」し合っていないか？

レガシーな組織
社内の人の話しか聞こうとしない。社員の発信にしか反応しない

モダンな組織
社外の人の話や意見に耳を傾け、他社の人の発信にも反応を示す

■ SNSは、社会に目を向けるよいツール

　前項で紹介したように、外部の人の意見に耳を傾けようとしない、社外の人の発信にまるで関心を示さず反応しない人たちがいる。この傾向は **JTC（Japanese Traditional Companies）** と呼ばれるような日系大企業に限らず、**インターネットでの発信や露出に意欲的なスタートアップ企業など、比較的若い企業でも見られる。**

　社内の意識を外に向けるために使えるものの一つがSNSだ。あらゆる組織に属するあらゆる人たちの、あらゆる価値観がそこには渦巻いている。発信には消極的な組織であっても、**SNSを利用して社会を眺めることは「ムラ社会的な体質」に大きな風穴を開けるきっかけになる。** あなたはもちろん、社内の人に推奨してみてもよい（ただし強要はNG。職種や業種および上場前などセンシティブな状況下で、不特定多数の人がいる場での情報発信が不適切とされる場合もある。人付き合いを煩わしく思う人、個人を特定され得る情報をインターネット上で発信したくない人もいる）。

205

■ 社員の投稿にだけ「いいね」やコメントをする組織

とはいえSNSも、振る舞い次第では内向きの体質を強化し、その体質を広く社会にお披露目することになってしまう。**自社の社員の投稿には社員同士でせっせと「いいね」をつけたりコメントをするが、社外の人の投稿には無反応。**そんな企業を筆者はいくつも観測してきた。「この会社は自分たちにしか興味がない社風なのかも」「内輪なノリが強いのかな」「忖度させられて自社の人の投稿にだけ反応しているのかな」と、どことなく内向き文化の匂いを感じてしまう。実際そのような企業の人たちと行動してみると、外と内との線を引きたがる傾向が強かったり、社外の人の意見や提案を聞こうとしなかったり、内弁慶な姿勢を感じることは多い。

SNSを駆使して外の風に触れる取り組み自体は素晴らしい。だからこそ「内輪なノリの人たち」と思われてしまうのはもったいない。SNSを利用するなら、**積極的に自社に関わろうとしている人や仕事の関係がある人には、たまにであっても反応する方が良い人間関係も維持できるだろう。**

■ 社外の人にも「いいね」やコメントしてみる

社外の人のコメントに逐一反応しろなどと言うつもりはない。日々の業務に支障をきたすし、なによりSNSとの付き合い方は人それぞれである。**社外の人の投稿も眺め、良いと思ったものにはコメントするなどの反応を示す意識を持つだけでいい。**

そして社外の人から聞いた話、得られた気づきや意見などを社内の人たちに共有しよう。できればその情報やヒントをもとに何か課題を解決し、社外の人の発信のおかげで解決できたと説明（種明かし）しよう。「社外の人の話を聞くのもまんざらではない」「積極的に交流したほうがいいのかも」と効力感を組織に生み、内に向いた目線を緩やかに外に移していける。

一歩踏み出す！

- 「見るだけ」でもいいから、SNS利用を勧めてみる
- 思い切って社外の人の投稿に反応する意識を持つ
- 社外から得た情報やヒントをもとに、社内課題を解決する

050 「外部研修を受けたい」と主張してみる

社外との関わり

内部研修やOJTだけに教育を頼っていないか?

レガシーな組織
新しい知識や学びの習得に消極的。外部研修は幹部や管理職が受ける程度

モダンな組織
外部研修に意欲的。定期的に受講が課せられ、本人の希望でも受講できる

■ 外部研修の受講に消極的な組織

　いかなる組織においても外の風を入れることは、組織の文化を健全にアップデートし続けるために欠かせない。そのためには社外取締役の起用や、異動・出向・転職・複業・兼業などを通じて人材の流動性を高める取り組みはもちろん、**日常的に外の知識や学びに触れることも重要である。そのために有効な手段の一つが外部研修の受講だ。**しかしそれに消極的な会社もある。その背景はさまざまだ。

- お金を節約したい
- 外の世界を見て変な刺激を受けてほしくない
- 外部研修を受けるヒマがあったら、手を動かしてほしい
- そもそも人材育成の必要性を感じていない

　一部の経営幹部や管理職しか外部研修を受けることができない、管理職

共創意識
創造主義
挑戦の尊重
越境学習

であっても登用時にしか外部研修を受けられない企業もある。

知識、意識、価値観の格差が生まれる

組織が研修に消極的では、学習や成長に意欲的な社員の士気は下がる。経営層や管理職と一般社員の間で知識や意識の差が広がり、**会話がかみ合わない、改善や改革が進みにくくなるなど組織運営上の問題も生じる。**

また、管理職の知識や意識が登用時のままアップデートされないリスクもある。自助努力で知識や技術を身につける人でもない限り、考え方も技術もアップデートされない。**悪気なく時代錯誤な考え方や体質が醸成され、メンバーを無力化し組織を停滞させてしまう。**

組織のアップデートに外部研修は欠かせない

「わざわざ外部研修を実施しなくても、社内講師による研修やOJT（On the Job Training）で十分ではないか」

そのような声を聞くこともある。しかし**外部研修は、自組織の中にいるだけでは獲得しにくい新しい知識や技術、世の中のトレンドなどを知る上で大変有効である。**外部の優秀な講師や専門家、同じ研修を受講する他社の人たちとグループワークなどで意見交換や関係構築できるメリットも大きい。いずれも社内の講師が実施する内部研修では得られないものである。

ビジネスマナー、コミュニケーション、チームビルディング、マネジメント、思考法など、汎用スキルの習得においても内部研修やOJTでは限界がある。社内の人が教える内容は自社の常識や個性が強く、独自路線に走りがちである。社外で通用しにくく、他社との協業や共創の妨げになることさえある。汎用スキルこそ社外の専門家に教わる方がよい。

解決したい組織課題と共に主張する

外部研修を受けさせてもらえないことにもどかしさを感じているなら、まずは「外部研修を受けたい！」と主張しよう。その際、**研修を受ける目的や、自助努力や社内研修ではダメな理由を決裁者に説明する必要がある。**たとえばあなたがDX担当に任命され、単にデジタルツールを導入しただけではうまくいかないことがわかった。自社の中で考えていても進め方は

おろか、必要な知識や技術も身につかない。よって社外の専門家による研修を受けたい。他社のDX担当者と意見交換する場に参加したい。このように、**解決したい組織課題や業務課題を明確に示し、外部研修受講が有効であることを筋道立てて主張しよう。**

とはいえ「自己研鑽でなんとかしろ」と言われては元も子もない。**まずは自助努力を示そう。**ネットで調べたり書籍を読んだりなどして、それでも足りないものを会社に求める。「DXに求められるデータマネジメントを体系的に学ぶには自助努力では限界があるので、外部研修を受講させてください」。このように主張してみよう。

■▶ 「一緒に受けたい」と言い、成果を共有する

できれば**マネージャーや他のチームメンバー、あるいは関連部署の人たちなどと一緒に受講できるよう働きかけたい。**皆で同じ景色を見てレベルアップできる。外部研修の有効性も組織として実感しやすい。あなたが学んだことや感動を周りの人たちに伝達するコミュニケーションコストも下がる。「あなた一人だけが学びたいから会社が特別に許可する」といった不公平感を増幅させるような構造も作らずに済む。

外部研修を受けたら、学びや成果、変化を組織に必ず共有しよう。わざわざ報告書を書かなくても、社内SNSや社内ブログで発信する程度でもよい（そのほうが読まれやすい）。または仕事の成果で周りに見せるのもよい。そこから、外部研修に対する前向きな理解と共感が生まれてくる。

筆者は企業勤務時代、一般社員の頃からさまざまな外部研修を受けさせてもらった。職位や仕事のテーマに応じて会社から課されるものもあれば、自分の希望で受講したものもあった。その多くは自分の仕事やマネジメントの基礎力を培わせてくれ、今でも大変感謝している。外部研修は管理職や社員の能力開発のみならず、エンゲージメントも高める。

> **一歩踏み出す！**
> - 解決したい組織課題とセットで「外部研修を受けたい！」と主張する
> - 皆で受講し、学び・成果・変化を積極的に組織に共有する

共創意識

創造主義

挑戦の尊重

越境学習

社外との関わり

051 講演や研修で得た学びを仕事で活かす

「勉強になった」で満足していないか？

レガシーな組織
講演や研修に参加しても「参考になった」「勉強になった」で終わってしまう

モダンな組織
学んだことを自分たちごと化し、行動に移す

■ 学んだだけで満足している組織

　前項で伝えたように外部研修に消極的な組織がある一方で、積極的な組織もある。研修や越境学習に力を入れる企業は増えている。それ自体は大変良いことである。学び続けない組織は停滞する。

　ところが会社がどんなに人材育成にお金をかけても（あるいは個人が自己研鑽で社外の勉強会やコミュニティなどに参加し続けても）、得た知識や能力は実業務で活かさなくては効果を得られない。**中にはただひたすら研修や社外セミナーを受けたり、勉強会やコミュニティに参加しまくるだけで何も行動しない「学びコレクター」のようなザンネンな人もいる。**

■ 「参考になった」「勉強になった」が口ぐせの人たち

　そこまでひどくなくても、学んだだけでおしまいの人（学んでオシマイさん）や、挙句「うちのやり方には合わない」などあら探しをして文句をつけるだけで、思考停止している人も相当数いる。その状態を放置すると、

学ぶことに対するネガティブな空気が組織に生まれてしまう。知識を提供する側にも虚無感しか残らないし、なにより失礼である。

　学びコレクターや、学んでオシマイさんに共通する口ぐせが2つある。**「参考になった」「勉強になった」**である。あなたや、あなたの周りの人たちは「参考になった」「勉強になった」で終わっていないだろうか。

■ 実行を前提に、学びの内容を分類する

　学んで満足な組織を変えるには、どうしたらよいか。まずはあなたから、学びをすぐに実践する習慣を組織にインストールしよう。**学んだその場で、あるいは職場に戻ってからすぐに紙や電子ファイルを開いて、自分やチームで「すぐ実行すること」「将来活かせるかもしれないこと」を箇条書きにする。**

　そのまま活かすことはできなくても、「自分の仕事や組織におきかえて考えたらどんなことが言えるか？」「どんな行動につなげられるか？」などと思考して、「すぐ実行すること」を書く。一方で、すぐに活かせそうにはないが、中長期で考えたときに役立てられそうなこと、時期を待って行動に移したいと思ったものもある。これらは「将来活かせるかもしれないこと」の欄に書き出す。

　このようにして学びを振り返ると、自分ごと化（自分たちごと化）して行動に移す習慣が徐々に身につく。書き出しはあなた一人でやってもかまわないが、学んだ仲間と一緒にやるとチームへの波及効果が増してなおよい。

図：学びの内容を分類する

9月10日「マネジメント研修」メモ

すぐ実行すること	将来活かせるかもしれないこと
・気持ちを下げる言葉遣いを意識的にやめる	・メンバーが増えたら、チームのビジョンをつくる
・仕事の依頼時は文面で送るようにする	・課長になったら、部長との定期1on1をお願いする
・「ダイバーシティ」に関する本を読む	・トラブル時に、ポジティブな面にも目を向けてみる
・会議の進行役を変えてみる	・ファシリテーション技術を学んでみる

学んだことを周囲に発信する

　学んだことや考えたことをチームや組織内にも小さく発信しよう。発信と言っても、大げさな報告書を書く必要はない。

- チャットグループにメモ程度の箇条書きや短文で記す
- 日報や週報に書く
- チームミーティングで3分〜5分程度時間をもらって話す
- ランチタイムに同僚に話す
- ブログで発信する

　いずれのやり方でもかまわない。発信する行為を通じて、あなた（当事者）の学びが整理され、より自分ごと化される。加えて学んだ内容を独り占めしない意味も大きい。あなたの学びを他の誰かが活かす可能性も生まれる。誰かが活かしてくれたら、その知識を提供した人も報われる。

　学んだことを振り返り、発信し、小さく実践する。まずはあなたの半径5m以内からでも始めてみよう。そのサイクルを回すことのできる組織は間違いなく強くなる。学びが良いこととして認知され、主体的に学び出す人も増えるだろう。小さな行動から、学びの民主化を！

> **一歩踏み出す！**
> - 「参考になった」「勉強になった」で満足するのをやめる
> - 学びを「実行すること」「いつかしたいこと」に分類する
> - 学んだことをチームや組織に小さく発信する

052 読書会や輪読会を開いてみる

社外との関わり

学ぶことが蔑ろにされていないか？

本なんて読んじゃって、意識高いね〜

レガシーな組織
勉強をしている人が揶揄される。皆、本を読まない

モダンな組織
勉強や読書は良いことである。組織としても推奨している

■ 勉強することが「カッコ悪い」と言われる組織

　学習機会の格差は、能力の格差ひいては稼ぐ力の格差にもつながる。業務での経験や組織の中の体験だけでは、学習の種類と幅に限界がある。その意味でも外部研修の受講は合理性がある。ところが世の中には外部研修どころか、**そもそも社員が勉強をする文化がない組織もある。**
「勉強をすることがカッコ悪い」
「勉強をしていると"意識高い"と揶揄される」
「勉強をしていると言うと"余裕があっていいね"と皮肉を言われる」
　筆者はこのような声を現場のビジネスパーソンから聞くことがある。勉強は受験勉強まででもうたくさん。目先の仕事が忙しすぎて、とにかく余裕がない。勉強なんてとても……。そんな気持ちの人もいるだろう。そういえば筆者が小学校・中学校の頃は、一生懸命勉強している人が「ガリ勉」と揶揄される風潮が少なからずあった。勉強がカッコ悪いと揶揄する人たちは、そのノリを社会人になっても引きずっているのかもしれない。

213

■ 本さえ読まない大人たち

「皆、本を読まないんです」。このような声も少なからず聞く。勉強どころか本を読むことさえしないビジネスパーソンも多い。筆者は企業のマネージャーや担当者から組織の課題についての相談を受けた際、解決の参考になりそうな本を「皆さんで読んで考えてください」と紹介することがある。ところが**「当社には本を読む習慣がない」**などの理由で**難色を示される**ことがある。**なんとも切ないし情けない。「では、あなたや管理職だけでも」**と伝えても、**「いや、時間がとれなくて……」**と言う。

「日本人は本を読まない」と聞くことが増えた。株式会社壺中天が2023年10月に20代以上のビジネスパーソン528人に実施した「大人の読書習慣実態調査」によると、**「月に1冊も本を読まない人」**は**42.4%**もいた。このままでは日本人の知識レベルは低下する。読解力の低下はもちろん、新たな知識を吸収する習慣、問題意識を持つ習慣、考える習慣も養われない。ますます現状維持の体質が強くなり停滞と衰退が進む。筆者はもの書きの立場としても看過できない。勉強や読書は良いことであり楽しいことである。その空気を創っていくための方法を示す。

■ 社内読書会を開いてみる

社内や部内で読書会を開いてみよう。あなたが課題図書を選び、その本を読んだ人たちを集めて感想や意見を交換する。業務時間に開催するのはハードルが高ければ、有志で昼休みにお弁当を食べながら、または業務時間終了後に集まってやってもよい。読書のハードルを下げるために、テーマや文量が軽めの本を選んだり、仕事に直結する本を選び業務の関連性を強調したりする手もある。一人で勉強するのはハードルが高いが、皆で勉強するのは楽しい。そう思ってくれる人もいるだろう。あなたと同じように社内の勉強意識の低さに嘆いている人はきっと参加してくれるはずだ。何事も仲間を見つけることが、はじめの大きな一歩となる。

■ 輪読会もオススメ

これまでの経験が乏しく、**勉強や読書のハードルが高い場合にお勧めし**

たいのが輪読会だ。章やパートごとに読む人（担当者）を分け、複数人で手分けして1冊の本を学習する方法だ。各自が担当した章やパートを事前に読み、輪読会の場ではその章やパートの概要と感想を述べ合う。こうすれば1冊の本を4〜5人など複数名で読み、知識を得ることができる。

耳で聞く読書を試してみる

最近では本を音声で読み上げてくれるオーディオブックが普及してきている。スマートフォンで再生して、移動しながら、または家事をしながら耳で本の内容を学習できる便利なサービスだ。文字を読むのはしんどくても耳で聞くならばやれそう。そのような人もいるだろう。試しにオーディオブックを皆で聞いてみる。あるいは周りの人に読んでもらいたい本のオーディオブック版を探して勧めてみるのもよい。ちなみに筆者もクルマで出張する際にオーディオブックを愛用している。

目先の成果をとにかく1つ出す

あなたが勉強したこと、本で読んだことを仕事で実践して成果を出す。そうすることで学習や読書に対する理解が生まれ、そのメリットにも気づいてもらえる。成果は何よりの説得材料なのだ。ちなみに筆者は「本を読まない日本人」に胸を痛め、2023年5月に天竜浜名湖鉄道（天浜線）の浜名湖佐久米駅のネーミングライツ（命名権）を購入し、副駅名を「本を読もう 沢渡あまね」とした。たまには本を片手に、のんびりローカル線に揺られて読書を愉しんでみてほしい。

一歩踏み出す！
- 読書会や輪読会の実施、オーディオブックなどの利用を提案する
- 学んだことを仕事に活かして、まず1つ成果を出す

053 社外のイベントやセミナーに参加する

社外との関わり

あなたの組織の窓は、開かれているだろうか?

レガシーな組織
外部の人たちとの交流に否定的

モダンな組織
外部の人たちとも積極的に交流をする。外部交流に対して理解がある

■ 窓の外を見せてもらえない組織

　あなたの組織は、外に出ることに意欲的または理解があるだろうか。と言っても野外の青空の下で仕事をするとか、そういうことではない(もちろん後述するワーケーションのような取り組みでは、文字通り外に出て対話や仕事をすることもあるが)。**積極的に社外の人と交流したり、社外の集いや研修会などに参加することへの理解**だ。研修や本だけでなく、社外の人との交流も大切なインプットの機会である。

　世の中には、外に出ることをよしとしない企業や部署もある。現在、筆者は地方都市で事業を営んでいるが、**「外に出ることは悪である」「外に出る人を嫌う」**文化が根強い企業も少なからずある。目先の仕事を優先しすぎるあまり、「外に出る暇があったら手を動かせ」などと同調圧力を働かせたり、他社に目移りして社員が退職するのを恐れたりしているようだ。

　繰り返しになるが、外に出ず内に籠ったままだと、自分たちの良いところや悪いところに気づきにくくなる。新しい発想や知見も得られない。内

向きの体質が色濃くなり、内部の論理だけが優先され、悪気なく世間からズレた行動や言動を繰り返すようになる。その悪さ加減にも気づきにくい。

▍課題解決のために、窓を開けてみる

あなたが社外や世の中に対する好奇心が旺盛で、かつ内向きな組織文化にモヤモヤしているなら、周りの人にも外に出てもらおう。あるいは、あなたが外に出る市民権を獲得する。そのための方法を示す。

まずは、**相手のキーワードに名前をつけて提案する**。いきなり「外に出よう」とは言わず、まずは上長やチームメンバーの困りごとや関心ごとを言語化しよう。その人が解決したい課題や興味・関心の対象からキーワードを見つける。そうして、**そのキーワードを解決するための知識や方法が外にあるから出てみよう。**このような論理展開で話をするのだ。

たとえばあなたの隣の席の情報システム担当者が、情報セキュリティ対策で悩んでいるとする。あなたが情報セキュリティ担当者が集う社外コミュニティを知っている場合、こう切り出してみてはどうか。

情報セキュリティ対策で悩んでいる人たちの集まりがありますけれど、よければ顔を出してみてはいかがでしょう？

外に出ることを目的にしてはうまくはいかない。外に出るのは課題解決や目的を達成するための手段であると伝えるのだ。

▍一緒に外に出てみる

一人で社外に出るのに勇気が必要な人もいる。そもそも社外に出ることをよしとしない風土が色濃い組織では、なおのこと外に出るのを怖がって当然だ。そこで、あなたも一緒に外に出よう。
「私も一緒に（外の人たちとの交流の場に）参加しようと思います」
「よろしければ、私と一緒に外に出てみませんか？」
このような一言を添え、相手を外に連れ出そう。

大義名分を探して掲げる

　外に出ることを正当化するための大義名分を探して掲げ、組織の理解を得よう。最近であれば「人的資本経営」などは企業が健全に発展、成長するためのキーワードとして世間の関心度も高く、外に出て学習する取り組みと紐づけた理解も得られやすい。「ダイバーシティ」や「イノベーション」なども外に出ることの合理性や妥当性を意味づけしやすいだろう。「ガバナンス」も組織の窓を開ける大義名分として悪くない。内向きの社風が行きすぎて不正が横行し、社会的な制裁を受ける企業は少なくない。

　ちなみに組織を動かす大義名分となり得る複数のキーワードを、筆者は一枚の絵にしている。**「健全な組織のバリューサイクル」と名づけた企業活動のサイクルの図**だ。この図を経営陣や管理職と一緒に広げながら、新たな行動を正当化するための大義名分を指差しで探してみるのも手だ。

図：健全な組織のバリューサイクル

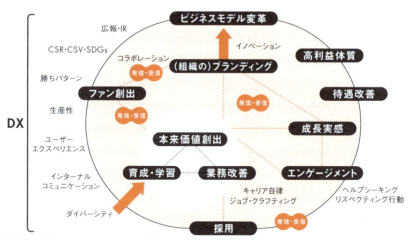

出典：書籍『バリューサイクル・マネジメント』（技術評論社）

一歩踏み出す！
- 相手の課題を言語化し、解決のために外に出る提案をする
- あなたも一緒に外に出る
- 外に出るための「大義名分」を探す

社外との関わり

054 外部の人とも積極的に仕事をする

なんでも社内で頑張っていないか？

データ分析のDXを専門企業に相談したいのですが……

いや、もう少し自分たちで頑張ってみましょう

レガシーな組織
内製主義が強く、外注したり外の人と仕事をする発想がない

モダンな組織
普通に外の人にお願いして一緒に仕事をする

■ 過度な内製主義に陥る組織

　内向きな組織の人たちは、そもそも外の人と一緒に仕事をする発想や経験が乏しいことがある。**仕事はすべて中の人たちだけでこなし、外注なんてもってのほか。自分たちだけで頑張る文化が強い。いわば内製主義**だ。

　内製主義には、ノウハウや経験の蓄積、支出の削減または抑制などのメリットもある。一方、不得意な領域や未経験な領域に適応しにくい、気合い・根性論による長時間労働の常態化、生産性の低下、属人化の助長、社員のモチベーションやエンゲージメントの低下などデメリットも多い。

■ 自分たちの本来価値に立ち返る

　あなたたちの仕事は、**すべて社内でやることが目的ではないはずだ**。たとえば、あなたがある企業の研究チームに所属しているとする。研究チームの本来価値は、研究して成果を出すことである。ところが世の中には悲しいかな社内説明や細かな事務作業、調整や手配などの管理間接業務に忙

殺され、研究活動に没頭できない組織もある。それでは社内におけるプレゼンス（存在感）が下がり、モチベーションやエンゲージメントも低下する。

本来価値である研究に没頭できるようにするためには、やめられる仕事を手放す、省力化する、自動化することで余白を生むなどの業務改善が必須だ。しかし**中の人たちだけの知見ではうまくいかないことがある**（身内だけでは言えない、気づきにくい本音や課題もある。組織とはそういうものだ）。そこで外部の得意な人に任せることも大切である。

▎ 外の専門家の力を借りよう

下の図をご覧いただきたい。前項にも登場した、健全な組織のバリューサイクルの中心部分を抜き出したものである。

図：バリューサイクルの一部

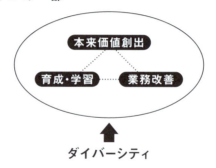

本来価値の創出、業務改善、そのための育成や学習を円滑に回していくには、外部の知見や着眼点を取り入れたり、外部の人と一緒にコトを進めたりするダイバーシティの受け入れが不可欠だ。過度な内製主義は他者と共創して課題解決や価値創造する体質や体験も遠ざけてしまう。**何でもかんでも自分たちだけでこなそうとするのではなく、外の得意な人を頼ろう**。お互いが気持ちよく仕事できる共創力も身につけていける。

▎「中の人」「外の人」と「さすらいの旅人」

ダイバーシティの観点で言うと、**筆者は組織活性や地域活性には3つの特性を持ったプレイヤーが必要だと感じている**。「中の人」「外の人」「さすらいの旅人」だ。「中の人」とは文字通りその組織に新卒で入った人や

正社員だ。プロパーとも呼ばれる。地域で言えばネイティブ（現地で生まれ育った人）が相当する。しかし中の人たちだけではうまくいかない。そこで「外の人」たちとの共創が必要になる。中途入社の人、複業や業務委託で参画している人、派遣社員、顧問や社外取締役などが相当する。地域活性の観点では、移住者や多拠点居住者を外の人と捉えることができる。

ところが外の人も気がつけば中の論理や文化に染まりがちである。そこで必要なのが第三の登場人物だ。**検討するテーマや課題に応じてそのときだけ関わってくれる人、たまたまその地域に旅行や出張で来た人。このような人たちを「さすらいの旅人」と呼んでいる。**先入観もしがらみもなく、新鮮かつ率直な意見を述べてくれることが多い。「さすらいの旅人」と出会うためにも、日々外に出たり外部に向けたアンテナを立てておきたい。

■ 内製主義の空気を変えるための問いかけ

内製主義の空気を変え、外部の人たちに頼る発想を組織に促すにはどうしたらよいか。まずは、社内会議などで次の一言を発してみよう。

> このメンバーだけで頑張って解決するつもりですか？

> 中の人たちだけで解決できるでしょうか？

> ここ、社員が頑張るべきところでしょうか？

今すぐ外注するための予算がなくても、来年度に向けて予算を確保するなどの準備はできるはず。こうして外部の人と仕事をする発想と体験を創っていこう。

一歩踏み出す！
- 自分たちの本来価値は何かを話し合ってみる
- 「このメンバーだけで頑張って解決するか？」と問いかける

055 社内用語や専門用語を多用しすぎない

社外との関わり

相手に伝わる言葉を使えているか？

Tier1でCVの生産に関わってまして、大日程やDV評価が厳しくて〜

レガシーな組織
社内用語や業界用語を多用する。他社や他業界の人が話についていけない

モダンな組織
相手に合わせて表現や言い回しを変え、一般的な言葉で会話する

■ 社内用語や業界用語を多用する組織

　前項にて社外の人と共に仕事をすることを推奨した。その際のコミュニケーションにも組織によって違いが出る。たとえば、**会社特有の表現や、その業界独特の言い回しがある**。あなたも多かれ少なかれ使っているであろう。筆者は自動車会社、IT企業、製薬会社と３つの業界での勤務経験があるが、どの業界や企業にも独特の用語や言い回しがあり興味深く感じた。

　社内用語や業界用語は何かと便利である。細かな説明をしなくてもお互いにわかり合える。話が早く合意形成もしやすい。すなわちコミュニケーションコストがかからない。また、関係者以外の人たちに話の内容を悟られにくくする効果も少なからずあろう。

■ 外部の人たちを遠ざけ、言語化力も低下させる

　反面、**社外の人や他業界の人といった外部の人たちに通じにくいデメリットもある**。外の人たちが話の内容についていけず置いていかれてしま

う。以下は複数の企業と業界の社内用語や業界用語を織り交ぜたメール文例である。あなたはどれだけ意味を理解できるだろうか。

> 沢渡-3殿
> （サワ）
> **頭書の件、次週の部議に先立ち、最新の線表につき意見照会致し度、別添の様式にて下名宛て回答方。了**

　これでは社外の協力者たちが疎外感を感じるのみならず、誤解や手戻りなどコミュニケーション上のロスや摩擦を生じさせる。厄介なのが**同じ用語でも組織により意味が異なるパターン**。同じ業界のA社とB社で同じ言葉を異なる意味で使っていたため、会社統合後や提携後に話がかみ合わず難儀したケースを、筆者は自動車や鉄鋼など複数の業界で見聞きしている。

　社内用語や業界用語を多用するリスクはそれだけではない。慣れきってしまうと、**一般的で平易な言葉でものごとを説明する習慣が失われる**。これは我々一人ひとりにもリスクをもたらす。他社や他業界の人とスムーズに会話ができない、つまり汎用的な仕事の進め方ができない。これは他者との共創プロジェクトなどを進める上でのハードルを高くし、より内向きな体質を色濃くするだろう。

■ 何をする仕事なのかわからない独特な部署名

　独特な名称の部署名にもリスクが見て取れる。社外の人が理解しにくいことはもちろん、そこで働く人たちが「キャリア迷子」に陥ってしまうこともあるから注意が必要だ。たとえばいわゆる情報システム部門なのに、「プロセスマネジメント部（Process Management Dept.）」「業務革新部（Business Process Innovation Dept.）」などと名乗る企業がある。人事部門、総務部門なのに「EX部（Employee Experience Dept.）」「CX部（Corporate Transformation Dept./Corporate Success Dept.その他）」なども。何をしている部署なのか説明しにくく、一見して理解されにくい部署名を冠するケースは多い。

　このような部署で働いている人は、**自分たちが情報システムの仕事、人事の仕事、総務の仕事をしている認識を持ちにくくなる**。その領域のプロ

共創意識

情報共有

多様性の尊重

越境学習

として成長するためにどんな知識や技術を身につけたらよいかアンテナを立てられずに、学習迷子、キャリア迷子になりやすい。

■ 周りの人も、本人でさえも「何の人なのか」がわからない

筆者は他社の難解部署名の人に出会ったとき、**業務内容を聞いて「いわゆる情シスのお仕事をなさっているのですね」**など、**平易な表現で指摘することがある。**そうして「ハッ」とされた経験も少なくない。「私の仕事、情シスだったんですね。総務だと思っていましたが言われてみれば……。これから情シス領域の勉強をもっとしてみます！」と。

難解な部署名を冠していると、外の人から見つけてもらいにくくなるデメリットもある。「情報システム部」「人事部」「総務部」を名乗っていれば、出会った他社の人たちから「同じ情シスですね。意見交換しませんか？」「人事の研究会に参加しませんか」などの声もかけられやすい。だが、難解な部署名だとそうはいかない。名刺やメールに表記された部署名から何者か判断できない。転職を考えたくなったときにも、他社の同職種の人や転職エージェントの人たちから見つけてもらいにくくなる。たかが部署名、されど部署名なのである。

■ 社外との対話を増やし、伝わらない言葉に気づこう

社内用語、専門用語、独特な部署名などは、相手に応じて平易な言葉に言い換えて伝える習慣を身につけよう。その際に悩ましいのが、**自分たちが使っている言葉や表現が社内用語、業界用語だと気づかず使い続けてしまうケース。**筆者も文化の異なる人と話をしていて、それが一般的な用語でないことを指摘され「ハッ」となったことがある。今でもある。

自分たちが使っている言葉や表現が社内用語や業界用語であると気づき、正していくためには、まずはとにかく越境だ。異文化の人たちとの対話を増やし、**相手に通じない体験をする。**そうして違和感を持とう。

できることなら仕事の場ではなく、**他社との研究会や越境学習プログラム、地域のコミュニティなど、フラット（対等）な関係で対話ができる場に行くのが望ましい。**仕事の場では相手があなたたちに合わせようと忖度し、「わからない」「理解できない」と指摘しにくいからだ。仕事の場で

あっても「**わからない社内用語や業界用語を使ってしまった際は、遠慮なくご指摘、ご質問いただけると助かります！**」と前置きしてみよう。

■ 「いわゆる〇〇」で考えて説明するクセをつける

社内用語、業界用語の存在を認識したならば、次はそれらを一般的かつ平易な表現で説明するよう心掛ける。部署名にしても同様だ。「いわゆる情報システム部門です」「いわゆる人事部です」「いわゆる総務部です」など、**「いわゆる〇〇です」と言い換えるクセをつけよう。**

筆者はこれを「いわゆる力」と呼んでいる。いわゆる力の高さは、汎用性の高さ、ひいては柔軟性の高さに直結する。「いわゆる〇〇」を説明できるようになるためにも、外を見て、外に出て、一般的にその業務内容がどのように呼ばれているのか知ろう。

■ 社内に対して表現の変更を要求する

この表現、他社や他業界の人には通じにくいので、改めませんか？

社内用語や業界用語の多用を控え、一般的な表現に改めるよう会社の中で声を上げるのも大事だ。実際にそのような社員の提言により、「業務プロセス改革部」を情報システム部に改めた大手企業もある。その際、「グローバル化に適応するために」「社外との共創をしやすくするために」などの枕言葉をつけると受け入れられやすさがアップする。

以上3点、計画的に進めるため自分なりに線表を引き実践、部署名の変更などを求めるならば部議に付議して決定権者に意見照会しつつ決裁を仰ごう（……って、あれれ⁉）。

> **一歩踏み出す！**
> - 社内用語や専門用語などを使うのをやめる
> - 社外の人との対話を増やして、伝わらない言葉に気づく
> - 「いわゆる〇〇」で説明するクセをつける

056 カタカナ語を適切に使いこなす

社外との関わり

外来語が「意識高い」と揶揄されていないか？

レガシーな組織
「エンゲージメント」「マーケティング」などのカタカナ語を毛嫌いする

モダンな組織
カタカナ語も使いこなし、さまざまな相手とコミュニケーションをする

カタカナ語に拒否反応を示す組織

　マネジメント、マーケティング、ダイバーシティ＆インクルージョン、エンゲージメント……今や多くの外来語が飛び交っている。これら「カタカナ語」に対する反応も組織によりさまざまだ。スンナリと受け入れて使いこなす人たちもいれば、**あからさまな拒否反応を示す、さらには「ここは日本なのだから日本語を使え！」**と、言い直させようとする人たちもいる。前項で指摘した社内用語や専門用語と同様に、難解なカタカナ語の多用も円滑な相互理解とコミュニケーションを妨げる。イラっとする気持ちもわかる。

カタカナ語は意思疎通に便利な面も

　しかし過剰な拒絶反応もいかがなものだろうか。少なくとも以下の2つに該当するような言葉は、他者と仕事を円滑に進めるための共通言語として理解する姿勢を持つべきではないか。

第5章 — 社外との関わりでできること

- 社会や世界の通念として理解しておきたい言葉
- 適切に言い表す日本語が存在しない言葉

　たとえば「マネジメント」は今や世界共通の概念であり、日本のあらゆる組織に求められる考え方である。なおかつ適切な日本語がない。「マネジメント＝管理」とする向きもあるが、ニュアンスは微妙に異なる。管理はマネジメントの一部、または一形態に過ぎない。同様に「マーケティング＝営業活動」ではない。いちいち日本語の文章で解説していたら日が暮れるし、相手の頭にも入りにくい。円滑な景色合わせと意思疎通に支障をきたす。カタカナ語にいちいち目くじら立てるのではなく、**他者や社会と意思疎通をするための記号として割り切って覚える姿勢は大事**だ。

■ 学ぼうとしない大人たちに若手は幻滅する

「そんな言葉で言われてもわからない」
「俺たちがわかる日本語で説明しろ」

　そう主張してふんぞり返る人たちに迎合すると、さらに学ばない体質を助長してしまう。新しい言葉を学ぼうとしない**恥ずかしいオトナたちに幻滅する若手もいる**。先日、筆者が事業を営んでいる静岡県浜松市にて、Uターンで地域に戻って就職・転職した20代〜30代の座談会が行われた。地域の良いところ、残念なところを洗い出すグループワークを実施したそうだが、地域の残念なところを指摘するこんな意見があった。

「カタカナ語が通じない（バカにされる）」

　東京などの大都市の企業では普通に使われているカタカナ語が通じない、使うとバカにされるというのだ。**勉強をする人が格好悪い、カタカナ語を使う人は「意識高い」と揶揄される**。地方都市、あるいは都市部であっても業界や組織によってはその文化がまだまだ色濃いところもある。こうして意欲ある人たちが傷つき、無力化され、そっとその地域や組織から去っていく。あるいは物言わぬおとなしい人に変わっていく。なんとも切ない。そんなダサい地域では、そりゃ人口流出も加速する。

共創意識

創造主義

越境学習

■ 「カッコ悪い」と主張しよう

やたらにカタカナ語を多用するのもどうかと思うが、せめて新聞やニュースなどで頻出する言葉の意味くらいは誰しも勉強して身につけるべきであろう。カタカナ語を拒絶する人や組織に、「それはカッコ悪い」と気づいてもらえるよう発信しよう。**新しい言葉を覚えようとしない人に「この言葉、最近ニュースでもよく使われてますよ」「取引先はみんな使っているので、社内でも使ってみました」など、伝えてみよう。**「知っておくと、お子さんにカッコイイと思われますよ」と爽やかに伝えるくらいからでもいいかもしれない。カタカナ語を使いこなしている人に対し「最新の言葉を使いこなしていてカッコいいですね」と称賛するのも手だ。

■ 学ばない習慣を半径5m以内から変えていこう

学ばない日本人。昨今、新聞記事やインターネットのニュース記事でよく目にする言葉である。学校を卒業し、社会人になったら勉強終了。その心持ちの人も少なくないのではないか。その姿勢は日本の生産性の低下、国際競争力の低下、イノベーション力の格差などに少なからず影響している。社会人の共通言語として知っておくべき言葉すら、外来語だからと難癖をつけて拒否する。調べようともしない。それでは会社組織どころか日本そのものが停滞、衰退の道まっしぐらである。世界の人たちと対等に仕事することさえできなくなる。

何でもかんでもカタカナ語にしてコミュニケーションを混乱させるのは禁物だが、**「知らない言葉が出てきた、勉強しなければ……」と思うくらいでないとヤバい。**その空気を半径5m以内から創っていこう。筆者も作家として、上記の地域の若手や中堅の声などを講演やメディアなどを通じて積極的に発信していく。

> 一歩踏み出す！
>
> - カタカナ語を拒絶する文化は「カッコ悪い」と言い続ける
> - 逆に、カタカナ語を使いこなしている人を「カッコいい」と称賛する

057
相手の気持ちを下げない言葉を使う

社外との関わり

その言葉で相手や自分の気持ちは上がるか？

あ、業者の方ですね！いらっしゃいませ！

レガシーな組織
ネガティブな表現を、あまりに気にせず使っている

モダンな組織
自分たちや相手の気持ちを気遣い、なるべくポジティブな表現を使う

■ 気持ちを下げるネガティブな言葉を使う組織

　あなたの組織では、**外部の協力企業を「業者」と呼んでいないだろうか？**　相手を下請け扱いしていると考えられ、ネガティブに捉えられやすい。言われた方も「自分たちは下に見られている」と思い、不快に思う人もいる。それでは良好な関係構築は遠ざかるだろう。一方で「お取引先」「協力会社」「ビジネスパートナー」と表現する企業もある。**ネガティブ（否定的）な表現を避け、なるべくニュートラル（中立的）またはポジティブ（前向き）な表現を使おうと心がけているのだ。**

　言葉の選び方や表現の仕方一つで、相手やその仕事をどう見ているか窺い知ることができる（または誤解されてしまうこともある）。また、たとえ本心ではそう考えていなくても、**「業者」や「下請け」などの言葉を使ううちに対応自体がぞんざいになっていき、共創をはばむこともある。**日頃何気なく使っている用語や表現が、組織の体質に影響を及ぼしてしまうのだ。

■ 表現が変わるとモチベーションも高まる

　意識は使う言葉に影響を受ける。その一例として、言葉をポジティブに変え、場の雰囲気やスタッフのモチベーションを高めた事例を紹介しよう。「うなぎパイ」で有名な老舗お菓子メーカー、春華堂（静岡県）の話だ。複数ある店舗のうち、本社（浜松市中央区神田町）に近い店舗がリニューアルに伴い、しばらく仮の店舗でお菓子を販売することになった。通常であれば「仮設店舗」と呼ぶところだが、**代わりに「POP UP STORE KANDA」と名づけ、店舗のデザインにもこだわり、見た目もオシャレにした。**

　仮設店舗ではなくポップアップストアと呼ぶ発想は、福島県のデザイン会社の提案を取り入れたという。このデザイン会社の担当者は東日本大震災の被災者であり、その体験から**「仮設」と言う言葉は人の気持ちを落ち込ませてしまうことを肌身で感じていたそうだ。**だから仮設店舗ではなくポップアップストアと名づけ、見た目も明るくしたいと提案した。

　こうして営業を開始したポップアップストア。明るいデザインが道行く人の目も引き、スタッフも明るい気持ちで接客や販売をしている。

写真:POP UP STORE KANDA

■ 身近な言葉を前向きな表現で言い換えてみよう

　ちょっとした表現の違いが、場や相手との関係を明るくも険しくもする。それは社外の人相手に限らず、職場での日常のコミュニケーションでも見受けられる。たとえば、あなたが上長に新しいビジネスプランを提案した

としよう。その際に「うまくいく根拠は？」「動機は？」と問われたらどうか。ギスギスした気持ちになってしまうこともあるのではないか。一方で、こう問われたらどうだろう。

> 勝算をどう見ていますか？

> その提案に至ったストーリーを聞かせてください

　こう問われれば、モチベーションも上がるかもしれない。人としてリスペクトされている。そんな気持ちにもなる。

「後ろ向きだな」「ネガティブだな」「上から目線だな」、あるいは「上がらないな」と思ったら、前向きな表現に言い換えられないか考えてみよう。**たとえば社外向け資料や書類に散らばっている「業者」なる表現を、片っ端から「お取引先」「ビジネスパートナー」に改めるところからでもよい。**「手順」や「プロセス」ではなく「ジャーニー」と言ってみるなど、今風の言い方にしてみてカッコよさを出してみるのもあながち悪くはない。無理してキラキラした表現、大げさな言い回しに改める必要はないが、せめて「下がらない」言葉を選択していきたい。

> 一歩踏み出す！
> - 身近な言葉を、前向きな表現で言い換える
> - 「上がる言葉」「下がらない言葉」を選んで使う

058 組織の我を抑えて相手の顔も立てる

社外との関わり

押し付けや手柄の横取りが横行していないか？

レガシーな組織
自分たちのやり方を押し通す。自分たちの手柄や実績にしようとする

モダンな組織
相手の主張ややり方に合わせる。相手の手柄や貢献をきちんと示す

我の強い組織、相手の顔を立てる組織

社外の人に対する言葉だけでなく、向き合い方の姿勢にも組織の違いは表れる。たとえば世の中には、**とにかく我の強い組織がある。**

- 相手の都合や言い分はおかまいなしに、自分たちのルールを押し付ける
- 相手の貢献や努力の賜物を、さも自分たちの成果のように吹聴する

中には**取引先の提案内容を無断で自社のアイデアにすり替える「提案泥棒」が常態化している企業もあるようだが、言語道断、もってのほかである。**企業としても人としても恥ずかしい。そこまで悪質でなくても、自分たちの方が立場が上であるかのような振る舞いが鼻につく企業もある。こういった態度には、まさにその組織の体質が如実に表れている。

もの書きである筆者は、メディア関係者（記者、編集者、ライターなど）との付き合いも多い。彼／彼女らから企業事例の取材などの相談を受け、企

業とお引き合わせすることも多々あるが、その際の対応も企業によってさまざまだ。自社に関心を持ってくれたことに感謝し、明るく丁寧に接する企業もあれば、**返信は遅く、「取材させてやる」みたいな機械的または上から目線の「塩対応」を浴びせる企業もある。**広報担当者の対応一つとってみても、我が強い組織か、相手の顔を立てる組織か推し量ることができる。

🚩 我の強すぎる組織はファンを遠ざける

我の強い組織は、ファン、すなわち協力者や理解者を遠ざける。百歩譲ってそのときは「仕事だから仕方がない」と割り切ってくれたとしても、不快な思いをした人がその会社を他人に勧めることはまずないだろう。
「あの会社と関わるのはやめたほうがよい」
このような感情が芽生えて当然だ。筆者もそうだが、誰しも大切な知人やビジネスパートナーに、失礼な対応をするような企業を紹介しようとは思わない。それどころか**「関わらないほうがいい」と忠告する人もいるだろう。こうして悪評が広がり、皆その企業から遠ざかっていく。**相手の顔を立てない組織は、こうして共創する力をじわりじわりと失っていく。

🚩 我の強い組織を変える3つの言葉

我が強く、相手の顔を立てようとしない自組織の体質に呑まれたくない。自組織の文化を変えていきたい。そう思うなら、社外の人と共に仕事をする際は日頃から次の3つのフレーズを口にしてみよう。

やりにくいところはないですか?

自分たちのやり方や手順を一通り説明した後に、このように問い、相手にとって窮屈な点や不都合がないか確認する。ポイントは**自社の人たち（身内）がいる前で発言することだ。**相手を大切にする姿勢、他者の意見を聞く姿勢を、あなたが態度でもって身内に示していこう。

○○さんのおかげで期待を上回る成果を出せました！

　経営陣や上長に成果を報告する際、あなたに協力してくれた人、アイデアや助言をくれた人、人を紹介してくれた人などを思い出して「○○さんのおかげで期待を上回る成果を出せました」と示す。

　また、あなたの周りの人が実績や成果をさも自分たちの手柄のように声高に言っているならば、明るくこう付け加える。

○○さんの協力が得られたのも大きかったですね！

　こうして、相手を立て、他者に感謝する文化を半径5m以内から育てていこう。

一歩踏み出す！
- やりにくいところがないか、相手に問う
- 成果を報告する際は、「○○さんのおかげで」と添える

059 理解できない提案にも耳を傾ける

社外との関わり

柔軟さ / 共創意識 / 挑戦の尊重 / 越境学習

「よくわからないから」で却下していないか？

レガシーな組織
理解できないことはやろうとしない。興味を示そうともしない

モダンな組織
相手の話を聞き、興味を持って質問したり何ができるか考えたりする

■ わからないことを受け入れられない組織

　社外から提案など受けた際、**理解できないことはやろうとしない、興味すら示さない、そんな組織も多数存在する**。エピソードを一つ紹介する。新規事業創造を支援する、あるコンサルタント（A氏）から聞いた話だ。「当社の新しいビジネスモデルを考えたいので、相談に乗ってほしい」。ある一般消費財メーカーの副社長から相談を受け、新規事業担当、開発担当の部課長と話をすることになったA氏。相手の話を聞き、従来のBtoC（一般消費者向け）とは異なるBtoB（法人向け）のビジネスモデルと、法人顧客に喜ばれる新商品のアイデアを提案した。ところが相手の反応は総じて「ポカン」。そして**「そもそも言っている意味がわからない」**と一言。

　次いで参加者から出てきた言葉も、同社の現状を正当化するものばかり。**「当社は販売代理店を通じてスーパーマーケットや小売店で一般消費者にものを売ることしかできない」「法人が当社の商品を活用するイメージを持てない」**。A氏がわかりやすく説明しようとしても聞く耳持たず。皆、

235

腕を組んで唸っているだけ。A氏はそのメーカーの姿勢に幻滅したという。

過去にしがみつく組織は人を遠ざける

従来の伝統的なやり方に誇りを持つのは素晴らしい。未知のテーマにピンと来ないのもわかる。しかし新しい話にまったく耳を傾けようとしない、理解する姿勢さえ示さないのはもったいない。このお菓子メーカーは今なお既存事業の延長線上で、粛々と新規事業の検討を進めているそうだ。

意味がわからない。理解できない。考えようともしない。その姿勢では、せっかくあなたの企業や取り組みに興味を持ってくれた協力者やファンを遠ざけてしまう。そしてその姿勢は**過去の成功体験から脱却できず、固定観念を取り払えない「頭の固い」印象を社外や世の中に与える**。社内においても学習、変化、挑戦を避け、経験にしがみつく組織体質を助長する。提案を受ける側、提案をする側。我々はいずれの立場にもなり得る。双方の視点で、この文化を変え、体質を変える方法を考えてみよう。

「とにかく話を聞いてみましょう」と提案しよう

まずは、自社が社外から「提案を受ける立場」の場合について。あなたと一緒に話を聞く人たちが、相手の話に興味なさそうだったとする。しかし理解できなかったからといって無下にしてはいけない。そこであなたから**「とにかく話を聞いてみましょう」と発言しよう**。「新規顧客の開拓の方法について新たな着眼点が得られるかもしれません」など、参加者の仕事のテーマや興味・関心に関連しそうな問いを投げ込んでみるのもよい。相手の話の「聞き方」や「聞く意味」を示すのだ。あなたがナビゲーター役になって、「ひとまず聞いてみるか」の空気を場に創ろう。

率先して質問しよう

相手の話を聞いたら、**あなたが率先して質問をしよう**。質問は相手への興味・関心の表れでもある。場の空気も温まり、相手の熱量も高まる。より有益な話を聞けて、そこから他の参加者の目の色が変わり、前のめりで話に参加してくることもある。質問とは着眼点を増やす行為でもある。さまざまな角度で質問をし、場における興味・関心の引き出しを増やそう。

第5章 —— 社外との関わりでできること

■ 振り返りによって意味づけをする

話を聞くだけで解散しては、相手は「興味がなかったんだな」と感じてしまう。何も残らず、相手に対しても失礼である。**相手の話を聞いた後は、所感や今後のアクションを参加者同士で振り返ろう。**5分程度でもかまわない。その場の意味や意義を確認し合うためにも、何らかの振り返りをしよう。そして**振り返りでまとめた内容**（もちろん全部でなくてもよい）**は、後日必ず相手に共有しよう。**メールやチャットで送ったり、次に会ったときに口頭で伝えたりするのでかまわない。相手に真摯に向き合うことで、あなたとあなたの組織のファンを増やそう。

■ 聞く耳を持たない相手に労力をかけない

最後に、あなたが社外の人に提案する立場である場合の注意点を。どうやら相手はあなたたちの話に「ピン」ときていない。質問してくるそぶりもない。未知の領域の話であったり、相手の無関心体質が強かったりするとそうなりがちだ。そんなときは論より証拠。**それ以上の説明や説得は諦めて、すでに実施している企業を一緒に見学したり実践者の話を聞いたりなど現場・現物を体験してみよう。**筆者はこれを「相手と同じ景色を見る」と表現している。あなたも同席し、感想や学びなども一緒に振り返る。

それでも自分たちの主張ばかりで、あなたの話に興味・関心を持ってくれない場合。それ以上説得しても得られるものは少ない。無理に説得して相手を動かしたところで、こちらが下請け扱いされて不快な思いをすることも多い。筆者は「説得戦略より、納得戦略」と言っている。**お客様姿勢の相手の説得にカロリーを使うのではなく、あなたの話を真剣に聞き、納得して自ら動いてくれる相手を見つけたほうがお互い良好な関係でうまくいく。**「ダメだコリャ、次行ってみよう！」の心意気で他の相手を探そう。

> 一歩踏み出す！
> - 「まずは聞いてみましょう」と、あなたがナビゲーター役になる
> - 「質問」や「振り返り」によって、興味を示す姿勢を見せる
> - 理解しようとしない相手に労力をかけず、他の相手を探す

柔軟さ

共創意識

挑戦の尊重

越境学習

237

社外との関わり

060

事例探しの旅をやめる

「事例は？」が組織の口ぐせになっていないか？

レガシーな組織
何か新しいこと を始めようとする とき、二言目には 「他社事例は？」

うちみたいな企業の 導入事例はあるの？

モダンな組織
とにかく実行。自 らが事例になろう とする

■ 「事例クレクレくん」状態に陥っている組織

　新規事業の構想や業務改善の検討など、何か新しいことを始めようとするとき、あるいは今までのやり方を変えようとするとき、外部の有識者などに話を聞くこともあるだろう。その際、**あなたを含めあなたの職場の人たちは「他社事例は？」を連発していないだろうか**。とにかく先行事例の情報を求める。いわゆる「事例クレクレくん」と呼ばれる現象だが、事例の提示を真っ先に求める傾向は老舗の大手企業などに強い。

　失敗したくない。手堅く、前例のあるものごとをなぞって無難にコトを興したい。その気持ちもわかる。しかし、それで新奇性や革新性のある発想や事業が生まれるだろうか？

　さらに良くないのは、せっかく相手が事例を示してくれても言い訳しか並べ立てない人たち。控えめに言って残念だ。

「ウチには合わない」

第5章 —— 社外との関わりでできること

「東京のIT企業だからできるんでしょ」
「ウチは地方の中小製造業だから難しい」
「製造業の事例では参考にならない。ウチと同じ農業の事例をください」

　こうして幸せの青い鳥を求めるがごとく、自分たちが納得する「フィット感」のある事例を延々と探し続けていないだろうか（単にやりたくないがゆえの言い訳なのかもしれないが）。

■ 「ウチ」のことばかり考えると、人は離れていく

　しかし考えてみてほしい。世の中には、まったく同じ環境など二つと存在しない。そもそも「ウチ」なる表現も気になるところだ。**「ウチ」を強調する姿勢こそ内向き文化丸出しであり、変革しようとする意気込みを感じられない。**染みついた内向き志向を正す。その覚悟がなければ、新規事業の創出も業務改善も夢物語である。

　なにより、せっかく事例を示してくれた相手に失礼である。リスペクトのかけらもない。相手はあなたたちを「変革意欲、挑戦意欲がない人たち」「失礼な人たち」と感じるだろう。こうして相手の意欲やあなたたちに対するエンゲージメントも下り坂に向かっていく。

■ 振り返りの場を設ける

　とはいえ事例には有用な面もある。筆者も取引先からの「事例クレ」の要求に対しては、可能な限り事例を示すようにはしている。なお余談だが、筆者が事例を提示する際は、あえて地方の中小企業の変革事例や改善事例を出すことがある。「ウチでは無理だ」と言い訳させない、逃がさないためだ。ここでGoogleやAmazonなどのグローバルカンパニーやエクセレントカンパニーと呼ばれる企業の事例など出そうものなら、高い確率でそっぽを向かれるからである（苦笑）。

　問題は事例を求める行為そのものではない。事例から学ぼうとしない、自分ごと化しない点にある。その行動習慣を変えるには、問いと振り返り、事例に対して真摯に学び、自組織にない新たな着眼点や考え方を取り入れる姿勢を持つこと。そのためには問いを立て、そして振り返りの議論をし

柔軟さ

共創意識

挑戦の尊重

越境学習

よう。

- この事例から学べる、自社にない着眼点や考え方は？
- 自社の変革や改善にどのように活かしていくか？

　ファシリテータ役を置き（またはあなたがファシリテータ役となり）、問いを立て、複数名で振り返りの議論をしてみよう。相手から事例を求められた際も同様である。事例を提示しつつ、それに対するフィードバックを必ずもらう。できる限り「学んで終わり」にしない。

◤ 一緒に現場を見にいく

　一方的に事例の話を聞いているだけでは、聞き手はどうしても受け身になりがちである。悪気なくお客様マインド、殿様マインドが強くなる。事例をもらうだけでなく、ここは一つ、**皆で現場を見に行こう**。工場見学や現場見学のプログラムを活用してはいかがだろうか。変革や改善が起こった現場を皆で一緒に見る。事例の提供をする人と受ける人が同じ景色を同じ目線で見ることで当事者意識が高まる。

事例紹介

製造業でのDX事例を公開している企業
製造業におけるDXの先進企業、旭鉄工とそのグループ会社i Smart Technologies（いずれも本社は愛知県碧南市）は工場見学を実施している。同社の組織カルチャー変革、IoTを活用したDXの取り組みとそこに至るストーリーを、社長の木村哲也さんおよび現場のメンバーが自ら語り現場を案内してくれるツアーだ。人気のプログラムで、全国の企業やメディアからの訪問者が絶えない。

　なお、上で紹介した旭鉄工の工場見学は有料である。知識やノウハウを提供してもらうのだから当然である。有料だからこそ、学びを活かす気持ちも強くなる。えっ、「お金がかかるならダメ」ですって？　**まずはそのマインドと組織カルチャーに優しくダメ出ししましょう！　「カッコ悪いですよ」**って。

■ 自分たちが事例になる方がカッコイイ

　最も大切なのは、自らが先進事例になることだ。筆者も「事例クレクレくん」に対して、多少の事例を示しつつも、「他社事例を求めるのではなく、あなたたちが事例になりましょう」と伝えている。

> 私たちが事例になりましょう。その方がカッコイイです！

　自社がいつまでも事例を求めるようなら、この一言を発してみよう。
　とはいえ、失敗を恐れる文化は一朝一夕には変わらない。まずは小さく、怪我をしても大丈夫な領域から、今までとは違うやり方を試してみる。たとえば、**会議の進行方法を変えてみる、新規顧客に対して新たな売り方を試してみる、社内コミュニケーションに新たなITツールを試してみるなど、実験できる領域を見つけチャレンジしてみよう。**この本で紹介している手法を何か一つ試してみるのでもいい。

　一歩踏み出す体験を組織に増やし、景色を変えていこう。いずれは旭鉄工のように、事例を話す側に回る日を夢見て。

> **一歩踏み出す！**
> - 事例を学んだら振り返る。あるいは一緒に現場を見に行く
> - 自分たちが事例になる
> - まずは小さく、今までとは違うやり方を試してみる

社外との関わり

061

退職者も仲間と捉える

退職者を裏切り者扱いしていないか?

これまでお世話になりました……

レガシーな組織
退職者が裏切り者扱いされる。復職などもってのほかで、交流すら憚られる

モダンな組織
退職者との関係が良好。退職後も一緒に仕事することもあれば復職する人もいる

■ 退職者を裏切り者扱いする組織

　退職者もその組織の大事な関係人口の一つだ。そして、退職者をどう見ているかにも企業体質が表れる。人材の流動性は高まっており、今や転職は珍しくない。転職を重ねて経験を積み、より高い価値を発揮する人もいる。にもかかわらず、**今なお退職者を裏切り者扱いする人たちもいるから驚きだ**。辞めたらいっさい連絡を取らないどころか、まだ退職前だというのに、あからさまに嫌がらせ（情報を共有しない、有給休暇を消化させない、ハラスメントまがいの言動や行動など）をする。なかには同業他社に転職した人の悪評判を、あえて協力会社や業界関係者に話すような人もいる。

　他社に転職後、再び前いた企業に転職して戻ってくる、いわゆる「出戻り」についても面白く思わない人がいる。「会社の経営が苦しいときも、自分たちは頑張って耐え忍んできたのに」「いったいどの面を下げて、再びウチの門をくぐるのか」と、嫌みの一つも言いたくなる気持ちもわかる。

第5章 —— 社外との関わりでできること

■ 裏切り者扱いする態度は、見苦しい

率直に言おう。**退職者を裏切り者扱いするような会社は時代遅れであり、残念な会社だ**。世の人たちから「徳のない会社」「独り善がりな企業」「幼稚な組織」と思われても仕方がない。

退職者に塩対応を浴びせる人の態度を見て、「大人げない」「情けない」と思う社員もいる。もしステップアップな転職をした人に対して、次のようなことを言う社員を見て、あなたはどう思うだろうか。**「あいつは使えなかったし、次の会社でもどうせダメだろ」。ただの負け惜しみに聞こえないだろうか。そんなことを言う人と同じ職場にいる自分がみじめに思えてこないだろうか。**

もちろん、辞められた組織の人たちの気持ちもわかる。手塩にかけて育ててきた人が他社に転職してしまう悔しさもわかる。しかし退職者への不満や愚痴は、残っている社員たちのエンゲージメントも下げてしまうのだ。

■ 裏切り者ではなく、卒業生だと考えよう

最近はアルムナイ・コミュニティを形成する企業もある。アルムナイは卒業生や同窓生を示す英語で、転じて退職者を示す概念として使われ始めている。SOMPOホールディングス、味の素、NTTデータなど**自社から離職・転職した人とつながり合うこと**に意欲的な日系企業も多い。

退職者を仲間と見て、つながり続けることで、復職や再雇用、複業での参画、業務委託、新規事業への出資、または一緒にプロジェクトを組むなど、新たな関係での共創が生まれる。筆者もかつて勤務していたNTTデータとは良好な関係で、今なお相談をもらって一緒に仕事をしたり、社員と対談をしたり、取材を受けたりすることもある。**転職者の数と同じだけ、他社や社会とのつながりが増える**。そう考えればよいではないか。

他にも、出産を機に退職した社員が、その後、子育てしながら働きやすい制度が整ったことをアルムナイのネットワークで知り、復職するケースもある。出戻りが忌避される風潮もあると述べたが、**出戻り社員は最強の即戦力である。人材不足の昨今、その戦力を活用しない手はない。**

アルムナイ同士がつながって事業を立ち上げるケースもある。アルムナ

243

共創意識

創造主義

越境学習

イの活躍は、その企業のブランド価値も高める。**「良い人を輩出する企業」**
の印象が世の中に伝わり、**採用にもプラスに働くだろう。**

■ 退職者のイメージを変えるためにできること

退職者は裏切り者ではない。そのイメージを、あなたの半径5m以内か
らでも変えていこう。そのためにできることを3つ紹介する。

❶ アルムナイ・ネットワークの考え方を広める

アルムナイ・ネットワークの考え方、そしてすでに日本でも退職者との
関係を良好に保ちつつ復職、採用、複業・兼業などが有効に機能している
企業が増えている事実を、ぜひ職場の人たちに話してみてほしい。

❷ あなたが退職者をリスペクトする

何よりあなた自身が退職者をリスペクトする。退職が決まった人に丁寧
に接する。明るく送り出す。退職者がもたらしてくれた良いことを感謝の
気持ちを持って周りに伝える。たまには一緒に食事でもして、その様子を
職場の人たちに楽しく話す。そんな小さなところからでかまわない。

❸ 「悲しいです」と言う

退職者に対する塩対応は、在職しているあなたたちをも不安にさせる。
その気持ちをやんわり、周りに伝えよう。**「私も退職したら裏切り者扱い**
されるんですかね、それは悲しいな……」。その一言で、はっとする人も
いるだろう。人生100年時代、同じ職場で一生勤めあげる人の方が珍しい
時代にすでに突入している。退職は、明日は我が身。決して他人事ではな
い。自分たちも退職しやすい環境を創っていこう。人々がさわやかに組織
を行き来する。そんな流動性ある社会を、ともに創っていこうではないか。

一歩踏み出す！

- アルムナイ・ネットワークの考え方と効果を職場で話す
- あなた自身が退職者をリスペクトする
- 裏切り者扱いする姿勢を「悲しい」と伝える

第6章

仕事の仕方で
できること

062 やる気の下がる仕事をなくす

仕事の仕方

やり甲斐や達成感を大切にしているか？

レガシーな組織
モチベーションに無頓着。上や顧客の顔色を窺い、無駄な仕事を量産する

モダンな組織
やり甲斐や達成感を大切にし、モチベーションが無駄に下がる仕事は減らす

■ 意味のわからない仕事で無力感を生む組織

　何のためにやっているかわからない仕事。成果や対応が実感できない仕事。なぜ自分に押し付けられるのかわからない作業。時代遅れなやり方で時間と手間ばかりかかるルーチンワーク。

　これらは人のモチベーションを下げかねない。「ここでは成長できない」と、組織を見限って辞めてしまう人もいる。やり甲斐も達成感も得られない仕事は意欲的な人を腐らせるのである。

　それだけではない。**内向きかつ無駄な仕事が多い→生産性が上がらない→収益改善されない→赤字または低位安定状態が常態化する→モチベーションが下がる**……このような負のサイクルも確立されてしまう。やたら忙しく、休む暇がないのに、理不尽な仕事にも耐えて頑張っているのに、会社は減益続き。それではメンバーの心も折れてしまう。

第6章 —— 仕事の仕方でできること

■ 体裁のための仕事が内向きな体質を助長する

あなたの職場は仕事のやり甲斐や達成感を大切にしているだろうか。内向きな組織ほど、メンバーのモチベーションやエンゲージメントを軽視しがちである。**部門長は社長や役員に怒られたくないから。部課長は部門長に怒られたくないから。営業は顧客にいい顔をしたいから。内向きかつネガティブな理由で余計な仕事が現場に落ちてくる。**または減らせない。上司や顧客の顔色ばかり窺った「体裁」のための仕事が多発する。

仕事の意味など考えなくていい。メンバーのやり甲斐や達成感などどうでもいい。上長や顧客の言われた通りにやればいい。仕事なのだから。これが本音である。筆者も経験がある。20代の若手の頃、マネージャーからの理不尽な業務指示に対し同僚とイライラして主任に相談したところ**「上司は理不尽なことを言うもの。それに付き合うのがサラリーマンだよ」**と諭されキレそうになったのを覚えている（なんとか思いとどまったが）。この状態を放置していては、やる気のあるメンバーのフラストレーションは増える一方だ。やり甲斐や達成感に気を遣う。その感覚を周りに持ってもらうにはどうしたらよいだろう。

■ モチベーションが下がる仕事や要因を洗い出してみる

話のわかる仲間と一緒に、**自分たちのモチベーションを下げている仕事、やり甲斐の感じられない仕事を書き出してみよう。**

> **事例紹介**
>
> **働く人たちの気持ちを大事にする企業たち**
> 大阪市の水産加工業、株式会社パプアニューギニア海産は「好きな日に働ける」「嫌いな作業はやってはいけない」などのポリシーを掲げ、働くメンバーのモチベーションを重視して事業を運営している。東京のIT企業、株式会社TimeTreeは自社が展開するITサービスの定期システムメンテナンス作業を土日から平日の日中時間に切り替えた。作業を担当するメンバーへの負荷や作業環境を配慮しての判断だ。メンバーの健康面の負荷がヒューマンエラーを誘発し、大規模障害を引き起こすこともある。

上記の事例のように大胆な行動に踏み切ることができなくても、モチベーションを下げる仕事を少しでもなくす、減らす、または外注するだけで、メンバーの仕事に対する意欲も会社に対する信頼感も高まる。

筆者は人の**モチベーションは無理に上げようとするのではなく、むしろモチベーションを無駄に下げているものをなくしましょう**と主張している。人は本来、誰かのために、社会のために役立ちたいポジティブな意思を持っている。その意思を発揮してもらうためにも、モチベーションを下げている仕事や要因をまずは言語化してみよう。

◤ 対話と交渉をする

自分たちのモチベーションを下げている仕事、やり甲斐や達成感を妨げている作業や環境が把握できたら、次は、**それを「なくしていきたい」「減らしていきたい」と意思決定者に伝えよう。**正しく交渉をすると、意外に理解を示し、すんなり受け入れてくれる人もいる。360ページで紹介するポイントも参考に、勇気を持って伝えてみよう。

◤ 達成感を小さく刻む

とはいえ、減らすことのできない、なくすことのできない仕事もある。社会インフラを維持、運用する仕事など、決して派手ではないが重要な仕事も世の中にはたくさんある。**そのような仕事は、達成感を小さく刻もう。たとえば一つの作業が終わったら「ありがとう」「次に進めますね」など明るく声をかける。休憩や休暇を挟む。その仕事が誰にどう役立っているのか、会社の収益などにどう貢献しているのか、リーダーがメンバーに説明する。経営陣から感謝の言葉をかけてもらう。**そのような小さなコミュニケーションが小さな達成感を育み、仕事へのエンゲージメント維持につながる。達成感のリズムを大切にしよう。

> **一歩踏み出す！**
> - モチベーションを下げている仕事や要因を洗い出す
> - そういった仕事を減らしたりなくしたりできないか交渉する
> - 小さな達成感を創る

仕事の仕方

063
ラクすることを嫌う同調圧力をなくす

柔軟さ / 主体性の尊重 / 創造主義

「ラクするのはズルい」なる空気がないか？

ラクしないで！

レガシーな組織
ラクすることが悪とされる同調圧力が強く、業務の工夫や改善が行われにくい

モダンな組織
ラクをするのは良いことであり、仕組みでラクできるようにしている

■「ラクをするのはズルい」と言われる組織

　あなたの職場ではラクをしているだろうか。ラクをする、イコール手抜きでは決してない。人力で行っていた確認作業をITツールで代替する、社内イベントの準備を専門の会社に委託（アウトソース）する、テレワークを活用して通勤をせずに業務を遂行する、会議の日程調整をツールを活用して行うなど。いずれも仕組みや仕掛けで無駄や労苦を軽減する行為であり、手抜きではない。

　ところが、そのような行動をすると**「手抜きをするな」「相手に失礼だ」「皆苦しんできたのに、あなただけラクをしてズルい」**などの批判を浴びせてくる人がいる。減らせる無駄や無理を仕組み・仕掛けでなくしていくのは生産性向上の基本中の基本だが、そんなことを言おうものなら火に油を注ぐだけ。ラクをするのは悪いことである。皆頑張っているのだから、あなただけラクをするのはズルい。そのような**同調圧力によって現状維持が強要されている職場もある。**

「ラクするな」と主張する人たちの心中とは

もちろん、反対派の気持ちもわかる。今までの努力を否定されるようで面白くない。自分のやり方に誇りを持っている人もいるであろう。ITツールの使用方法など、新しいことを覚えるにも労力がかかる。**慣れ親しんだやり方を手放したくない。また、改善されたら自分の仕事がなくなってしまうのではないか、自分の居場所がなくなってしまうのではないか。**そのような不安も「ラクをするな」の一言の裏側に垣間見える。

ラクできる人がラクをすると、社会もラクになる

「ラクするのはズルい」。この古い仕事観、労働観から抜け出せないから日本の職場の生産性はいつまでたっても上がらないわけだが、**生産性のみならず人のモチベーションやエンゲージメントに対しても悪さをしている**（もっとも、変化を好まない人のモチベーションやエンゲージメントは保たれるのかもしれないが、組織としてそれでよいのか）。そのような人たちが主流な職場は、改善も工夫も生まれにくくなる。**業務の削減や改善を進めていかないことにはいつまでたっても生産性は上がらない。**少子高齢化の時代、より少ない人手で多くの成果を出すためにも、むしろ率先してラクを追求すべきである。

また社会性の面からも、なくせる苦労は正しくなくしていった方がいい。今なお自然災害時などに出社した人が称賛される文化が根強い職場もあるが、それはいかがなものか。テレワークが可能な職種であれば、率先して出社をやめてテレワークに切り替える。そうして本当に移動を必要とする人に公共交通機関の座席や道路の空間をあけておくほうが社会性の観点で称賛されるべきではないか。平常時においても、通勤の時間や労苦を排除できれば育児をしながら仕事しやすい社会構造になる。**「皆頑張って通勤しているのだから、あなたも耐えなさい」は誰も幸せにしないのだ。**

一緒にラクを体験する

「ラクをしてズルい」なる空気を和らげるために、筆者は3つの提言をしたい。まずは、**一緒にラクを体験する。**あなただけがラクをするように見

えてしまうと面白くない人もいるだろう。それなら、周りの人と一緒にラクを体験する。たとえばITツールを一緒に使ってみる、新しい働き方を一緒に試してみる。そうしてラク仲間を増やしていこう。

■ 快感体験を言語化する

> このツール入れたら、確認作業がなくなってラクになりました！

> テレワークしたおかげで、溜まっていた作業を一気に片付けられました！

ラクをした爽快感や快感を明るく伝えよう。できれば仲間と一緒に体験して、心が軽くなった快感体験を言語化しよう。言語化により共感が生まれ「ラクをするって気持ちいいことなんだ」「仕組み・仕掛けでラクをするっていいことなんだ」と小さな世論形成と合意形成をしやすくなる。なお、筆者は改善を組織に根付かせるためには、快感体験と成長体験の言語化が大事だと講演などで口酸っぱく伝えている。快感を言葉にしよう。

■ 次のテーマを見つけて取り組む

ラクをして心が軽くなったら、浮いた時間で早く帰る、リフレッシュするなども大事だが、それだけでは自分の仕事がなくなってしまう不安を解消できない。**「浮いた時間で何をするか？」を考え、次のテーマや仕事を見つけて取り組んでみよう。** 課題解決でも研究でも学習でもよい。その繰り返しが組織と人を成長させる。

一歩踏み出す！
- 皆で一緒にラクになる
- ラクになって得た快感を言語化して伝え合う
- 次のテーマを見つけて取り組む

仕事の仕方

064
賞味期限が切れた仕事をやめる

目的がわからず続けている仕事がないだろうか？

レガシーな組織
一度始めたことは続ける。皆そうしているからとにかく続ける

忙しいところごめんね

社長が1on1やれってうるさくてさ……

モダンな組織
意味のない仕事や慣習を指摘し、目標ややり方も柔軟に変える

■ 始めたことを、やめられない組織

　やっていてつらいだけの仕事、もはや目的を見失い惰性で続けているだけの慣習が、どの組織にも1つや2つは存在するだろう。**いわば「仕事ごっこ」と化した仕事や慣習。これらをやめられない組織がある。**

　やめられない組織では次から次に仕事が増える。事業活動を営む以上、当然のごとく日々の仕事は増える。やめることを決めないと、水かさは増すばかり。そして容量オーバーになる。そうしてメンバーは疲弊する。仕事をやめられない組織が、辞められる組織になっていく。

　始めるのは得意だが、やめるのは苦手な組織は少なくない。組織の体質以前に、そもそもやめる発想すらない人たちもいる。**「皆やっているから」「今までそうしてきたから」「何かあったら怖い」**など、やめられない理由を次から次に並べ立てる。

■ 続けることが目的になる

　売り上げ、コスト削減、生産計画……我々は日々さまざまな目標や数字の達成に追われている。ビジネスパーソンたるもの組織の目標達成に全力を尽くす合理性はある。しかしVUCAと呼ばれる時代において、環境も最適解も激しく変わる。**期初に立てた目標がそもそも意味をなさない、いつの間にか絵に描いた餅になることもある。** しかしやめる判断ができない組織は、その変化に対応できない。そもそも対応する意識がない。**「計画は絶対。やめる、変えるなんてもってのほか」** と、やがて行きすぎた必達主義、モーレツ主義、それに従順すぎる組織風土に行き着いてしまう。

　このように上意下達が過ぎる文化は、現場でのハラスメントや不正を助長し、ブランド失墜を招くケースも少なくない。この本を書いている今、大手自動車会社の現場によるデータ改ざんなどの不正が明るみになり大騒動に発展している。目標必達かつモーレツな文化はモラルやガバナンス（企業統治）を崩壊させる。**その根底にあるのが、目標ありきで何が何でもやりぬく社風、現場が正しく声を上げられない組織風土、経営陣や顧客からのプレッシャーに抗えず「No(ノー)」と言えない環境などである。** 組織としても社会としても不健全だ。

■ ダムは放水しないと決壊してしまう

　一方でやめられる組織は、自分たちの判断で仕事や慣習を手放す。あるいは理不尽に思った人が声を上げて、やめるための合意形成をする。

> この作業、意味がないからやめませんか？

> わざわざ定例会をしなくても、業務進捗の確認だけならチャットで共有すればよいのでは？

> 朝9時からの朝礼、保育園の送り迎えがあるメンバーが慌ただしくなるのでやめませんか？

　こうしてどんどん身軽になっていく。ダムは適度に放流しなければ、や

がて水が溢れて決壊してしまう。そうならないよう仕事も放流が必要なのだ。仕事の賞味期限管理を機能させるために、どうしたらよいか。筆者は「る」で終わる「3つの"る"」の行動を推奨している。

- やめる
- 振り返る
- 変えてみる

　この3つだ。

賞味期限が切れたものを「やめる」

　やめたい仕事、やめられる仕事は声を上げてとっととやめる。形骸化したルールはとっととなくす。そのためには**仕事の「賞味期限」を意識しよう**。どんな仕事やルールにも賞味期限がある。たとえばダブルチェックやトリプルチェックの作業。人的ミスが発生しないよう、2人、3人で確認をする。当初は意味があったかもしれない。しかしあるとき仕事そのものが自動化され、もはや人的ミスが入る余地がなくなったとしたら。その瞬間、チェック作業は役目を終えたはずである。天に召されていいはずだ。にもかかわらず、今なおチェック業務が行われ続けていたりする。いったい何のお遊戯会なのだろうと思いきや、当の本人たちにやめる意識はない。やめようと声を上げる発想さえない。

　どんな仕事やルールも、生まれた当初は役割を持っている。ところが時代の移り変わりや環境の変化に伴い、役割を終えることがある。すなわち賞味期限が切れる。**その賞味期限切れに気づかずに仕事やルールを温存し続けることは、腐ったものを食べ続けるのと同じだ。**関わる人々の健康をじわりじわりと蝕む。なんのためにその仕事やルールが存在するのか。それらはもはや賞味期限切れしていないか。100ページの「仕事の5つの要素」の図を広げながら、当事者同士で再確認してみよう。

期限を「決める」

　とはいえ、やめ慣れていない組織ほど仕事やルールをやめることに躊

踏する。「何かあったらどうするんだ？」などの批判も容易に想定される。そこで、試しにいったんやめてみる期限を決めてみよう。

> 月次報告書、試しに今月は出すのをやめてみたらどうでしょうか？

> 週次のチェック業務、試しに今月いっぱいやめてみませんか？

このように、半ば強制的にやめてみる体験を皆でしてみる。

■ やめてみてどうだったか「振り返る」

やめてみてどうだったか、問題がないかを確認する場を設けよう。最初は不安だったが、やめてみても意外と誰からも文句も言われなかった。そのようなことはたくさんある。こうして、やめられた成功体験を組織に増やしていこう。「やめてみる、期限を決めて、振り返る」。五・七・五調に仕上げてみた。日々口ずさみ、組織の行動習慣にしてほしい。

■ ゴール・目標・やり方などを小さく変えてみる

最後に、やめるまでいかなくても、**やり方を「変えてみる」のもアリ**だ。たとえばあなたのチームが、あと500万円の売上を必要としているとする。しかし今の状態では達成できそうにない。ならば手段を変えてみてはどうだろう。

> デジタルマーケティングなどの新しい手法を使ってみてはどうでしょう？

> 他社との協業で実現する方法は考えられないでしょうか？

このように、これまで通り気合い・根性・足で稼ぐ営業スタイルではなく、新しい手段を提案してみよう。あるいは既存顧客へのアプローチを諦め、高単価の新規顧客の開拓と獲得に集中する。個人顧客ではなく法人顧

客を開拓するなど、顧客セグメントを変えるやり方も考えられる。

　モーレツな組織ほど、**目的と手段がいつの間にかごちゃ混ぜになっていて、無自覚に同じ方法で突っ走ろうとして袋小路に迷い込みがちだ。**しかし、じつは手段を変える余地があるかもしれない。そこに皆で気づくためにも、小さくでもやり方を変えてみよう。

■ インプットの多様化で視野を広げる

　やり方を変えるには、外に目を向け、どのような方法が存在するのか知ることが重要である。すなわち知識のインプットも欠かせない。第5章も参考に、インプットを多様化しよう。お堅い組織であればあるほど、変える発想がまるでなかったりする。「変えていいんだ」「変えられるんだ」。その小さな成功体験を、あなたの半径5m以内から創っていこう。

> 一歩踏み出す！
>
> - 「やめる、期限を決める、振り返る」を実践する
> - やめられた喜びを共有して、成功体験を創る
> - ゴール・目標・やり方などを小さく変える経験をする

仕事の仕方

065
記憶する努力を不要にする

タスクやアイデアを安心して忘れられるか？

レガシーな組織
作業やアイデアを忘れないように努力している

モダンな組織
作業やアイデアをリマインドしてくれる仕組みが機能している

創造主義

情報共有

挑戦の尊重

🟧 気合いで忘れないようにする組織

　日々の仕事の細かなタスクや作業、あるいは突然ふっと湧いて出たアイデア。あなたは確実に実行できているだろうか。人は忘れる生き物である。どんなに記憶力がよい人でも、突然の割り込み、たとえば「ちょっといい？」と話しかけられたり、電話が鳴ったりして、取りかかろうと思っていたタスクやアイデアを忘れてしまうことはある。あるいは時が経てば経つほど記憶が風化し、悪気なくやり忘れることもある。

　そんなとき、あなたの組織では、こう注意されていないだろうか。「**なんで忘れたんだ！**」。そして、こう返していないだろうか。「**次から気をつけます！**」。だが**本人の気合い・根性に原因や改善策を求めるのは賢明とは言えない**。人は忘れる生き物だからだ。これでは同じミスを何度も繰り返してしまう。組織の生産性は上がらないし、**叱責を恐れて「忘れたことによるミス」**を隠蔽する体質が醸成されかねない。

■ 安心して忘れられる仕組みと仕掛けをつくる

無駄な仕事と同様に、無駄な努力もなくしていきたい。日常的に発生するタスクや発想を忘れないように個人が頑張るのではなく、**むしろ安心して忘れられる環境を創ろう**。ズバリ、仕組みと役割で解決する。

たとえば、新たなタスクが発生した（または思いついた）瞬間、本人がチーム共通のグループチャット（のその案件のチャンネル）にそのタスクを書き込む。その際、「備忘メモ」「個人タスク」などの一言を添えるとよい。こうすれば本人がそのチャットの画面を見るたびに気づくことができる。本人以外のチームメンバーが気づいて、「このタスク完了していますか？」などと、さりげなくリマインドすることもできる。本人が突然休まなければならなくなった際の、誰かへの引継ぎや依頼もしやすくなる。ここを見れば、タスクがわかる状態になっているからだ。

■ タスク管理なる役割を設定する

役割分担によって、安心して忘れられる環境を創る方法もある。**たとえばチームの誰かにタスク管理担当者の役割を担ってもらう**。チームミーティングなどで、メンバーの誰かが口頭またはチャットやメールなどの書き文字で発したタスクやアイデアを、タスク管理担当者がタスク一覧表に書き留め、チーム全員または本人にリマインドする。こうすればチームのメンバーは安心して発想でき、なおかつ安心して忘れて目の前の仕事に集中できる。

筆者が代表を務める会社、あまねキャリアでも、**タスク管理役のメンバーにタスク管理とリマインドをお願いし、幹部やメンバーが目の前の仕事や、中長期を見据えた発想や対話に集中できるようにしている**。筆者自身、経営をしつつ作家活動ができているのは、メンバーがタスク管理をしてくれているからである。おかげで日々の雑多な仕事をいったん忘れ、原稿執筆に集中できている。感謝しかない（かつては自分一人ですべてこなしていたが、今思えば本当にしんどかった）。

もちろんさらに一歩進めて、AIなどを駆使してチャットでのメモ書きや口頭での発信をタスク一覧やスケジューラーに登録し、自動でリマインド

する仕組みを構築する手もあるだろう。そうすればタスク管理担当者を置かなくても回るようになる。

人は忘れる生き物である。それは人間の弱みでもある。**人間ゆえの弱みに向き合い、気合いと根性と属人性ではなく、仕組みや仕掛けで解決することも、マネジメントの一つだ。**あなたの組織はマネジメントができているだろうか。

▰ タスク管理役の人への感謝と評価は忘れずに

上記の工夫は、先に指摘した「ラクをする」にも通じる。個人の気合い・根性・記憶力によって苦労してタスクやアイデアを覚えておく必要はない。チームで覚えておいて、チームでリマインドできるようにする。あなたも周りの人たちも、タスクやアイデアを思いついた瞬間に吐き出し、安心して忘れられる。その結果、他の作業や思考に集中できる。精神衛生上もよい。チームとしても個人としてもヘルシーである。

ただし誰かにタスク管理役をお願いする場合、その人への感謝と評価を忘れてはならない。

いつもリマインドしてくれて助かります！

タスクを管理してくれるおかげで、安心して仕事に集中できます！

タスク管理の役割と成果を正しく評価しよう。タスク管理とリマインドを、名もなきボランティア活動にしてはうまくはいかない。安心して忘れられることへの感謝の言葉をかけ続けることから、タスク管理の重要性の認知が高まり、それらの仕事を評価する世論と合意形成が生まれやすくなる。

> **一歩踏み出す！**
> - タスクやアイデアをテキストで残す慣習をつくる
> - タスク管理担当者を置き、マネジメントしてもらう
> - チームでリマインドし合えるようにする

仕事の仕方

066
面白いかどうかで判断してみる

仕事に合理性ばかり求められていないだろうか？

レガシーな組織
ものごとややり方を決めるとき、無難な方を選ぶ

モダンな組織
ものごとのやり方を決めるとき、どうせなら、面白いほうを選ぶ

■ 面白さに対する感度がない組織

　ここまで、減らしたい仕事について伝えてきた。では一方で、**どのような仕事を選ぶとよいのか。そこで推奨したいのが「面白さ」なる尺度**だ。あなたの職場の人たちは面白さの感度を持っているだろうか。さらには、仕事において面白さを主張してもいい空気があるだろうか。**「職場で面白さを主張するなどもってのほかだ」「効率や客観性、定量的な効果に真摯であるべきだ」**。世の中にはそのような人もいる。それも一理ある。業種や仕事の種類によっては、面白さなどの感情を抑制することでうまく回っている部分もあろう。

　一方で、面白さを含むポジティブな感情の否定は、メンバーの好奇心や探求心、チャレンジマインドを排除したりもする。人は面白いことや楽しいことを好む生きものでもある。楽しさや面白さの排除は仕事に対する主体性やエンゲージメントをも下げかねないのだ。

第6章 —— 仕事の仕方でできること

■ 「ジョブ・クラフティング」という考え方

近年、ジョブ・クラフティング（Job Crafting）という考え方がある。一人ひとりが自分の仕事の意味・内容・範囲などを修正し、仕事に主体的に向き合うことを指す。日本能率協会マネジメントセンターは、ジョブ・クラフティングを次のように定義している。

「ジョブ・クラフティングとは、仕事への向き合い方や行動を主体的にすることで、仕事をやりがいあるものととらえることです。従業員に主体性を持たせるため、人材育成のひとつとして取り組む企業も増えています」

この観点においても、面白さを尊重したい。面白いから、仕事に対するオーナーシップ（自分ごととして捉えている状態）が芽生える。**面白さは個の組織や仕事に対する主体性や創意工夫を引き出し、ジョブ・クラフティングを推し進め得るのだ。**

■ 「どれが面白いか」で判断してみよう

たまにでもかまわない。複数の選択肢が場に提示されたとき、**「どれがいちばん面白いと思います？」「どうせなら面白いほうを選びましょう」と提案してみよう。**筆者は過去に仕事をした企業や共同研究をしている大学で、次のような場面に遭遇した。ある企業で業務改善の検討をしていたときのこと。複数の改善策が提示され、どれに取り組むかチームメンバーと一緒に腕を組んで悩むこと数十分。どれがもっともやりやすいか。いや、むしろ難易度の高いものに取り組むべきではないか。どれがもっとも効果が出そうか。しかし見方によってどれが効果的かの判断も異なる。ううむ。そのとき、マネージャーがこう言った。

「どれがいちばん面白いと思いますか？」

その瞬間、場の空気が変わった。
「面白さを持ち込んでいいんだ」
「面白いか面白くないかの観点で選んでもいいんだ」
「その発想はなかった！」

柔軟さ

主体性の尊重

創造主義

挑戦の尊重

険しかった皆の表情が一瞬ぽかんとし、しばらくしてぱっと明るくなり、一気に議論が進んだのを今でも覚えている。

■ 面白いから、頑張りたくなる

ある大学の教授・准教授と研究テーマを検討していたときにも、同様の場面に遭遇した。

「どうせなら、面白いほうを選ばない？」

「そのほうがやっていて楽しいし、続けられるでしょう」

教授のこれらの言葉が議論を後押しし、「じゃあ、このテーマ案で進めますか！」と満場一致。今後の活動に対する高揚感と効力感も高まった。

毎回でなくてもかまわない。議論が膠着したとき、選択肢を選ぶためのものさしの一つとして、面白さを提示してみてはどうだろう。難しい顔をしてデータや資料を眺める人ばかりの会議から、面白い仕事が生まれるだろうか。**あなたがマネージャーや意思決定者なら「どれが面白いと思う？」と、メンバーなら「面白いほうを選ぼう」と発してみよう。**それで乗ってくる人がいるならば、その職場は、その仕事はもっと面白くなるかもしれない。

面白いから、頑張りたくなる。もっとこだわりたくなる。こうして、**作り手が面白がってやった仕事は、受け取る人にもその面白さや感情が伝わる。**反対にやっつけでやった仕事は、相手に見透かされてしまう。仕事の面白さは現場の人間にしかわからない。面白さを大切に！

> 一歩踏み出す！
>
> - 何かを判断する際、「面白いほうを選ぼう」と提案してみる
> - 世の中に面白がってもらうために、作り手も面白がる

仕事の仕方

067
自社の製品やサービスを使ってみる

会社に言われてやっているだけになっていないか？

主体性の尊重

共創意識

創造主義

乗ったことはないですが、良いクルマなんです！

レガシーな組織
自社の製品やサービスをよく知らない。使ったこともない

モダンな組織
自社の製品やサービスを喜んで使う。社員がなによりのユーザーである

■ 自社製品やサービスを使ったことがない組織

　あなたや周りのメンバーは、自社の製品やサービスのことをよく知っているだろうか？　そもそも使う機会が十分にあるだろうか？

　筆者は自動車会社の本社（海外マーケティング部門）で組織開発を担当していた頃、社員（含む派遣社員）や協力会社のスタッフ向けの社内試乗会を何度か開催したことがあった。その会社でも、**自社のクルマはおろか、クルマそのものを運転したこともない人や、ましてや乗ったこともない人もいた**。とくに都心の本社勤務のスタッフの中には、クルマを持っていない人も一定数いた。海外向けのクルマはそもそも国内に流通しておらず、乗る機会や見る機会さえない人もいた。

　筆者が勤務した企業に限らず、**自社の製品やサービスを使ったことがない、体験したことがない人は世の組織においても少なくないだろう。**

越境学習

■ 知らないと改善策もアイデアも出ない

　もちろん製品やサービスのことを知らなくても、ものは作れるし売ることもできる。人事、総務、経理、情報システムなどいわゆる本社組織の仕事であれば、製品やサービスの知識はなくとも一定の成果を出すことができる。また、いわゆるBtoB、法人向けの事業を展開している業種や行政機関など、スタッフが製品やサービスを一消費者または一利用者として使用する体験を創りにくいケースもある。

　とはいえ利用体験は、良い改善やアイデアを生む基盤である。**前項で推奨した「面白いほうを選ぶ」の観点においても、自分で使ってみる体験は欠かせない。自分で試すことで「もっとこうしたい」「こんな製品があったらいいのに」と、改善・創造への意識が働く。**自社の製品やサービスを使ったことがない状況は、こうした意識の芽が育たない体質を醸成している。そこから、会社や製品に対して他人事、かつ言われたことだけやればいい受け身の体質が強化される部分もある。

■ 利用体験は仕事へのエンゲージメントを高める

　先ほど紹介した、筆者がかつて勤めていた自動車会社では、実験部の協力をとりつけ、海外向けも含めたクルマを揃え、東京近郊のテストコースで自社のクルマを体感する社内試乗会を開催したことがある。この取り組みは大変好評で、**普段は書類上でしかクルマに触れることのないスタッフからも「愛着が湧いた」「海外の関係会社の人たちとのコミュニケーションが楽しくなった」**などのコメントを多数もらうことができた。試乗体験をしたスタッフが実家に帰省した際に自分の言葉で運転体験を伝え、親御さんがそのクルマを購入してくれたエピソードも生まれた。

　また、試乗会に協力してくれた実験部のスタッフやベテランの管理職も、本社の社員が楽しそうに試乗する姿を見て感化され、回を重ねるごとにこだわりが出て社内試乗会はよりよい場へと進化していった。実験部のスタッフも、自分たちの仕事に対する誇りが強くなった様子だ。

　このように、**自分たちが取り扱っている製品やサービスをよりよく知ることは仕事に対する愛着や帰属意識を高める。**日々、やり甲斐や誇りを

第6章 —— 仕事の仕方でできること

持って仕事をすることができるようになる。

■ 使う、知る、学ぶ場を創る

何らかの形で、自分たちが取り扱っている製品やサービスの利用体験はあったほうがよいだろう。社内で自社製品に関連する知識を深める勉強会を開いている企業もある。全社で取り組むのが難しければ、チーム単位でも自社製品やサービスを皆で触ってみる、あるいは関連知識を深めるなどの場を、人材交流も兼ねて設けてみてはどうだろう。

事例紹介

勉強会によってエンゲージメントを高める企業

かまぼこなどの練り物で有名な老舗企業、株式会社鈴廣蒲鉾本店（神奈川県小田原市）は社内で勉強会を開き、魚肉たんぱく質に関する知識を深めているという。社員は自社製品のラインナップや特徴、調理法の知識を身につけるのみならず、魚肉たんぱく質の優れた点を理解することで、より自信を持って製品に向き合うことができているそうだ。「自分たちの仕事は世の中の人を健康にする仕事だ」という意識も高まっている。

■ ユーザーの声を聞くだけでも意味がある

BtoB企業なら、たとえば新製品開発プロジェクトに携わった人たちに開発秘話を聞いてみたり、お客様が使用している現場を見学させてもらったりしよう。**開発体験や利用体験を間接的に見聞きするだけでも、自分たちの仕事が誰にどう貢献しているのか、意味や手ごたえを感じるようになる。**行政機関なら、自分たちの行政サービスや施策を受けている人たちの声を聞いてみたり、他都市の行政が主催している地域イベントに参加してみたりするのはどうだろう。

業種や業態にかかわらず、自分たちの仕事の成果を身近に感じられる機会は工夫次第で創ることができる。少しでも好きになれたほうが、日々の仕事も楽しくなるし、仲間に対しても優しくなれる。

一歩踏み出す！

- 自社の製品やサービスを体験してみる
- 自社製品やサービスの体験会・勉強会を開催してみる
- BtoBなら、開発者やユーザーなどの話を聞くなども手

主体性の尊重

共創意識

創造主義

越境学習

068 自分たちで決める経験をする

仕事の仕方

上が決めなくても各自で進められるか？

レガシーな組織
誰かが細かく決めてあげないと、ものごとが進まない

モダンな組織
誰かが決めなくても、各自が自分で思考・行動し、ものごとが前に進む

■ 指示待ちの職場、自らハンドルを握る職場

　仕事の減らし方、選び方について伝えてきたが、**世の組織にはそもそも、自分たちで主体的に意思決定した経験や発想さえ持っていない人たちも存在する**。たとえばあなたの職場で、既存製品を今までとは違った販売方法で売ってみたいとする。誰かが決めなくても、各自が自分で思考・行動し、ものごとが前に進む。もしくは誰かが細かく決めてあげないと、ものごとが進まない。どちらの反応が想定されるだろうか。リーダーが事細かにタスクを分解し、手順やオペレーションを決めてあげないと誰も行動しない。ものごとが前に進まない。そのような組織もある。

■ メンバーの主体性を奪う4つの要因

　誰かが決めてあげないと、ものごとが前に進まない職場。これは単にやる気や待遇（そこまで十分な報酬をもらっていないから指示待ちに徹する）だけの問題ではない。組織の思考習慣や行動習慣、それを支える文化の問題によ

第6章 —— 仕事の仕方でできること

るところも大きい。主な要因を4つ挙げる。

❶ 権限委譲の問題

　まず権限設計の問題だ。リーダーやマネージャーがすべての意思決定権を握った結果、メンバーは意思決定をしたことがない。トップに権限を集中させるのは、メンバーの主体性を育む上でもリスクを伴うのだ。

❷ 能力の問題

　もちろん能力不足も否めない。主体的に思考し行動するためには、ロジカルシンキングやクリティカルシンキングなど思考を組み立てて合意形成するための能力、プレゼンテーション能力、傾聴力、対話力などが欠かせない。それらの能力開発がメンバーに施されているだろうか。あるいは日常の業務で身につけ、発揮する機会があるだろうか。

❸ 経験の問題

　そもそも通常業務が、すべて上や前工程からの指示内容を忠実にこなすスタイル。主体的に思考し、主体的に行動した経験がない。だから心も体も動かない。自ら思考し行動する発想さえない。

❹ 風土の問題（心理的安全性）

　自己判断で意見提案や行動をすると「勝手なことをするな」と叱責される。または後ろ指を差される。こうして「おとなしくしている」「指示があるまで動かない」マインドがすくすくと育つ。そういった姿勢を評価する人事評価制度の問題によるところも大きい。

◼ 指示待ちの姿勢は、統制管理主義な体質を強める

　一方で、真逆の組織もある。プロセスや進め方の大枠はリーダーが決めるにしても、各担当者が自分で思考して行動する。未知の課題や、誰が担当すべきか迷うタスク、いわゆるグレーゾーンが発生したときはリーダーに相談して判断を仰ぐ、または対話して解決する。こうしてリーダーも担当者も、自分たちでハンドルを握って前に進んでいく。

267

指示待ちが前提となっている空気のままでは、**統制管理主義は維持または促進され、失敗を恐れ、挑戦や行動に対して後ろ向きな体質が強化されていく。**とはいえ組織は急には変わらない。人事評価制度を変えるにも時間がかかる。指示待ち、思考停止・行動停止した組織風土を少しずつ変えるにはどうしたらよいのだろう。

▌ 自分たちのことから、自分たちで提案してみる

　まずは小さく、それこそ**あなたの半径5m以内から自分たちで決めて、自分たちで行動する体験を創っていこう。**たとえば、自部署のオフィスのレイアウトを変更する際、どんな仕組みや仕掛けがあったらコミュニケーションが活性化するかなど、自分たちで話し合って決めてみてはどうだろうか。自分たちが成果を出すための環境を自分たちで決める。なんらおかしい点はなく、考えてしかるべきことである。そのためには総務担当者と話をして、現場で決める権限をもらおう。予算は総務部門が握っているにしても、意思決定は現場に任せてもらうのがよい。

> 本棚がほしいです。休憩時間に眺めながら、チームメンバーや他部署の人と対話できて楽しいかも

> 花粉症で春は出社がつらいので、空気清浄機を置きたいです！

> コーヒーサーバーを置きましょう。気分転換にもなると思います！

　こうして自分たちでハンドルを握ってクルマを動かす体験、すなわち自分たちで小さく意思決定をしてものごとを動かす体験をしてみよう。

> **一歩踏み出す！**
> - 自分たちで意思決定して行動する体験を創る
> - 自部署のレイアウトや設備など、半径5m以内の小さなテーマから始める

069 お金を使う経験をする

仕事の仕方

なんでも「タダで」「内製で」解決していないか？

レガシーな組織
徹底したコスト削減主義。お金を使うなんてもってのほか

モダンな組織
時間・人手・能力・知識などが足りない場合、お金を使って解決する

■ コスト削減一辺倒でお金を使おうとしない組織

　前項にて「自分たちで意思決定する体験を」と伝えた。とりわけ、**組織のお金を使う選択や意思決定をしたことがない人も多いと、筆者は全国の職場を見て感じる。**とにかくコスト削減。1円でも安く進める。知恵を絞って、あるいはメンバーの気合い・根性で、なるべくお金を使わない方法を考える。万が一にでもお金を使う場合は、100円の文房具を買うにも部長や社長の決裁が必要。このように、**お金を使うことを躊躇する組織は多い。**

　とりわけ日本の製造業はその発想が色濃い。「安くて、良いモノを、大量に」で成長してきた過去の体験を鑑みると、その合理性もわかる。結果、会社のお金を使ってコトを興した経験のない人が量産されてしまった。中間管理職でも会社のお金を使った経験がない人がいて驚く。

■ 無理・無駄・無茶が常態化する

　コスト削減一辺倒のマネジメントは副作用を組織にもたらす。なんでも

かんでも創意工夫や自分たちの気合・根性でカバーしようとする。そのしわ寄せは現場のメンバーに来る。**長時間労働やサービス残業が当たり前に行われる組織文化、休めない組織風土、耐え忍ぶマインドセットに陥り、そんな自分たちをやがてみじめに感じるように**。職場や仕事に対するメンバーのエンゲージメントも下がり、離職が増える。または心身に支障をきたす人も出てくる。その場の瞬発力で解決する力は養われるかもしれないが、長い目で見ると生産性は下がる。

投資して価値創造する経験や習慣が身につかない

能力のある人や有識者にお金を出してお願いすればすぐ解決するものを、毎度ゼロから考えようとする。それは、自分たちで考える習慣を身につけるにはよいかもしれないが、すべてそれでは時間がかかる。**その組織の本来の価値創出に直結しない事務作業などの管理間接業務は、極力減らすか自動化したほうがよい。**どうしても人手でやらなければいけない仕事はお金を払って外注したほうが健康的である。そうして本来業務や新たな知識習得やチャレンジに時間を割く。それができている組織とそうでない組織とでは成長格差は開く一方だ。「時は金なり」である。

かつ、**お金を使う（払う）行為は社外とのつながり（共創）を生む。**そこから新しい知識や価値観が流れ込み、つねにアップデートを続けていける。自組織だけで解決できない課題も解決しやすくなる。**なんでも自前で済ませようとする過度な内製主義は、社外の人たちとの共創を遠ざけ、課題解決や価値創造をも遠ざけるのだ。**

社員の成長を阻害する

お金を大切にするのは大事だが、それでは社員の、**お金を使ってものごとを解決したり、新たな価値を創造したりする能力がまるで育たない。**イノベーションも生まれにくい。なにより、みじめである。筆者は日本の失われた30年の原因の一つは、中間管理職クラスの投資経験のなさにあると考えている。お金を使ってチャレンジをする経験と能力を得る機会が奪われすぎてしまったのだ。

まずは小さくても、**お金を使う体験をしよう。**そうしないと組織もあな

第6章―― 仕事の仕方でできること

たも成長しない。新規事業創出も、改革も、DXもイノベーションも絵に描いた餅のままである。自力でできること、タダでできることには限界がある。なにより**ケチで野暮ったい組織に意欲的な人は集まらない。**

■ 「お金を使わせてほしい」と進言しよう

上記の副作用を匂わせつつ、お金を使わせてくれと上長や経営陣に進言しよう。「会社の成長のため」「ビジネスパーソンとして成長したい」「皆のエンゲージメントを高めたい」など、**思いや危機感を真摯に伝え、お金を使う権限を手に入れる**（あるいは失われた権限を自分たちの手に取り戻す）。もちろん組織のお金を使う以上、説明責任や成果を出す責任がある。その説明能力やストーリー構築能力も高めていこう。

■ まずは小さくお金を使ってみる

繁忙期に事務作業を外注する、会社の経費で本を買って皆で知識を仕入れるなど、あなたのチームの中で小さくお金を使ってみよう。そしてお金を使ってみて良かったこと、ラクになったことなどを言語化し周りに伝えていく。こうして、お金を使ってものごとを解決する発想や習慣を組織に少しずつインストールしていこう。

どんな目的で、誰に対して、どうお金を使うか。どんなビジョンを持った企業と付き合い、お金を払うか。**お金を使う行為は、いわば組織の意思表示であり、それこそが組織文化を創る部分も大きい。**なにより企業は経済を正しく回す社会的責任がある。コスト削減一辺倒の文化が経済を停滞させ、安売りジャパン、賃金が上がらない日本を創ってしまった部分も大いにある。企業の社会的責任を全うするために、日本の経済を上向きにするために、一人ひとりが組織のお金を正しく使おう。

一歩踏み出す！

- 「お金を使わせてくれ」と進言する
- チーム単位で、小さくお金を使ってみる

主体性の尊重

共創意識

創造主義

挑戦の尊重

仕事の仕方

070
「まずはやってみよう」と提案する

計画と準備の沼で溺れていないか？

レガシーな組織
何かを始めようとするとき、計画や準備にじっくり時間をかける

モダンな組織
まず行動して、そこから知見を得て後から意味や意義を考える

■ 石橋をいつまでも叩き続ける組織

　先日、ある大企業の新規事業担当者の声を聞く機会があった。その企業では、**新規事業とは何かを定義するための議論が1か月以上も繰り広げられていたそうである。**ようやく出てきた定義は、「既存の技術や顧客基盤の利活用を検討する」「ブランドイメージを損なわない」といった点を考慮した、保守的で新奇性もチャレンジスピリットも感じられないものだったと、その担当者は嘆いていた。こうしているうちに他社に追い越されるのではないかと懸念も示していた。

　準備にとにかく時間をかける。認識違いがおこらないよう、曖昧さはとにかく排除する。何か新しいことを始めようとするとき、このように**定義や準備に時間をかける組織は少なくない。**

■ 入念すぎる準備は失敗へのプレッシャーを高める

　石橋を叩きすぎるのも考えものだ。時代に取り残されるだけでなく、**失**

敗を許さない空気感や挑戦を推奨しない体質をつくってしまう。

　もちろん人命に関わる、社会的インパクトが大きいなどの領域や業務においては慎重を期する必要もある。しかし不確実性の高い現代では、**入念に準備をしても予期せぬ出来事は起こる。どうせ失敗するなら早い方がいい。**その方がリスクも小さく済み、再度の挑戦にもすぐに取り組める。

■ 何かを始めるときも、3つの「る」で

　254ページで、仕事を減らすための3つの「る」を紹介した。やめる、振り返る、変えてみる。この3つだ。これは何かを始めるときも同じだ。「やめてみる」を「やってみる」に置き換えて実践してみよう。とりわけ「振り返る」は、実績や前例のないことを始めるときに有効だ。

> 定義にかける時間がもったいないので、まずはやってみましょう

> その後で、定義を検証する振り返りのミーティングをしてみませんか

　振り返りポイントを設けた上で、「やらせてください」と主張しよう。「学習も兼ねて」「新たな知見を増やすために」と一言添えると説得力が増す。外部の経験者や実践者に伴走してもらうのもよい。過去の成功体験や体験談をもとに話をしていても、新しいものごとの定義は進まないし、確かな判断もできるわけがない。まずは体験してみて、そこから新たな知見を得る。後から意味や意義を考える。それが組織の学習プロセスだ。

> **一歩踏み出す！**
> - 3つの「る」で、「まずはやらせてください」と提案する
> - 振り返りポイントを明確にし、体験を知見に変える
> - 不安なら外部の経験者や実践者に伴走してもらう

仕事の仕方

071
「まず30点」で前に進める

なんでもかんでも100点を目指していないか？

レガシーな組織
何事も完璧にこだわる。100点を取るまで先に進めない

モダンな組織
「まず30点」でよしとし、とにかく前に進む。詳細は走りながら考える

■ スピード感のない完璧主義な組織

　石橋を叩いて渡らない組織は、何事にも完璧を求める姿勢が強い。 社内の提案資料の作成一つとっても観点の抜けや漏れがないかを徹底的に検証し、レビューにレビューを重ねてストーリー、論理、そして論拠を徹底的に固める。部門長や役員から受けそうな質問やツッコミもあらかじめ想定し、答えやエビデンスを入念に準備しておく。誤字や脱字があってはならない。資料の言葉遣いや「てにをは」も十分チェックする。100点と言える状態に仕上げていざ役員提案。そんな完璧主義が日常の景色になっている職場も少なくないだろう。

　完璧主義は手堅くかつ安心感がある反面、スピード感に欠け変化にも弱い。**自分たちが100点だと思う計画を時間をかけて練り、いざ実行してみたら周囲の反応は冷たかった。30点にもならなかった。** そのようなこともある。なぜだろう。2つの要因が考えられる。

第6章 —— 仕事の仕方でできること

❶ 時間の経過とともに環境が変わった

　完璧主義な進め方は、いかんせん準備にも意思決定にも時間がかかる。その過程で外部環境が変わってしまった。着想した当初は斬新なアイデアだったが、すでに似たようなアイデアが世の中で形になりもはや陳腐化してしまった。あるいはすでに世の中のニーズがなくなってしまった。変化の激しい現代では、このリスクはますます大きくなっていくだろう。

❷ 他者から見たら不足だらけだった

　どんなによいアイデア、完璧な提案だと思っても、**それは発想者や企画者だけの思い込みかもしれない**。当人たちが100点だと思っていても、他部署の人、社外の人、他業界の人、他業種の人、他地域の人など、特性や属性の異なる人からすれば30点にも満たないかもしれない。

■ アジャイルな進め方

　一方で、とにかくスピード・行動重視の組織もある。**ときに発想や着眼点だけの状態でまず上長やメンバーや外部の専門家と対話。そこからアイデアを形にしていく。提案資料も30点でよしとする。とにかく行動に移す。残りの70点は対話を重ねながら、あるいは実行して経験や体験を増やし、そこから学んで補足または軌道修正すればよいと考える。**

　この行動習慣はアジャイルとも呼ばれる。いきなり完璧を目指すのではなく、トライ&エラーを重ねてより良い形に仕上げていく。小さく試せばその分、早い段階で学びを得ることができ、成功のための糧を得られる。アジャイルな行動にはそのメリットも大きい。筆者は最近では**トライ&エラー改め「トライ&ラーン」と呼んでいる**。トライ&エラーより幾分前向きに聞こえ、100点主義者にも受け入れられやすいのではないか。

　完璧主義とアジャイル。仕事の種類、求める成果などに応じて使い分ければよい。ただ日本の組織は完璧主義の色が強すぎて、準備に時間をかけすぎる組織が多いと筆者は感じている。**30点の段階でもいいから小さく始めてみて、さまざまな人たちと対話し、フィードバックを得つつ発想を形にしていく。**アジャイルな運動能力も鍛えていきたい。

275

柔軟さ

創造主義

挑戦の尊重

アジャイル

■ クイック&ダーティな進め方

　もう一つ、**クイック&ダーティ（Quick&Dirty）という考え方も紹介しておきたい**。完成度は低くてもかまわないから、極力早く形にするスタイルだ。とにかく早くアウトプットする。発想や悩みを自分一人で抱えない。他者の能力や知恵を借りることができ、課題解決が早くなる。組織にないものに気づくことができ、外部の人たちの力も借りやすくなる。

■ 仕事の進め方をカラフルにしよう

　完璧主義な仕事のやり方が苦手でも、クイック&ダーティなやり方は得意という人もいる。やり方を変えた瞬間、突然頭角を現す人も。あなたの職場にも、完璧主義の水が合わなくて低評価に甘んじている人がいるかもしれない。**単一のカルチャーで、本来有能な人を無能扱いしてしまうのは組織にとっても本人にとってももったいない**。多様な能力や意欲を活かすためにも、クイック&ダーティな景色も創ってみよう。成果の出し方をカラフルに！

　あなたの所属する組織でアジャイルな進め方が市民権を得るには、まずはアジャイルという考え方、トライ&ラーンおよびクイック&ダーティの発想そのものを組織の中で発信していこう。

> 今回はスピード勝負なので、トライ&ラーンを重視したアジャイルな進め方をしてみませんか？

> この仕事は、クイック&ダーティで進めましょう

「アジャイルって何？」「トライ&ラーンとは？」「クイック&ダーティってどういうこと？」と聞かれたら、丁寧に意義を説明して差し上げよう。

> **一歩踏み出す！**
> - 「アジャイル」「トライ&ラーン」「クイック&ダーティ」なる言葉を発して、そのスタイルの認知を高めていく

第 **7** 章

働くスタイルで
できること

働くスタイル

072
自由な服装や髪型で出社してみる

理由もなくスーツや制服を強制されていないか？

暑いな……

内勤なのに……

レガシーな組織
服装や髪型の細かい規定があり、内勤者も厳守しなければならない

モダンな組織
服装も髪型も基本的に自由

■ 服装や髪型のルールがある組織

　服装や髪型に細かな規定があり、守らないと非難の目にさらされる職場も少なくない。これは一概に非難できることではなく、そこで働く人たちの受け止め方もさまざまだ。気持ちが仕事モードに切り替わり身も引き締まるので、スーツや制服を積極的に着用したいという声もある。むしろ服装が規定されていたり、制服や作業服を貸与されたりする職場の方が、毎日の服装を悩まずに済むのでラクだと考える人もいる。

　一方で、服装や髪型について会社からとやかく言われるのを窮屈だと捉える人もいる。どこまでおおらかにするかは組織によるところが大きいように、服装や髪型の自由度への捉え方も人それぞれなのである。

■ 服装や髪型に対する受容度も組織文化を示す

　服装の規定に対する評価は人それぞれだが、とはいえ**服装や髪型の規定は社員の主体性の尊重や、企業の価値観や体質を体現しているとも捉えら**

れる。筆者はかつての勤務先であるNTTデータの人たちと今も仕事をすることが多い。かつてのNTTデータは男性社員は黒髪の短髪にスーツ姿の人ばかりで保守的なイメージが強かった。ところが最近になって活動をともにしている部課長や担当者は、茶髪や金髪にカジュアルウェアである。だいぶ柔らかくなってきたと、筆者は好ましく思っている。

　また、筆者が人事部門のアドバイザーをしている日系大手金融機関においても、組織風土改革に対する強い思いを持った人事部門の担当者が数年前にカジュアルウェアの着用を開始した。今では本社勤務者を中心に、部課長もカジュアルウェアが当たり前になるなど、組織の景色が目に見えて変わってきた。そんな時代にスーツ、ネクタイを強要する規定は、やや時代遅れに感じられてしまうだろう。

■ なんとなく決まっているルールに疑問を持とう

　前述の通り、服装や髪型の規定には合理性もあり、自由勝手にしてよいというものでもない。会社組織なる社会の器で働く以上、服装や髪型にもそれなりの節度が求められる。接客や窓口業務がある仕事や営業などは、いわば人が組織の「顔」だ。会社のイメージを統一する目的で制服が存在したり、スーツなどの服装規定が合理的であったりする場合もある。安全上の理由で作業服を統一している企業や職場もある。

　だが安全上や衛生上の理由、または顧客に与えるイメージを統一したいなど特段の意図がない限りは、服装も髪型も自由でいいはずだ。自由な服装や髪型は、発想力、集中力、主体性などを育み、各々が行動、思考しやすい自由度を職場にもたらす。個性を示すこともできて、それがコミュニケーションのきっかけにもなる。

　理由や狙いもなくスーツやネクタイなどが強制されている場合、それはただの縛りでしかない。規定や罰則がないにもかかわらず、なんとなく皆がスーツや制服を身につける暗黙の了解が存在している組織も多い。そういった文化を変えるためには、どうすればよいのだろう?

■ タイミングを見計らって自由な格好で出社してみる

　筆者のアドバイスは極めてシンプルである。**まずはあなたが、自由な髪**

形や服装で出社してしまおう。周りの目など気にする必要はない。あまりに公序良俗に反する服装や髪型でなければ（あるいは清潔感を欠いているものでなければ）、あなたの好きな髪形や服装で出社してしまえばいいのだ。

気が引けるようであれば、**その服装や髪型が合理的である理由をつけられそうなタイミングを狙う**。たとえばチノパンやジーンズにスニーカーで出社したいとする。オフィスの引っ越しやレイアウト変更のタイミングなどを狙ってはどうだろう。荷物の搬入や倉庫整理などの肉体労働が発生するタイミングもよい。「動きやすい服装で来ました」と言える。

あるいは、世の中で自然災害が多発しているタイミング、直後に帰省や旅行の予定があるタイミングなど。**「安全に避難行動ができるように」「そのまま旅行に行けるように」などの理由付けをしやすく、かつ周りの人たちに受け入れられやすくなる。**こうして小さく、職場にカジュアルな服装で出社する文化の風を吹かせるのだ。

■ 権利を行使しつつ、しっかりと成果を出す

ただし、自由な服装で出社した際には、すべきことがある。いつも以上に本気で仕事をして成果を出すことだ。先ほどのNTTデータの茶髪や金髪の人たちも、仕事に対する熱量と姿勢はホンモノだ。高い視座と広い視野、情熱を持ち、社外の人たちもリスペクトしつつ丁寧に仕事を進めている。権利を行使しつつ、誰にも文句を言われない状況を創ろう。

かくいう筆者はいまだに髪の色を染めたことはないが、服装は基本的にセーターやトレーナーにジーンズ、ウォーキングシューズである。地方の講演などでは「そのほうが講演の前後に散策や観光がしやすく、地域にお金を落とすことができますし、地域の魅力も存分に発信できますから！」と言い、押し通している。

一歩踏み出す！

- まずはあなたから、好みの服装や髪型で出社してみる
- 理由をつけやすいタイミングを狙って実践する
- ただしいつも以上の真剣さで仕事に取り組み成果を出す

073 職場の温度を変えてみる

働くスタイル

柔軟さ / 主体性の尊重

「寒い」「暑い」を我慢していないか?

> この職場、寒すぎる……!

レガシーな組織
職場は夏は暑くて冬は寒い。みんな我慢して耐えている

モダンな組織
快適な温度設定で仕事をすることができる

■ 職場が暑かったり寒かったりする組織

「寒い」「暑い」。そんな声が聞こえる職場もある。オヤジギャグが飛び交っているとか、熱量の高い人が騒いでいるとかの比喩ではない。**室温の話である。**実際のエピソードを一つ。筆者はかつて東京都内の企業に勤めていて、今では静岡県浜松市で法人を経営している。**浜松で仕事をするようになった当初、驚いたことがある。職場が寒いのだ。**冬場、妙に寒いビルや事務所が多い。東京で仕事をしていた頃には味わったことがなかったため、なおのこと印象深く心に刻まれた。仕事の空間のみならず、カフェやレストランも冬場は寒くて隙間風を感じるお店も心なしか多かった。

「冬だから寒くて当たり前」。皆そのような感覚なのか、製造業が盛んな土地だけにコスト削減意識や光熱費を節約する同調圧力が強いのか、いずれにしても冬の職場や居室が寒くて驚いた。職場によっては、毛布にくるまったり、分厚いジャケットやコートを羽織って仕事をしている人もいる。**慣れない人は我慢大会の会場に迷い込んだのかと一瞬目を疑う。**

多様性の尊重 / アジャイル

誤解を避けるために断っておくが、浜松に代表される静岡県西部地区や隣の愛知県東部は、比較的温暖で年間を通じて過ごしやすい気候である。それゆえに建物の設計や構造、ひいては温度管理も寒さや暑さに無頓着なのかもしれない。筆者は2月に北海道（北見市）に出張したことがある。気温は氷点下であるにもかかわらず、どこのオフィスやお店も暖かくて、じつに快適に仕事に集中できた。温暖なはずの浜松に帰ってきて「やっぱり寒っ！」と思ったものである。

◤ じつは皆も、我慢しているかもしれない

　この違和感を現地の人たち数人に伝えてみたところ、「ですよね！　私も職場が寒くて（暑くて）つらいと思っていました」と共感の声が得られた。しかし、**皆そういうものだと思って受け入れて耐え忍んでいたらしい**。組織側の光熱費を節約したい気持ちもわかるが、**それで働く人たちの生産性が下がってしまったり、ましてや体調を崩したりしては元も子もない**。実際、体調不良になり休む人もいる。働く人たちの人権を尊重し、快適な職場環境を維持するのは企業の社会的責任である。

　エアコンの温度設定を変えてしまえばいいのだが、節約意識が強い人に睨まれる場合もある。人によって快適な温度設定も異なるため、あなたが温度を上げた次の瞬間、他の人が下げるなど、静かなる闘いが繰り広げられてしまうことも。大型ビルなどで室温設定が集中管理されている場合は、一入居者や一個人の意思で温度を変更できないこともある。なんとも悩ましい。

◤ 職場の温度「さえ」変えられなくて、何が変えられるのか？

　あなたの職場は、自由に温度を変えられるだろうか。「それくらい我慢すればいい」と思うかもしれないが、**こういう小さなところからも「自分の意見を主張してはいけない」「みんなが我慢しているなら自分も我慢しなくてはいけない」体質が醸成されてしまう**。

　皆同じ環境で我慢して当然。職場は寒くて（暑くて）当然。違和感を口にしない。これは製造業的、全体主義的、かつコスト削減主義的マネジメントの悪しき一面でもある。ダイバーシティ＆インクルージョンにも逆行

する。各人の適温の違いから、自分の感覚が正しいとは限らないと気づき、他者へ配慮する意識も生まれてくるだろう。

なにより自分たちの生産性が上がる「勝ちパターン」を実践し、心地よく成果を出せるようにすることが組織が望んでいることでもある。そのためには主張と行動が必要だ。おとなしく黙っていては何も変わらない。

◾ 「寒い」「暑い」「つらい」と正直に言おう

「職場が寒くて／暑くてつらい」「生産性にも体調にも良くない」

これを正しく主張しよう。前述の通り、筆者の違和感に共感し「じつは寒くてつらいと思っていた……」と本音を言ってくれた人もたくさんいた。なんのことはない、誰も主張していなかっただけなのだ。夏は暑く、冬は寒くて当然。皆耐えて当然。そんなことはない。「寒くて（暑くて）つらい」の一言から、個人が主張できる体質を組織に育んでいこう。

◾ 室温を理由に堂々とテレワークする

テレワーク可能な人であれば、いっそ**寒さや暑さを理由に積極的に自宅で仕事する権利を行使しよう**。何か言われたら、毅然とこう伝える。

> オフィスは寒くて無理です。体調を崩します

> 職場が暑すぎます。熱中症になりたくないので

いずれも正当な理由である。会社側も少しは室温や職場環境に課題感を感じてくれることだろう。テレワークできるよう、仕事のやり方やプロセスを見直してくれるかもしれない。なお、当社のセカンドオフィスは陽当たりのよいビルの窓側にかまえているおかげで冬でも暖かく（浜松市の年間日照時間は全国トップクラス）、もの書きの仕事にも集中できている。

一歩踏み出す！
- 職場が「寒くてつらい」「暑くて体調を崩す」と主張する
- 気温を理由にテレワークを主張する

働くスタイル

074
職場に音楽をかけてみる

音楽を聴くことが不真面目とされていないか？

レガシーな組織
内勤であっても、音楽を聴きながら仕事をするなんてもってのほか

モダンな組織
音楽を聴きながら仕事をしていても何も言われない

▌ 音楽を聴いて仕事するのが不真面目とされる組織

　イヤホンをつけて好きな音楽を聴いて仕事したり、フロアに音楽を流したり。**音楽を聴きながら仕事をすることができる職場もある。一方で、「音楽を聴きながら仕事をするなんて不真面目だ」と言う人もいる。**もちろんお客さんと接する職場においては、フロアのBGMはともかくとして個々がイヤホンで耳を塞いでいては何かと都合が悪い。異音を察知して危険を回避しなければならない現場では、音楽が雑音となり安全・安心を妨げるリスクにもなりうる。「耳を塞がれていると話しかけにくい」など、コミュニケーションの阻害を指摘する声もあるだろう。

▌ 職場で音楽を聴く／流すメリット

　職場で音楽を聴いたり流したりすることについては、賛成、反対、いずれの意見にも合理性がある。聴覚にも個々の特性があり、音楽が流れていると仕事に集中できない人もいる。そのような人たちへの配慮も必要だ。

第**7**章 —— 働くスタイルでできること

その上で、ここでは音楽を聴きながら仕事をするメリットに注目したい。

- 集中力が高まる
- 音楽に合わせて、作業をリズミカルに行える
- 曲の長さに合わせたタイムマネジメントがしやすく生産性が上がる
- リラックス効果をもたらす
- 活気ある行動や動作を誘発する（曲につられて歩行速度が速く／遅くなるなど）

個人がイヤホンで聴く場合は個の尊重。フロアで音楽を流す場合においては全体の場創り、雰囲気創りなどの意義もある。「音楽を聴きながらのほうがPC作業が捗る」「思考が行き詰まったとき、音楽を聴きながらお茶を飲むとリフレッシュできて新たな発想が浮かぶ」などの声もある。

工場でも音楽を流していることがある。曲に合わせてテンポよく作業を行うことができ、曲と作業のズレが発生することで生産の遅れやトラブルを皆が認識しやすくなる。異常発生時や、進捗遅れが生じているときにはアップテンポの曲を流し、危機感や緊迫感を高めている現場もある。このように、音楽には人の行動を促す効果もあるのだ。

■ シーンとした職場がもたらす体質

とくに大きいのがコミュニケーションにおける効果だ。**一切の物音がしない環境では、仕事で疑問があったときやトラブルが起きたとき、隣席の人に相談するのも憚られる。**会話が周囲に筒抜けになってしまうからだ。最悪の場合、「そんなことも知らないのか」「何をやっているんだ」などと思われるのを恐れ、ミスを隠したり、独断的な行動をしたりする体質に変わっていく。話す際は別の場所や個室に移動するなど、おのずとクローズドなコミュニケーションが主体となっていく。当然、情報の共有もなされないだろう。望ましくないさまざまな体質を生み出していく。

その点、BGMがあったほうが人々の気持ちは明るくなり、コミュニケーションが誘発されたり、リラックスして仕事に集中できたりするメリットがある。音楽を聴きながら仕事ができる環境や空気を創っていきたいなら

ば、次の2つを試してみてはいかがだろう。

上位者が不在のときに音楽を流してみる

音楽否定派の上位者に、面と向かって音楽の効果を力説しても受け入れてもらえないかもしれない。また、皆が忙しくギスギスしているときに「音楽を流しましょう」とは言いにくいだろう。ましてや、突然イヤホンをして音楽を聴き始めたら、協調性のない人、空気を読まない人と思われイヤな顔をされてしまうだろう。そこでまずは、下記のようなタイミングで提案して職場で音楽を嗜む文化を育んでみてはどうだろう。

- 上位者が休暇や出張で不在のときに「音楽でもかけましょうか」と言って、やわらかめの音楽を流してみる
- 繁忙期が一段落した頃合い、お盆時期など仕事が少なく穏やかなムードなときを見計らって「たまにはリラックスしませんか?」と音楽を流す

歌のない音楽を流してみる

職場の音楽を拒む人の中には、歌詞が気になるという人もいる。言葉が情報として頭に入ってくるから思考や作業を邪魔してしまう。そこでまずは、歌のない**インストゥルメンタル(クラシック音楽など)などから流してみよう。**最近ではスターバックスコーヒーの店内や、ホテルのフロントや客室で流れている曲を厳選した「BGM集」も発売・公開されている。「スタバっぽいBGMを流しましょう」などと切り出し、流してみるのもよい。「たまには、こういうのもイイね」と、そこから理解が生まれ、個人で音楽を聴きながら仕事をしても文句を言われない文化を創れるかもしれない。なお、筆者はこの原稿をアニメ「ゆるキャン△」のサウンドトラックを聴きながら書いている。

> 一歩踏み出す!
> - 上位者の不在時や、仕事の閑散時期などに、やわらかめの音楽から流してみる
> - 歌のない曲をBGMとして流してみる

075
サードプレイスで仕事してみる

働くスタイル / 柔軟さ / 共創意識 / 多様性の尊重 / 越境学習

職場と自宅以外で働く選択肢があるか？

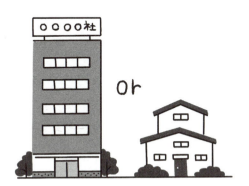

レガシーな組織
職場や自宅以外での勤務は一切認められない

モダンな組織
コワーキングスペース、図書館、宿泊先などでも勤務できる

■ サードプレイスを活用する組織

　働く環境も主体的に選択したい。日本の企業においても、テレワーク・リモートワークなど職場以外の場所で勤務する働き方が一定の広がりを見せてきている。**自宅や帰省先などに限定せず、コワーキングスペースや宿泊施設などでの勤務をよしとする企業もある。**

　勤務先でも自宅でもない第三の場所を「サードプレイス」と呼ぶ。タレントマネジメントシステムを運用・提供している株式会社カオナビのサイトによると、その定義は次の通り。「自宅や学校、職場でもない、居心地のよいカフェ等の『第3の場所』のこと。アメリカの社会学者レイ・オルデンバーグが提唱しました。ストレス社会において、ゆったりとリラックスできる場所を持つことで、責任感などから解放され、人生のさまざまな面でメリットがあるとされています」。

　サードプレイスを活用して普段と景色を変えることで、個人の作業に集中できる。あるいは発想や構想に集中できる。複数名でサードプレイスを

活用する場合、日常の仕事を忘れ、カジュアルな雰囲気でグループワークやアイデア出しが捗る。このように、さまざまなメリットがある。

◤ 偶然の出会いも誘発される

サードプレイスを活用するメリットはそれだけではない。**社外の人たちとの偶然の出会いが生まれ、そこから共創に発展することがある。**

- 課題解決のための社内会議をしていたら、たまたまそのテーマに詳しい企業の人たちが近くにいて協力してもらえることに
- 若手社員を集めたグループワークをしていたら、隣の部屋に他社の若手社員が複数名いて意気投合し、交流することに
- 新規事業を検討するミーティングをしていたところ、顧客ターゲットとなり得る層の人たちがそこにいてさっそく意見を聞くことに

このような出会いは珍しくない。筆者も何度も体験したことがある（もっとも印象的なのは、奥浜名湖沿いの無人駅で「写真を撮ってください」とお願いした人がたまたま地域の経営者協会の理事。そこから雑談が弾み、その流れで講演の仕事を依頼された）。

ナレッジワーカー（知的生産物の創造に携わるビジネスパーソン）はもっと外に出たほうがいい。事業所か自宅で勤務し、外出と言えばたまに社外の展示会やイベントに参加する程度。それで新たなアイデアや柔軟な発想が生まれるだろうか。能力や意欲を持つ外の人と出会えるだろうか。

先述のようにサードプレイスには、内向きの体質を変え、偶然の出会いをきっかけに社外との共創体質が生まれていく効果もある。イノベーションを起こしたいならどんどん外に出よう。

◤ 手始めに、チームで外に出てみよう

とはいえ、「社外だと、サボるのでは？」と疑いの目を光らせる管理職もいるだろう。いきなり一人で外に出るのは勇気がいるかもしれない。であれば、**チームでサードプレイスに出てみよう。**コワーキングスペースの会議室や宿泊施設などを借りて業務合宿や研修会を実施してみる。管理職

第 7 章 ── 働くスタイルでできること

同席のもと、チームで社外の施設で仕事をしてみる。こうしてチームごと外に出てしまえば、管理職や仲間の目もお互い行き届く。管理職も社外で仕事をする体験をすることで、その良さに気づくかもしれない。

マネージャーとメンバーの1on1や、顧客との相談をサードプレイスで行うのもよい。オフィスでは人目が気になり話しにくいことも、サードプレイスであれば打ち明けられたりもする。

■ 安全性が高い施設を活用する

一方で、情報漏洩のリスクなどを懸念し「個人の作業を外で行うのはちょっと……」とおよび腰になる企業もあるだろう。その気持ちはもっともだ。カフェなど不特定多数の人が集まる場所での勤務が不安な場合は、**信頼できる企業や公的機関が運営する会員制の施設を利用するのもよい。**MYOKO BASE CAMP（新潟県妙高市が運営するテレワーク研修交流施設）など、行政機関が運営し、なおかつチームでの業務合宿や検討会を実施するのに相応しい施設もある。浜松いわた信用金庫が運営するFUSE（フューズ）など、地域の金融機関が運営する会員制のサードプレイスも増えてきた。そのような信頼できる施設を利用してみるのもいいだろう。せっかくならチームで安全・安心な状態で体感しつつ、サードプレイスの有用性を実感しよう。

写真:MYOKO BASE CAMP

> 一歩踏み出す！
> - チームの業務合宿や研修会などをサードプレイスで実施してみる
> - 公的機関などが運営する施設を利用して安全に仕事をする

076 ワーケーションを実施してみる

働くスタイル

会社以外で働くことを「遊び」と思われていないか？

レガシーな組織
ワーケーションなどもってのほかで、理解が得られない

モダンな組織
ワーケーションに意欲的。個人やチームでたびたび実践している

■ ワーケーションを実践する組織

　働く場所に関連して、もう一つ。**ワーケーション（Workation）という言葉を知っているだろうか**。仕事（Work）と休暇（Vacation）を組み合わせた造語であり、テレワーク等を活用し、普段の職場や自宅とは異なる場所で成果を出す新しい働き方を言う。前項で紹介したサードプレイスの活用と似通っている部分もあるが、サードプレイスはごく身近な普段と景色を変えられる場所と捉えられることが多いのに対して、ワーケーションはより遠方かつ泊まりがけで行くイメージを持たれやすい（もちろん近場かつ日帰りでのワーケーションもありだ）。

　日本でも近年の観光庁による後押しもあり、ワーケーションを実施する企業や個人が徐々に増えてきた。パーソル総合研究所が2023年9月に公開した、およそ10万人を対象にした調査によると、ワーケーションを経験した人の割合は17.4％にのぼる。筆者および当社と一部の顧問先も、個人作業やチームの業務合宿などでワーケーションを実践している。

第7章 —— 働くスタイルでできること

■ ワーケーションとは「景色を変える」こと

　平日にレジャーを愉しんだり、休日に働いたりする制度のように捉えネガティブな反応を示す人もいるが、大きな誤解だ。**ワーケーションは一言でいうなら「景色を変えて成果を出すための選択肢」だ。** 普段とは違う場所で、違うテーマやメンバーで、または普段とは異なる関係性（上下関係ではなく普段着でオープンな心持ちかつフラットな関係性など）で仕事をする。そうやって景色を変えるための最適な手段がワーケーションだ。テレワークができる人たちの特権でも雅な息抜きでもない。テレワークが一般化する前から、幹部合宿や業務検討会といった催しを湘南国際村や伊豆箱根など、都市部近隣のリゾートホテルや研修施設で実施していた企業もある。

■ ワーケーションが生み出すさまざまな成果

　ワーケーションの成果とは、目先のアウトプットだけを意味しない。もちろん普段とは異なる環境で個人作業に集中して直近の成果を出す人も大勢いる。しかしそれだけではなく、たとえば自然の中の小径を散策して新たな発想を得るなど、**中長期的な未来の成果につながることもある。** チームで業務合宿をする場合は、ワーケーションによって日常の喧騒と通常業務から離れてテーマに集中できるメリットがある。短期的な課題を解決するための検討ももちろん、中長期的な課題やチームのミッション・ビジョン・バリューや目指す姿など近未来の話をしやすい。

　またいつもとは異なる環境でお互いの自己開示や相互理解が進み、メンバー同士の関係性や協力関係などに変化をもたらす。 このような変化も中長期的な成果につながるものと捉えることができる。筆者も中山間地や海辺の町などに異なる複数の企業の経営者や管理職、若手などを集めた越境プログラムを企画支援し、登壇することがあるが、ネットワーキング（参加者同士の相互理解と交流）も捗り、学習効果も高いと実感している。

■ 短期的な成果を求めるのは野暮ったい

　上記の通り、ワーケーションにはさまざまな成果と変化をもたらす効果があり、それを裏付ける調査結果も世の中には公開されている。あなたの

柔軟さ

共創意識

多様性の尊重

越境学習

291

組織でまだ導入がされていないのなら、ワーケーションを実践したい（または ワーケーションプログラムに参加してみたい）と提案してみよう。しかし、ワーケーションを現場から提案した際、管理職や経営層から決まって繰り出される言葉がある。**「それで成果が出るの？」**だ。そんな目先の成果だけをしつこく問う人たちにこれだけは言いたい。**ワーケーションに即の成果を求めるのは、ズバリ、野暮ったい。**

たとえば長野県の軽井沢などは、最近ではワーケーションや多拠点居住の土地として名を馳せている。軽井沢のような土地は古くから別荘地としてにぎわい、企業エグゼクティブや起業家、投資家、クリエイターなどが集い、お茶やお酒を酌み交わしながらサロンのような交流や意見交換、ときに未来に向けた意思決定が行われてきた。ワーケーションのような取り組みが当たり前に行われていたのである。都心とは離れた静かな環境で（ときに秘密裏に）さまざまな人と出会い、知の創造や共創が行われる。その景色が創造性の高い人たちを惹きつけ、文化度を高めてきたのだ。

ワーケーションのような文化度の高い取り組みを行っている企業や地域の人たちに、「それで成果が出るのか？」などと問うのは野暮であり、それこそ組織体質の文化度の低さを露呈するようなものだ。もし経営幹部や上長に目先の効果だけを聞かれ続けたら、「ワーケーションに目先の成果や効果を問うのは野暮ったいです」「自社を野暮ったい組織だと思われたくないです」と笑顔で返してみるのもよい。

■ 複数名で体験してみる

あなた一人では平日に業務扱いでワーケーションを実践しにくいかもしれない。自社の人たちからワーケーションに対する理解を得たいならば、前項のサードプレイス同様、**チームのマネージャーや同僚、あるいは他部署の人たちなどと複数名でワーケーションを実施してみよう。**ホテルの会議スペースやコワーキングスペースを借りて、それぞれ作業したり、他社や自治体が実施するワーケーションプログラムを体験したりするのもよい。

■ 業務合宿や研修をワーケーションで行ってみる

業務計画をするための会議や、新年度のキックオフミーティング、ある

第7章 —— 働くスタイルでできること

いは研修を郊外のワークスペースや研修施設、宿泊施設などで行ってみる。最近では新潟県妙高市や長野県立科町など、担当者が相談に乗ってくれたり、チームでのワーケーションの企画を支援してくれたり、施設を紹介または手配してくれたりする自治体もある。

■ 社会的な意義を伝えてみる

ワーケーションには、都市部に集中したお金を地方に落とす意味もある。日常的にワーケーションを実施している企業や個人は、常日頃から地方都市の経済活性に貢献していると言える。ワーケーションには社会的な意義もあるのだ。チームでのワーケーションを提案する際、会社として地方都市の経済活性に貢献する意義があることを強調してもよい。あなたが地方都市の出身なら、その都市でのワーケーション合宿を提案してみてはどうだろう。「私の地元の地域活性にご協力をお願いします！」の一言を添えれば、その都市でワーケーションを行う前向きな意味が生まれる。

■ 体験しないと、良さはわからない

「ワーケーションは体験しないと効果がわからない」

長崎県在住のライターであり一般社団法人日本ワーケーション協会の理事も務める古地優菜氏はこう語る。筆者も実践者として大いに共感する。もちろん組織や人によって合う／合わないはあるが、食わず嫌いをせずに、なおかつ目先の成果だけをとやかくいうのではなく、まず体験して、それから判断する。その行動こそが組織を成長させる。**まずは体験してみる。それができる組織は文化度が高く、かつ野暮ったくない。**なおこの原稿は飛騨高山の宿でワーケーションしながら執筆した。ああ、捗った！

> 一歩踏み出す！
> - 会社やチームの仲間とワーケーションを体験してみる
> - 業務合宿やキックオフ、研修をワーケーションで企画する
> - 地方経済活性の意義を添えて提案してみる

293

働くスタイル

077
活動しやすいリズムを主張する

特定のリズムに振り回されていないか？

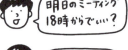

レガシーな組織
働き方のリズムが特定の世代、特定のライフステージの人の都合に偏っている

モダンな組織
育児、介護、通学など、さまざまなライフステージの人のリズムが尊重される

■ 働く時間帯が遅い組織

　働く場所の次に考えたいのが、働くリズムである。勤める人たちの平均年齢が若い、とあるベンチャー企業での話。経営陣は全員30代で、社員も20〜30代かつ単身者が多い。若くて活気やスピード感があるのはよいが、その一方で**全体的に朝の始まりが遅く、夜も遅くまで仕事をしている人が多い。**ある部署では11時に出社する人も。それでもまだ早い方で、13時くらいに出社して22時近くまで勤務する人もザラだという。

　会社が小規模なうちはそれでもよいだろう。本人だけで完結する個人作業に取り組む分には問題ない。似通った行動特性、ライフステージの人たちが共通の心地よい時間やリズムで仕事をする。その方が効率もよい。ところが、**関わる人数が多くなるとそうもいかなくなる。**「全体的に朝も夜も遅すぎて、家族持ちにはつらい……」。このベンチャー企業に勤務する40代社員の痛切な声である。他には、次のような声も。

第7章 —— 働くスタイルでできること

- 午後にならないと確認や回答をしてもらえない
- 夕方に会議を入れられる
- 夜遅くに仕事を振られる

　いずれも子育てをしている人、家族が朝型で動いている人、夜に学校に通っている人、通院している人、複業や兼業をしている人などにとっては大きな負担になる場合がある。

　地方支社勤務、あるいは地方都市在住のためリモートワークで都市の企業に参画している人で、夜型の勤務リズムのつらさを訴える人も少なくない。規模にもよるが地方都市は大都市と異なり、スーパーマーケットや飲食店、医院などが夕方の早い時間に終わってしまうところが多い。東京都心、および若手（とも限らないが）の夜型の勤務リズムに引っ張られてしまうと、買い物も外食もできなくて詰む。遅くまで働くビジネスパーソンに寄り添った延長保育などのサービスがある地域も限られている。インフラやサービスそのものが、地域の主力産業、たとえば製造業や農業などに合わせて朝型で設計されているためだ。

同質性が高い組織は少数派のつらさがわからない

　大多数の人が都市部在住、単身者、健康体、専業者など、ライフステージやライフスタイル、および体のコンディションなどの同質性が高い組織ほど、悪気なくマイノリティ（少数派）の気持ちやペイン（痛み）がわからない。そして当たり前のように、マイノリティの人たちやその家族にとって窮屈なリズムで活動が行われることがある。

　マイノリティの本人たちも声を上げればいいのに、「これが組織の文化だから」「当社のカルチャーだから」と思い込んであきらめてしまう。または生活リズムを崩して、体調に異常をきたしたり、家族関係がギクシャクして退職する人もいる。そしてさらに組織の同質性は高まり、思考や価値観も凝り固まっていく。この悪循環は組織も本人も幸せにしない。

　「当社のカルチャーだから」とあきらめていては何も変わらない。それに、あなたと同じ境遇で苦しんでいる人が他にもいるかもしれない。あなたの後に入った人が同じ苦労をするかもしれない。それは組織が望むところで

主体性の尊重

共創意識

フラットな関係

多様性の尊重

はないであろう。

「やりにくさ」の声を上げよう

今の仕事のスタイルやリズムのやりにくさ、そして自分が活動しやすいリズムを正しく周りに伝えよう。 マネージャーとの1on1で、知っておいてほしいこととして伝える程度でもよい。または、あなたと同じライフステージに居ると思われる他部署の人と話をして一緒に声を上げるのもよい。前述の通り、組織の意思決定者やマジョリティ（大多数の人たち）に悪気はない。自分たちとは異なるライフステージの人たちの気持ちや感覚を知らないだけで、言えばわかってくれる可能性も高い。とにかく言おう。世の中そんなに、わからずやだらけでもないのだ。

自分のスタイルを貫く

または、**何も言わずにあなたのリズムを実行する。** 周りが朝遅かろうが、夜遅かろうがおかまいなし。朝早めに仕事を開始して、夕方には「お疲れさまでした！」。夕方や夜の会議招集についても **「子どものお迎えがあるので私は出席できません。後で議事録を共有してください」** など主張して流す。就業規則の範囲内で、自分や家族に最適なリズムでの働き方を貫くのだ。無理して他のライフステージの人たちの動きに合わせる必要などない。行動によって「私はこういう人です」と示す。それが周囲に対する多様性への理解を促し、組織体質の文化度を上げる最速の道である。

健全なライフスタイルは心身の健康を促す。それは仕事の成果にも良い影響を及ぼす。**周りに合わせなくても、結果を出せばいい。そうすれば、誰もあなたのスタイルに口を挟まないはずだ。** なぜなら組織があなたに期待するのは、成果を出すことなのだから。

一歩踏み出す！

- 「やりにくさ」の声を正しく上げる
- 何も言わずに、自身に最適なリズムで行動する

078 業務時間外の予定を尊重する

働くスタイル

業務外の予定や事情への配慮があるか？

レガシーな組織
業務時間外の予定を公開するのは憚られ、予定があっても残業を命じられる

モダンな組織
業務時間外の予定も堂々と公開でき、なおかつ尊重される

主体性の尊重／共創意識／多様性の尊重／越境学習

■ プライベートの話がしづらい組織

　前項で自身に最適なリズムで働こうと提案したが、なかには**メンバーのプライベートの予定を考慮せず、残業を強制してくる組織もある。**その背景にあるのは、個々人の業務外の時間に対する無関心、配慮のなさだろう。あなたの職場は業務時間外の予定を話せる環境だろうか。プライベートな予定を堂々と主張し、残業や出張の要求を断ったり代替手段を話し合ったりすることができるだろうか。これまた組織によるところが大きい。

「職場でプライベートの話をするなんてもってのほかだ」
「仕事を最優先すべき。業務外の用件は主張してはいけない」
　このような考え方の人たちもいる。あるいは、こう考える人も多い。
「業務時間外の予定があるとヒマだと思われて仕事を増やされるのでは」
「出世に影響するのでは」
「責任ある仕事や、やり甲斐のある仕事を任せてもらえなくなるのでは」
　こういった不安から、職場で業務時間外の予定を一切話さない人もいる。

上記のような不安を抱える人が多い職場では、プライベートの話は一切されなくなる。予定がわからないのだから、上長や同僚は悪気なく残業前提で仕事を振ってくる。業務時間外の会議も平気で入れてくる。このような文化や慣習は個のリスペクトを阻害するばかりか、自社都合ばかりを優先する独り善がりかつ内向き体質を助長しかねない。

■ 業務時間外の予定軽視は企業イメージも下げる

本人が妥協すればいい……だけでは済まされない。社外の人たちの、あなたやあなたや会社の評価を下げてしまうこともある。**あなたの周りにもいないだろうか。「ごめん、定時後に会議が入った……」「休日出勤を入れられてしまった」と、約束した予定をよくキャンセルしてくる人が。**仮にその人が社外の勉強会やコミュニティに参加することになっていたとする。突然欠席されると、会の運営者や学び合う仲間に迷惑がかかる。

「あの会社は自社の都合を優先して、社外に迷惑をかける社風なんだ」

よほど緊急度の高い仕事が入るならさておき、常習のように「会議を入れられました」「残業を押し付けられました」などの理由でドタキャン（土壇場でキャンセルする行為）を繰り返すと、本人の信頼はもちろん、その会社の企業イメージも悪くなる（だからといって社名を隠して参加すればいいという問題ではない）。筆者もかつて、業務時間外の有志の勉強会コミュニティをいくつか運営したことがあった。**しかしドタキャンする人たちに耐えかね、今では業務時間内に会社の時間とお金を使って本気で参加する人たちのコミュニティしかやらなくなった。**

■ 仕事はあくまで人生の一部である

今はパラレルキャリアの時代だ。会社が個人を一生養ってくれる時代は終わりつつあり、会社の外の接点や交流も大切にし、学び続けていかないことにはやがて路頭に迷うリスクもある。そのため業務外に勉強会や地域コミュニティに参加したり、複業・兼業をしたり、学校に通ったりと、自己研鑽に勤しむ人は少なくない。もちろん家族や友人との時間を大切にしたい人もいる。会社以外の時間も、その人の人生の大事な一部だ。**社員とはいえ、その人の時間を1社や1組織だけで独占するのはいかがなものだ**

ろうか。その企業の体質に疑問符を投げかけ、変えていきたい。

■ 業務外の予定も堂々と主張する

　予定は見える化しないと、他人に伝わらない。業務時間外の予定を、あなたから堂々と主張し始めてみてはどうだろう。**社内で使用しているスケジューラ（OutlookやGoogleカレンダーなど、社内共通の電子スケジュール管理ソフトウェア）に「勉強会あり」「家族との約束あり」など書き込んで予定をブロックする**。あるいは「今日は社外のコミュニティに参加するので定時で上がります！」と声に出して言う。筆者のかつての職場の同僚は「重要な私用」なる予定をたびたび業務時間外に入れていた。それくらいやってもいい。自分の予定は自分で守ろう。案外、今まで誰も主張しなかっただけで、予定を公開してみるとすんなり受け入れられるケースも少なくない。あなたがまず風穴を開けてほしい。

■ 社外に迷惑をかけている意識を持ってもらう

　それでも強引に予定を入れてこようとする人には「企画者に迷惑をかけてしまうので……」と主張して交渉する。やがて一人、また一人と自分のプライベートな予定を公開し、主張および交渉する人が出てくるであろう。
　また、あなたの周りで急な仕事を理由にドタキャンを繰り返す人に対しては、次の言葉を浴びせてほしい。

> なぜ予定があると社内の人たちに言わないんですか？　こちらの予定も大事にしてください

> あなたの会社のイメージ、最悪ですよ

言われてはじめて、自らの無礼に気づく人もいるだろう。

> **一歩踏み出す！**
> - 業務時間外の予定を堂々と公開し、主張してみる
> - 社外に迷惑をかけている意識を持ってもらう

079 定時前に早上がりしてみる

働くスタイル

生産性が低い状態で定時まで働いてないか?

今日の分の作業、終わったー!

でも定時まで、まだあと2時間もある……

レガシーな組織
特段することがなくても、早く帰るのは気が引ける

モダンな組織
特段の理由がなくとも、個人の裁量で早上がりできる

■ 定時前に帰りにくい職場

　自分の仕事が終わっているのに、突発的な業務が発生したわけでもないのに、周りが大きなトラブル対応などに追われているわけでもないのに、**早退はおろか定時キッカリに帰ることすら憚られる組織もある。鐘がなるまでは職場にいなければならない。それがルールだからだ。**

　もちろん時給制で雇用されており、時間が減ると手取りが減ってしまうなど諸々の制約条件がある人もいるだろう。しかし**特段することがないのに、あるいは生産性が上がらない状態なのに職場に居続けていてもいいことはない。**皆に等しく同じ環境や条件で成果を出させようとする統制管理型マネジメントの負の側面である。筆者が新人時代を過ごした職場も帰りにくい雰囲気が蔓延しており、することがないのに職場に居残る消化試合が散見されていた。じつに無駄かつ理不尽だと思ったものだ。

　帰りにくい職場の背景には、さまざまな要因や慣習が存在する。

第**7**章 —— 働くスタイルでできること

- 職場全体に仕事に対する計画性がない
- 仕事の全体像を誰も把握していない
- マネージャーや顧客が仕事の優先順位を付けられない

「何かあったときのために」「突然仕事や指示が降ってきてもいいように」職場に居続けなければならない。時間で賃金や評価が決まる給与制度や人事評価制度、契約形態も、早上がりしにくい職場風土の醸成に一役買っている。**仕事の効率や生産性を考慮しない、ルールありきの行動様式は、個々人の主体性を損なってしまうし、横並び主義な体質を助長する。**

■ 時間を無駄にしてはいけないメンタリティが仇に

上記のような要因以上に筆者が問題に感じているのは、**一分たりとも時間を無駄にしてはいけないメンタリティだ。**それが、たとえ自分の仕事が終わっていても、気分がのらなくても人を定時まで職場に縛り付ける空気を創っているように感じる。**「その場にいる時間＝仕事の成果を出している時間」ではない。**生産性が低い状態のときは、早く帰って休んだほうが翌日以降の成果につながる。長い目で見て賢明だ。その空気をあなたの行動から創っていこう。そのためにできることを3つお伝えする。

■ 「これ以上いても意味がない」と明るく伝える

どうしても体調がすぐれないときや、やる気が出ないときなどは、その旨を伝えて帰ろう。ポイントは、明るく伝えること。**「今日はどうもやる気が出ない……」「ちょっと疲れすぎてしまっていて、もう頑張れません……」**などと呟いた後に「明日から頑張ります！」と明るく言う。自分の仕事が終わっているなら「本日のタスク完了！」と宣言する。

筆者がかつて勤務していた職場に、モーレツ型の課長がいた。あるとき彼が1週間の休暇を取得して沖縄旅行に行った。休暇明け、仕事モードに切り変わらなかったらしく「仕事する気にならない……」「ダメだ、今日は帰る！」「明日から本気出す！」と言いながら、珍しく明るいうちに帰っていった。筆者を含むチームメンバーは微笑ましく思ったものだ。

柔軟さ

主体性の尊重

創造主義

多様性の尊重

301

■ その代わり翌日は本気を出して、その成果を発信する

存分にリフレッシュしたら、心機一転、**翌日は仕事に集中しよう**。そしてその変化と成果も周りに明るく発信しよう。

> 今日はかなり集中できました。昨日、早上がりして休んでよかったです！

> やっぱり前日によく眠ると、集中できますね！

やがて「早上がりするのは翌日にいい仕事をするための戦略の一つ」「たまには早く帰るのも悪くない」といった認識が生まれ、早上がりがその職場で市民権を得られるようになる。

■ 普段から「区切り」を発信する

普段から、定時にかかわらず仕事の区切りを発信するのも効果的だ。

> 今日はいいアイデアが出たので、続きは明日！

> 提案書、半分書き上げました。明日、後半を仕上げます！

メールやグループチャットなどで、今日やったこと、明日やることを箇条書きにして送信して、周りの人たちに区切りを伝えて退社するのもよい。

いずれも申し訳なさそうにするのではなく、明るく伝えよう。それが自分のスタイルであると、堂々または淡々と振る舞う。あなたの仕事を管理するのはあなただ。やるべきことをやっているなら引け目を感じることはない。成果を出すためのセルフマネジメントを実践しているのだから。

> 一歩踏み出す！
> - 「今日はやる気が出ない」「本日のタスク完了！」など明るく伝えて早上がりする
> - その代わり翌日は本気を出し、その成果を明るく伝える

080 堂々と休めるようにする

働くスタイル

柔軟さ／主体性の尊重

休暇を取りづらい空気が濃くないか？

休んでるヒマなんてないよねー

そうですね（いや、僕は休みたい……）

レガシーな組織
周りの目が気になり休暇を取得しにくい。休暇中や退勤後も仕事の連絡が来る

モダンな組織
堂々と休暇を取ることができ、連絡が来ることもほとんどない

創造主義／多様性の尊重

■ 休みをとりづらい組織

　日本人は休むのが苦手と言われることがある。昭和時代のモーレツ型企業戦士（自身や家庭などを犠牲にしてまでがむしゃらに働くスタイル）の名残か、「皆頑張っているんだから」なる同調圧力からか、生来の生真面目な気質からなのか、ただ単に休んでもすることがないからか、さまざまな背景が折り重なって休みを取りにくい風土が形成されてしまっている。

　もちろん業界や職種によっては人手不足が慢性化していて、休みを取るにも取れない事情もあろう。かくいう筆者が新卒で勤めた会社は、**有給休暇はおろか代休の取得すら許されない文化**だった（筆者は耐えかねて転職したが）。

　近年は法制度の整備が進んだのもあってか、ひと昔前に比べたら有給休暇も長期休暇も取りやすくなってきた。とはいえ、今なお周りの人たちの目が気になって休暇を取得しにくい職場は存在する。休みが必要なときに休みづらい。その状況は働く我々の心身の健康に悪影響を及ぼす。それば

303

かりか「みんなも我慢しているから」といった不健全な同調圧力強めの組織体質をも助長する。

■ 休むキャラになろう

　堂々と休める空気は、一人の行動からでも創れる。そこで、まずはあなたが率先して、**毎年1週間程度の長期休暇を計画的に取得してみよう**。「私は毎年、この時期に1週間休んで旅行をする人です！」と。いわば自分の文化を体現する。やがて周りに「そういうことができる人だ」と思われるようになり、何ら違和感なく受け入れられる。かつ、休みたい人が声を上げて堂々と休めるようにもなる。自分が率先して休むキャラになるキャラ創りも、堂々と休める組織文化を創るためには重要なのだ。

事例紹介

四半世紀、毎年意思を持って長期休暇をとる人

筆者の組織改革の同志でもある椎野磨美氏（株式会社KAKEAI チーフエバンジェリスト）は20代の頃から四半世紀の間、毎年5月に1週間以上の休暇を取得しハワイ旅行を愉しんでいる。計画を周囲に知らせておけば、休暇を取るための準備をすることは十分可能であり、本人も周りの人たちも慌てることはない。なぜなら、休暇をとってもチームの成果が担保される働き方、まさに「どこでも成果を出す技術」を実践しているからである。

■ 休暇中の連絡を断る

　休暇は取得できるものの、**休暇期間や退勤後に当たり前のように仕事の連絡や問い合わせが来る職場もある**（もちろん社会インフラを維持する仕事など、緊急時における連絡や呼び出しをやむなしとし、その前提で雇用契約を結んでいる職種もある。これは決して悪ではない）。労働法規にどう適合させるかの話はいったん脇に置いておいて、「休暇中もどうせ連絡が来て対応しないといけないなら、働いていたほうがマシだ」と感じる人も多い。

　私は休暇中や退勤後はチャットもメールも見ません。反応しません

　このように自分のスタイルを日々発信しよう。公言するのが憚られれば、職場で使用しているグループウェアの自分のプロフィール欄に記述してお

くのもアリだ。ちなみに筆者も、経営者であることもあり休暇中や定時後の連絡は気にしないが、それでも仕事モードを徹底的にオフにしたいときもある。そのときは自社のメンバーに「完全にオフにしたい。メールもチャットも見ない」旨を連絡する。**使用しているSNSもプロフィールのアイコンを右のものに変更し、期間中は一切レスしない旨を説明文に示すようにしている。**「経営者なのだから休みなく働いて当然」なる不健全な社会通念や同調圧力を（も）壊したいとは強く思っている。経営者だって休みたいさ、にんげんだもの。

■ 自分の好ましいスタイルを伝えておく

逆に人によっては、休暇中であっても仕事のことが気になり、かえってストレスを抱えてしまう人もいる。育児をしながら仕事をしている人で、子どもの寝かしつけをした後に仕事に集中したい人も一定数いる。休暇中や退勤後の連絡を気にしない人であれば、こう言っておくのもアリだ。

> チャットやメールは1日数回程度は確認しますので、お困りごとなどあれば遠慮なくご連絡ください

最近ではワーケーションなど労働と休暇を混在させた新しい働き方も徐々にではあるが普及してきており、業務時間と休暇時間を完全に区切るのがよいことなのかという議論もある。とはいえけじめとして休暇中や退勤後は、緊急時などやむを得ない場合を除いては仕事の連絡はしないのが健康的と言えるのではないか。

■ 堂々と休めるよう準備する

とはいえ休む権利だけを主張すればよいというものではない。堂々と休めるようにするためには、そのための準備や努力は欠かせない。

- 仕事の手順や進捗を書き残しておく
- 仕事のやり方を標準化し、他の人でもある程度回せるようにしておく

　こういった地道な努力と工夫の積み重ねが大事だ。「ここを見ればわかりますから」「グループチャットのこのチャンネルに、進行中の仕事の進捗とタスクの詳細のメモを残しておきました」と一言を残して、堂々と退勤および休暇取得をしよう。とにもかくにも、まずは休みを取る。手始めに1週間程度の休暇を計画し、そこに向けて仕事のやり方を標準化し、引継ぎ可能な状態にしていこう。

■ 感情的に批判されるようなら、辞める選択も

　自らの業務配分やスケジュールを調整し、状況や業務内容などを共有して休み期間中でも仕事が滞らないように準備した上で、権利として与えられている休暇を行使する。しかしここまで準備をしても、「みんな頑張ってるのに」「こんなに忙しいのに休むなんて」と、マネージャーや同僚からの視線を感じたり言われたりして、休みづらい職場もあるかもしれない。それでもめげずに、休むことの精神面、生産面での重要性を伝えたり、他ページで紹介している方法を実践して横並び主義な体質に異を唱えたりしていくことで、やがては自由に休暇を取得できるようになるかもしれない。

　とはいえ、**そんな非合理的な職場にいるのなら、心身に支障をきたす前に辞める選択肢も持っておきたい。**言ってもわからない人たちと付き合い続けるのは、人生における時間の無駄である。

> 一歩踏み出す！
> - 休みの予定を決めて、計画を周囲に伝える
> - 休暇中の連絡への対応を伝えておく
> - 手始めに1週間程度の長期休暇を取ってみよう

第 8 章

トラブル時に
できること

081 トラブル

弱音を明るく吐いてみる

「大変だ」「つらい」と言える環境か?

- みんな大変なのは一緒だ!
- 大変なんて、言えない……

レガシーな組織
「大変だ」「つらい」と言っても放置される。あるいは白い目で見られる

モダンな組織
つらさを受け止めてもらえて、誰かに話を聞いてもらえる

■ 「大変だ」「つらい」と言えない組織

　どんな仕事であっても、多かれ少なかれ大変さやつらさはある。しかし**迂闊に「大変だ」「つらい」などと言うと「皆我慢しているのだから弱音を吐くな」と気合・根性論で諭されたり、人事評価を下げられたりする職場もある。**仕事の大変さやつらさ、いわゆる弱音を気軽に口にすることができるかどうかも、組織によって異なるのだ。あなたの職場では「大変だ」「つらい」と言いやすいだろうか?

　「大変だ」「つらい」をあまりに頻発するのは、たしかに職場の空気を悪くする。しかし我慢しすぎるのも不健全である。**弱音を言葉にすることは、職場の問題や課題を言語化する意味もある。**我慢が上手になってしまうと、職場環境や仕事のやり方に不満を感じても指摘できなくなる。改善意識がなくなり、現状維持の体質が強化される。現状の改善を促すためにも、我慢しすぎず適度に発散したほうがよいだろう。

▰ 弱音を適温で受け止めてくれる人たち

　筆者がかつて勤務していた職場の話をしよう。その職場では、筆者を含めたメンバーが「大変だ」「つらい」と言いやすかった。それは部長が「どうしたの？　相談に乗ろうか？」と気軽に声をかけてくれたのが大きかった。メンバーも話を親身になって聞いてくれ、その大変さやつらさを冷静に分析・分解し、どうしたらラクになるかを一緒になって考えてくれた。思わぬ解決策が生まれ、実際に大変さやつらさが軽くなったこともある。それに**たとえ解決策が見つからなくても、心がだいぶ軽くなったものだ。**このように「大変だ」「つらい」を言いやすい職場風土を創るにはどうしたらよいか？　筆者は以下の2つの行動を提案したい。

▰ 明るく弱音を伝える

　ぼそぼそと「つらい、つらい、つらい……」と呟くのと、苦笑交じりで「いやー、この作業なかなかつらいですねー」と言うのと、どちらが受け入れられやすいだろうか。深刻かつ暗いムードで大変さやつらさを伝えると、それだけで場の空気が暗くなったり、過度に重たく受け止められてしまったりする。なるべく明るい言い回しや表情で大変さやつらさを表現しよう。さらりと伝えるのが大事だ。すると相手は**「大変そうだね。飴でも舐める？」**くらいの温度感で対応できて、**場が和みつつ会話が終了する場合もある。**もちろん事態が本当に深刻な場合は、それなりに深刻な表情で伝えよう。

▰「どうしてほしいか」も添える

　「大変だ」「つらい」の後に、**相手に期待する行動を添えてみよう。**

> 今週、出張続きでつらいです。どなたか経費精算を手伝ってくれたら嬉しいです

> 問い合わせが集中していてつらいです。回答の文案を一緒に見てもらってもいいでしょうか？

このように、あなたの大変さやつらさに対して相手にしてもらいたい振る舞いがあれば、期待を明確に示す。そうすれば弱音が課題に変わる。ただ「大変だ」「つらい」と言うよりもポジティブに伝わり、なおかつ相手に過度な気遣いをさせなくて済む。

また、**ときには相手に何も求めていない旨を明示するのも重要**だ。筆者がかつて勤務していた職場では、部長の「相談に乗ろうか？」の問いかけに対し、「あ、大丈夫です。ちょっと吐き出したかっただけです！」で終わることができたのもよかった。**別に解決策を考えてほしいわけではなく、単につらさを吐き出したい、聞いてほしい。そんなときもある。**それなら「この作業なかなか大変です。心折れそうです。あ、吐き出したいだけですから聞き流してください」と伝えてみよう。

なんでも重たく受け止められてしまうと、72ページで指摘したように、それはそれで本音や弱音を言いにくくなるものだ。メンバーとしては重苦しさや申し訳なさを感じてしまう。受け止めるとは、すべてのものごとに同じ温度感で向き合うことではないのだ。

◆ 相手の弱音を一緒に分析・分解する

あなたが大変さやつらさを率先して発するのみならず、**誰かが弱音を吐いたら、話を聞いてその大変さやつらさを一緒に分析・分解しよう。**何が大変なのか、どうすればつらさが和らぐのか。話を聞きながら一緒に悩む。その対話と行動の積み重ねが、大変さやつらさを一人で抱えず、チームで相談して解決する文化、および改善体質を育む。

もちろん、本人は単につらさを吐き出したいだけ、話を聞いてもらいたいだけの場合もある。あなたの「相談に乗りましょうか？」の問いかけにのってこなければ、それ以上深追いするのはやめよう。

一歩踏み出す！

- 「大変だ」「つらい」を明るく発する
- 相手に「どうしてほしいか」「ほしくないか」と希望を添える
- 他者の弱音も受け止め、一緒に分析・分解する

082 職場で正しく助けを求める

トラブル

困ったときに声を上げられるか?

レガシーな組織
困りごとが発生しても声を上げない。当事者が一人で解決する

モダンな組織
「困っています」と声を上げ、解決できる人を見つける

主体性の尊重 / 共創意識 / フラットな関係 / 情報共有

■ 助けを求める声を上げにくい組織

　職場で何か困りごとが発生したとする。または電話で顧客から、あなたには到底答えようがない問い合わせやクレームを受けたとする。そんなとき、あなたの職場では周りに助けを求める声を上げやすいだろうか。**自分の仕事は自分でなんとかする。誰かに頼るのは最終手段。そのような意識が強く、なかなか声を上げにくい、助けてとも言いにくい職場もある。**

　なぜ騒ぐことができないか。その背景にもさまざまな要因がある。騒ぐことが恥ずかしい。根が真面目な人ほど、自分で解決したいプライド、あるいは周りに迷惑をかけてはいけないという責任感から、声を上げずおとなしくしている。助けを求めると能力が低いと思われ人事評価が下がる。そんな事情もあるかもしれない。

　あるいは、**そもそも職場が静かすぎて騒ぐのが憚られる。**声を上げると悪目立ちする。285ページで指摘したように、そのような物理的な環境も心理的に声を上げにくくする要因になり得る。

■ 騒ぐことは、問題解決手段の一つである

しかし、ときには正しく騒ぐのも重要である。あなたが大したことないと思っていても、管理職から見たら重大な問題。じつは大騒ぎしなければならない事象だったなんてこともある。

「どうして相談しなかったんだ！」

「いや、騒ぐようなほどのことではないと思ったので……」

このような景色のズレによるいざこざは珍しくない。一人で抱えるよりチームで協力したほうが早いことも多々ある。**騒ぐとは、問題や課題の解決を早めるための手段の意味もあるのだ。**

■ 騒ぐだけで解決するトラブルもある

かくいう私も若手の頃は声を上げるのが苦手だった。自分で何とかしないといけない。一人前だと思われたい。そのような自意識が強かったからだ。あるとき、自分が担当する社内情報システムの画面にエラーメッセージが出て、そこから先の処理が進まなくなったことがある。自分なりに説明書を読んで調べたのだが、それでも対処方法がよくわからない。意を決して課長に相談したところ、あっけらかんと一言。

「もっと騒ごうよ！」

そしてフロア中に響き渡る大きな声でこう言った。

「誰か！　〇〇システムのエラーメッセージについて詳しい人いる？」

次の瞬間、隣のそのまた隣のチームの主任が「あ、僕わかるかもしれません！」と名乗りをあげた。こうして周りの人たちの協力を得てあっという間に解決した。この課長の一言で、筆者は騒ぐ大切さを学んだ。今でも感謝している。

■ 正しく騒げる職場が望ましい

もちろん些細なことでつねに大騒ぎするのはどうかと思う。それではあなたは単なるお騒がせキャラだ。やがて、あなたの声を真に受けてもらえなくなるかもしれない。しかし、まったく声を上げられない職場も問題だ。課題解決できず、組織にとっても本人の精神衛生上も不健康である。必要

第 8 章 ── トラブル時にできること

なときは助けを求めて騒げる職場の方が望ましいだろう。

■ まずは全体のトラブルについて騒いでみる

騒ぎにくい職場の空気を変えるには、とにかくまず誰かが騒いでみる。それが基本である。とはいえ自分で受けた仕事などで騒ぐのは憚られる。そこで**職場全体に影響があるような事象やトラブルが発生したときに、まず騒いでみよう**。全体に影響があるもののほうが騒ぎを受け入れられやすい。たとえば、通信ネットワークのトラブルが発生したとする。

> あれ、いきなりネットにつながらなくなったんだけど、僕だけ?

このように騒いでみる。あなたが情報システム担当者なら、**「ただいまネットワークトラブルが発生しているようです。状況の確認にご協力ください!」**と声を上げてみる。周りの理解や協力も得られやすいだろう。

■ 大げさにしすぎず、正しく騒ぐ習慣を

あなたがチームのリーダーなら、「もっと騒ごうよ」「声を上げよう」と、それこそ声を上げて鼓舞してほしい。こうして、困ったときに騒いでいい景色を小さく創る。それでも声を上げるのが憚られるようであれば、**近くの人や同僚に「これ、騒いだ方がいいですかね?」と、まず相談するとよい。周囲の合意を得てから、正しく騒ごう**。

とはいえ、何でもかんでも大ごとになる組織風土も重苦しい。正しく騒ぐ文化も大事だが、同時に大げさにしすぎないコミュニケーションやマネジメントも求められる。その点については、以降の項で触れる。

一歩踏み出す!
- 自分だけで解決できない困りごとが発生したら、まず騒ぐ
- 職場全体に関わる困りごとの際に率先して声を上げてみる
- 「これ、騒いだ方がいいですかね?」と周りに相談してみる

トラブル

083
自分ができることに率先して名乗り出る

誰かが求めた「助けの声」に反応があるか？

レガシーな組織

トラブルや困りごとの解決を担当者に押し付けがち／担当者が抱え込みがち

モダンな組織

トラブルが発生すると、周囲の人やマネージャーも率先して解決に協力する

■ 声を上げても、誰も助けてくれない組織

　たとえ助けを求める声を上げられたとしても、シーンとしてしまったり、あるいは皆が「我関せず」を決め込むようでは意味がない。最終的には「担当者のあなたが自力で解決しなさい」とマネージャーに諭され、あなたは単なるお騒がせキャラになってしまう。さらには、**「この組織では声を上げても誰も助けてくれない」「結局、自分で何とかしなくてはいけない」**などの無力感やチームに対する諦めが助長されるだけだ。それでは、困ったときに声を上げる風土は醸成されない。「声を上げても無駄」「声を上げたもの負け」にしかならないからである。

■ ヘルプシーキングの文化を創る

　組織やチームで、あるいは外部の人に正しく助けを求めてお互いの期待や役割を合意し、協力してものごとを解決する。その心持ちと行動は、自分たちだけでは解決できない課題やテーマが増える昨今、あらゆるビジネ

スパーソンに不可欠なスキルであり習慣である。

　何でもかんでも一人で抱えてしまうことは仕事の属人性を高め、組織運営上も本人のメンタルヘルスの面でも不健全である。組織のためにも個のためにも正しくヘルプシーキングできる職場環境を創っていきたい。そのためには次の3つの行動の積み重ねが肝である。

- ①ヘルプを言い出せる環境を創る
- ②ヘルプを言い出す能力と心持ちを養う
- ③ヘルプを受け止める能力と心持ちを養う

　①は107ページ、②は139ページなどで説明した。ここでは③に触れる。

🚩 「私、できます！」「それやります！」をあなたから言う

　独力で何とかする文化が強い組織において、なかなか「助けてください」「誰か手を挙げてください」とは言いにくい。そこで、**誰か他の人が困っているときに、あなたがまず名乗りを上げてみよう。**

> 私、できます！

> 私、それやります！

　このたった一言で、組織の空気を大きく変えることができる。今まで誰も他者を助ける発想がなかった組織ほど、与えるインパクトが大きい。

「この組織では声を上げていいんだ」
「誰かを助ける行動、してもいいんだ」

　このように、ヘルプを上げる行動、ヘルプに手を差し伸べる行動が正当化される。転職や異動して間もない頃合いなど、**あなたがその組織における新参者である場面でも有効**だ。あなたの前職での経験や知識をさりげなく知ってもらい、かつリスペクトを受けるチャンスである。

🚩 年1回程度、自分たちの「体験資産」を棚卸してみよう

　できることならトラブル発生時だけではなく、**日頃からお互いの人とな**

りを知り、今までに培った知識や体験を棚卸してチームメンバーで共有する機会を設けたい。そうすれば、誰かが何かに困っているとき、さりげなくヘルプを求めたり、またヘルプの手も挙げやすくなる。お互いの知識や経験を知っていれば、その人が手を挙げる背景もわかりやすくなる。

184ページで伝えたように、筆者は、個や組織が有する知識や体験・経験を**「体験資産」**と呼んでおり、企業組織および社会への実装に向けて行動し始めている。最近はリスキリングなど何かと個人の能力（スキル）の開発に組織の目が向きがちだが、**能力のみならず個々の知識や体験も有用かつ能力以上に重要な資産である**。体験資産がいつ何時、誰の役に立つかはわからない。そして個の体験資産の積み重ねがチームや組織の強みにもなる。184ページで紹介したブログに加えて、以下の図も参考にしてほしい。

図：「体験資産」なる考え方

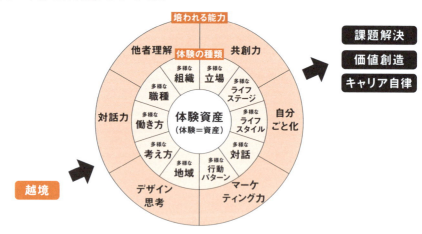

出典：筆者作成資料

一歩踏み出す！
- 誰かが困っているとき、「私、できます！」「私、それやります！」をあなたが言う
- 「体験資産」の棚卸と共有をチームでやってみる

084 発言者の意思を確認してから行動する

トラブル

何でもかんでも大げさに騒いでいないか？

「この前の指摘、社長に伝えといたよ！」

レガシーな組織
ちょっとした相談が、いつのまにか大ごとになっている

モダンな組織
大げさに騒ぎすぎない。本人の意思や思惑を尊重してコトを進める

主体性の尊重

情報共有

挑戦の尊重

アジャイル

■ 何でもかんでも「大ごと」になる組織

　助け合う行動も大事だが、**ちょっとしたつぶやきや相談ごとに対し、いちいち過剰に反応して大げさに騒ぐ職場風土も考えものだ。**とある中堅企業の若手社員から聞いた話がある。その会社は、ちょっとしたことでも大ごとになる傾向があるとのこと。マネージャーとの1on1ミーティングやチーム会議で職場の気になったことを指摘したり、改善提案をしようものならもう大変。部課長会議の議題に上がり、事実確認の調査が行われたり、改善検討プロジェクトなどが発足したりすることさえあるそうだ。

　メンバーの意見をマネージャーが真摯に受け止め、組織として改善を講じること自体は素晴らしい。**しかし何でもかんでも大ごとになってしまうのはどうだろう。**本人はそこまで大ごとにするつもりはなかったかもしれない。1on1で「何か気になっていることはありませんか？」と聞かれ、「しいて言うなら……」くらいのトーンで発した程度かもしれない。それが大問題になってしまったら本人も心苦しく思ってしまうだろう。

317

■ いちいち騒ぎになると、本音や気づきを言いにくくなる

おそらく、その企業のマネージャーは現場の困りごとや相談ごとを解決しようと一生懸命になっているだけだろう。**しかし真面目すぎるマネジメントはときに相手に重たくのしかかり、息苦しい職場風土を創ってしまう。**気軽に発した一言が本人の意に反して組織の課題として扱われてしまう。何でもオープンかつ筒抜けになり、問題化されてしまう。その風土はかえって職場の心理的安全性を損なう。実際、「迂闊に指摘したり、上司に相談したりできません」と、先ほどの若手社員は漏らしていた。

■ 必ず本人の意思を確認してから行動する

同僚や後輩などから気になっていることなど、**共有・報告・相談を受けたときは、必ず「どうしてほしいか」を確認しよう。**これは改善のアクションを起こす前に求められる必須の行動である。とくにマネージャーやリーダーがメンバーの望まない行動を勝手にしてしまうと、メンバーは組織に対する不信感を持ち、二度と気づきや意見提案を口にしなくなる。相手が自分（たち）に求めることを確認するのは対話の原則である。

■ 「してほしくないこと」を明確に伝えよう

逆にあなたが報告者の立場であれば、組織に期待すること、または**「してほしくないこと」を明確に相手に伝えよう。**騒いでほしい場合は「組織の問題として、もっと騒いでください」と要求しよう。そうしないとマネージャーやリーダーは悪気なく何もアクションを起こさないか、あなたの意図に反するアクションを起こしてしまう。それでもなおマネージャーやリーダーがあなたの思惑を無視して突っ走るようであれば、「やめてください」「安心して相談できません」と明確に伝える意思表示を。

> 一歩踏み出す！
> - 共有や相談を受けたら、相手に「どうしてほしいか」を必ず確認する
> - 相談する側の場合は、「どうしてほしいか」を明確に伝える

085 良いところを言語化する

トラブル

あら探しや犯人探しばかりしていないか？

誰がミスしたんだ！　　どう責任をとるんだ！

レガシーな組織
相手の悪いところばかりを指摘する

モダンな組織
相手の良いところを積極的に見つけて伝える

■ あら探しばかりする組織

　何か問題が発生したとき、**口を開けば不備の指摘や、犯人探しに走ろうとする。そうした空気に支配されている職場もある**。「だから言ったじゃないか！」「誰がミスしたんだ！」「どうやって責任をとるんだ！」と、こぞとばかりに意気揚々と登場して、問題の原因を追及する人もいる。トラブル発生時のみならず平常時においても口を開けば厳しい指摘のみで、良い取り組みや努力点については一切触れない。それが当たり前の職場も少なくない。

　もちろん問題を起こさないために、繰り返さないために、原因究明や責任追及をする意義は理解できる。しかし行きすぎた責任感で不備だけを追及するような「あら探し主義」は、職場の空気をギスギスさせる。そのような職場で、**提案や挑戦をしようと思えるだろうか。やり甲斐や誇りを持って働き続けることができるだろうか。口を開けば揚げ足取りや叱責ばかりしてくる経営陣や管理職を信頼できるだろうか**。こうして、失敗を恐

れチャレンジできない体質、変革が生まれない土壌が着実に育まれていく。

■ 良いところを見つけて積極的に言葉にしよう

　あら探し文化は、その組織や地域に属する人たちの生産性や信頼関係はもちろん、チャレンジ・スピリット、エンゲージメントなども大きく損なう。あら探し文化を是正するには時間も労力もかかるが、是正とまで意気込まなくても、異を唱えることはできるだろう。

　たとえばあら探しする人を叩くのではなく、**叩かれている人の良い行動や良い姿勢を言葉にして伝える**。職場で大きなトラブルが発生し、後に報告会が行われたとする。その場では責任追及や再発防止のための厳しいコメントが相次いでいる。その際、こう発言してみてはどうだろう。

> トラブルを起こしてしまったとはいえ、初動対応は素晴らしかったです。この場をお借りして感謝申し上げます

> 現場の皆さんの機転の利いた判断と行動がなければ、事態はさらに悪化していたと思います

> 普段、相当な訓練をなさっていたのでしょう。その点、改めて私たちに教えてください。勉強したいです

　厳しく責任追及していた人たちも「言いすぎたか」とクールダウンでき、矢面に立たされている当事者も救われた気持ちになる。相手の悪い面を指摘するだけでなく、良い面にも目を向ける空気も生まれるだろう。責められている当事者は「良いところも見てください！」とはなかなか主張しにくいものだ。だからこそ他者による言語化には意義がある。あなたがその人たちの良いところを積極的に言葉にして、場の空気の流れを変えていこう。

■ 普段から感謝の気持ちを積極的に伝えよう

　もちろんトラブル発生時だけではなく、常日頃から感謝の気持ちや、良い取り組みを言葉にして伝える行動も習慣にしたい。

> あなたたちのおかげで、快適に仕事ができています。ありがとうございます！

> 心地よい時間を過ごすことができました。感謝しています！

　このような気持ちを普段から言葉にできているだろうか。**文句を言うときだけ登場する残念な人になっていないだろうか。**

　とくに総務や営業事務、ITインフラの維持運用など、決して派手ではないが重要な仕事を担う人には日頃から感謝を伝えるよう心がけたい。このような仕事に従事している人たちは、なかなか褒められることがない。一方で**トラブルがあると猛烈に批判され責任を追及される**。大切な仕事であるにもかかわらずリスペクトされず、人も予算も削られ継続できなくなってしまう。なり手も減る一方だ。そうなってしまっては文化どころか、組織や社会の屋台骨もろともボロボロになる。それではいけない。

　普段から感謝の気持ちを伝える。それは、世の中になくてはならない仕事に従事する人たちを守る尊い行為でもある。リスペクトや感謝の気持ちを日々伝え、大切な仕事を守るための合意形成をしていこう。

■ メディアの姿勢にも、あら探し文化が見られる

　他者を追及して悦に浸ろうとするのは、規範遵守の意識が強い日本人特有の本能ともいえるのかもしれない。ちょうど筆者がこの原稿をしたためていた2024年1月頭、民間の旅客機が羽田空港の滑走路に着陸した際、海上保安庁の専用機と接触し、炎上する大事故が発生した。奇跡的に旅客機の乗員と乗客共に死者はゼロ。インターネットでは機長や乗務員の対応を称賛するコメントも相次いだ。海外のニュースメディアでも、この航空会社と乗務員の冷静かつ的確な対応を称賛する記事が大きく掲載された。

その一方、日本国内で行われた記者会見では、大手のオールドメディアを中心に責任追及のためのあら探し、犯人探しを思わせる質問の嵐。乗客が撮影した機内の動画などから、乗員の対応の不備をあげつらい、揚げ足を取るようなコメントも散見され、筆者も見ていて気分が悪くなった。

日本人は感謝が苦手なのかもしれない

インターネット通販のレビューに厳しめのコメントだけ寄せる人、SNSでは批判や反対意見を述べるとき「だけ」登場する人たちもいる。どうも日本人の多くは、感謝の気持ちを伝えるのが苦手なようだ。アンケート調査などを実施しても満点をつける人は少なく、中央値付近に回答が偏る傾向があるという。

しかし**批判ばかりでは世の中良くならない。せっかくのよい製品やサービスを残し続けることができない。**なにより、目の前の相手との関係性も良くならない。遠慮や恥じらいの気持は捨て、積極的に他者の良いところを言葉にしよう。相手の良い面を指摘しようとすると、やがて自然と相手の良い面が目に留まるようになる。言語化の習慣は、観察眼を養うことにもつながるのだ。

> 一歩踏み出す！
>
> - **責められている人たちがいたら、良いところをあえて言葉にして伝えてみる**
> - **日頃から感謝やリスペクトの気持ちを伝える**

086 決めつけで非難するのをやめる

トラブル

一方的に結論を出して暴走していないか？

あなた、やる気ないでしょ！

レガシーな組織
特性、思い、感情、意図などを一方的に決めつけてものごとを進めがち

モダンな組織
必ず相手の話を聞いて（または想定して）ものごとを進める

主体性の尊重 / 共創意識 / フラットな関係 / 多様性の尊重

■ 決めつけでものごとを進めてしまう組織

317ページで、相手の意見を聞こうと伝えたが、これはトラブル対応時も心掛けたい。見えている情報や過去の体験から「この人は、こんな人だ」「この会社はやる気がない」など自己判断してしまうことは誰しもある。しかし一方的な思い込みで判断してしまうと、悪気なく他者を傷つけ、組織体質そのものが強引で近寄りがたいと思われてしまうことがある。

たとえば、お取引先があなたの会社に連絡なしに作業を進めたとする。あなたの会社のメンバーは不服に思うが、その取引先はつねに多忙なあなたの会社の手を煩わせないために気を遣ってコトを進めたのであれば、そこに悪意はない。むしろ善意での行動なのに、一方的に相手を悪者扱いして関係をギクシャクさせてしまう。これでは他社と共創はできない。

■ 決めつけを排除するために立ち返りたい着眼点

相手の行動を評価するときは、以下の点について相手がどう思っている

のか、またはどのような状態なのかを対話によって明らかにしておきたい。

- ①相手とどのような「関係」を構築していきたいのか
- ②相手の行動や言動にどんな「意図」があるのか
- ③相手の言動の裏にはどのような「感情」があるのか

　疲れていて浮かない表情をしていただけなのに「やる気がない」などと一方的に決めつけていないだろうか。ポーカーフェイスだけれど、情熱を燃やしている人もいる。その逆に、いつも明るく振る舞っているけれど、周りに気を遣っているだけでしんどく思っている人もいる。

■ 場をクールダウンするための一言を述べよう

　思い込みや決めつけで暴走しがちな文化に違和感を抱いたら。そんな文化を変えたいと思ったら。あなたが、いったん待ったをかけよう。たとえば、その場にいない誰かがとった行動に対して周囲が「悪意がある」と思っていたとする。そんなとき、次の一言を発してみよう。

> 本当に悪意があってやったことなのでしょうか？
> もしかしたら私たちの思い込みでは？
> 一度、本人か周りの人に話を聞いてみませんか？

　その一言で、まずは自分たちがハッと我に返る（クールダウンする）。そして他の可能性を考えられる、または真逆の視点でその行動や言動の背景や意図を想定してみる。そして相手と対話したり、相手の気持ちを皆で想像したりする。その積み重ねが他者と対話、共創できる組織体質を形作る。

> **一歩踏み出す！**
> - 「私たちの思い込みでは？」「決めつけていないでしょうか？」と問いかけ、我に返らせる

087 人を責めずに仕組みを疑う

トラブル / 柔軟さ

ミスやトラブルが個人のせいになっていないか？

すみませんでした　／　次から気をつけます

レガシーな組織
ミスやトラブルの発生時、個人を責めて（罰して）終わり

モダンな組織
ミスやトラブルの発生時、仕事のやり方、環境、仕組みなどを疑って改善する

情報共有 / 多様性の尊重 / 挑戦の尊重

■ 個人攻撃をして終わりの組織

　仕事でミスやトラブルが発生した際の対応にも、組織の体質が表れる。原因分析を行い、「なぜ」の問いを繰り返して（なぜなぜ分析）要因を探り、再発防止策を講じる。そこまではよい。その中身が問題である。

　原因を、ミスをした本人、すなわち個人に帰結させる組織がある。でもって「本人が気をつける」「ダブルチェックを増やす」など、257ページでも指摘したように個人の気合い・根性・注意力に依存した再発防止策しか出てこない。そして「すみませんでした。以後気をつけます」と、**本人に謝罪させておしまい。または罰しておしまい**。

　個人攻撃では、組織の雰囲気はギスギスする。失敗を恐れる体質が醸成され、ダブルチェック、トリプルチェックなど、つまらない仕事が増える。それも職場の空気をどんよりさせる。**叱責や面倒なルールを増やされるのを恐れてミスを隠す人もでてくるだろう**。なにより、それでは組織が成長しない。他の人が同じミスを起こさないとも限らないのだ。

■ 気合いや根性でなんとかせず、仕組みを疑おう

　健全な組織は、仕組みを疑う。トラブルについて話し合う際、チームメンバーはおのずとホワイトボードの前に立ち、またはマインドマップなどのツールの画面を広げて、以下の観点で意見出しや議論を始める。

- 仕事のやり方や環境に問題または改善余地があるのではないか？
- 人手を介さない方法はないか？

　こうして、**仕組みと仕掛けで解決する方法を模索する**。もちろん人の能力や注意力に依存する解決策も講じられるが、それはあくまで一部。ルール、ツール、プロセス、環境などの改善も行う。

　また、原因分析と責任追及も分けて考える。人手を介する以上、ミスやエラーは避けられない。それにもかかわらず、ミスやトラブルが発生したときに個人だけを責めるのはいかがなものか。気合い・根性論だけでカバーしようとするのがそもそも間違っている。**罪を憎んで、人を憎まず。仕組みを疑い、人を責めない**。その考えと行動が徹底している組織もあるのだ。

■ 仕組みを疑う発想をまずインストールする

　個人だけを攻撃する思考パターンからは少しずつでも脱していきたい。ミスやトラブルの原因分析や再発防止策を講じる会議が行われたなら、その場であなたが次のいずれかの問いを発してみよう。

- 仕組みに改善の余地はないでしょうか？
- 仕事のやり方を見直しませんか？
- 環境に問題はなかったのでしょうか？

　あるいは何も言わずにホワイトボードの前に立ち（または白紙のパワーポイントなどの電子ファイルを開き）、次の5つの枠を書いて、個人に向いてい

第8章 ── トラブル時にできること

た参加者の意識を、組織の問題に向けさせるのだ。

- 個の問題
- 仕組みの問題
- プロセスの問題
- ルールの問題
- 環境の問題

■ 背景にある要因にも目を向ける

とはいえ仕組みを疑うのが苦手な組織もある。背景には153ページに挙げた「仕組みを疑う＝その仕組みを創った人の否定」と捉える価値観や、249ページで述べた「ラクをするのはズルい」なる思考なども存在する。146ページで指摘した「言ったもの負け」文化が根強く、改善提案をするとその人がやらされる（だから声を上げない）などの事情もあるだろう。これらの項目を改めて参照しつつ、仕組みを疑う行動を徐々に起こしていく必要がある。

■ 仕組みを疑い、人に優しい組織になろう

ミスやエラーが発生したとき、組織や環境のせいにする他責思考も問題だが、過度な自責思考も問題である（「自責で考えた？」が口ぐせになっている組織ほど要注意）。そもそも、組織が正しいとされる前提が傲慢である。ミスやエラーを属人的な理由で片づけず、組織の構造や仕組みの問題と捉え、改善する。それが組織の徳であり、人の求心力も高める。人が介する以上、ミスは起こる。仕組みの改善で個を守る（あるいはミスに寛容になる）ことは人への優しさである。あなたの組織は人に優しい組織と言えるだろうか。

> **一歩踏み出す！**
> - 仕組みを疑う提案をする
> - 再発防止策を講じる際に、「5つの枠」を書いて考える
> - 「言ったもの負け」など、背景にある文化にも目を向ける

088 失敗を振り返って学びを得る

トラブル

失敗が許されない環境になっていないか？

レガシーな組織
ミスが許されない。石橋を叩いて渡る。失敗は恥ずべきことである

モダンな組織
ミスが許される。チャレンジが推奨され、失敗から学ぶ姿勢も強い

■ 失敗が許されない組織

　チャレンジを推奨する組織や職場。筆者の周りでも日に日に増えてきている。今までのビジネスモデルや仕事のやり方はもはや限界。変革をしたい、イノベーションを興したい、そこまでいかなくても小さな改善を積み重ねたい。そう考える経営者も少なくない。**ところがそんな経営陣の思いとは裏腹に、チャレンジがまったく起こらない、あるいはせっかく出たチャレンジの芽を摘んでしまう職場がある。**その背景の一つに、失敗やミスが許容されない組織体質がある。
「当社はミスを許さない文化が強いのです」
「ウチの職場は失敗しないよう事前チェックにひたすら時間をかけます」
「石橋を叩いて渡る社風です。チャレンジしようとしても止められます」
　このような声を、筆者も現場の中間管理職や担当者から日々聞いている。中には石橋を叩きすぎて壊してしまうような職場も……。

第 8 章 —— トラブル時にできること

■ 失敗やミスを恐れる気持ちもよくわかる

失敗を恥じる。ミスを怖がる。その気持ちもよくわかる。統制管理型が色濃い組織ほど、言われたことを完璧にやらせる価値観やマネジメントが強い。考えてみれば、**日本の学校教育のシステムも長らく、言われたことを正確にこなすやり方に傾倒していた。**生徒は、先生が満足する唯一の答えを出すための思考と行動パターンをインストールされ、逸脱は減点や処罰の対象になる。その考え方が、そのまま企業組織や行政組織にも当てはめられてしまった。

■ 失敗を許さないから、さらに大きな失敗が起きる

しかし失敗やミスを許さない、いわば完璧主義、減点主義一辺倒の体質はもはやリスクである。**ものごとを始めるまでの時間が長すぎて、その間に提案者の熱量が下がってしまいチャレンジが起こりにくい問題もある。**日本のレガシー組織にありがちな過剰な意思決定プロセスや煩雑な事務手続きも、その意味でチャレンジや変革を阻害する。

コンプライアンスやガバナンスの面でも問題だ。失敗は恥ずかしい。その文化のもとで、人々は失敗を隠すようになる。**プライドが高い人たちほど、罰せられて人目にさらされる辱めに耐えられない。だから失敗を認めようとしない。**「これは失敗ではないです！」と、弁明や隠蔽に時間とカロリーを注ぐようになる。そして強がろうとする。失敗を認めたら負け、弱みを見せたら負けだからだ。そうしてマウンティング気質（相手に対し強気に出て、優位に立とうとする姿勢）が強くなる組織もある。他者と腹を割って対話をし、共創関係で成果を出す世界はますます遠ざかる。

■ 「失敗」「ミス」の発想は近視眼的かもしれない

別の視点でも考えてみよう。失敗もミスも、その時点だけで捉えたら残念なものかもしれないが、**長い目で見たらどうだろう。**失敗から学び、将来に成功を収める人もいる。ミスが起きないよう、または起きても問題がないよう仕組みを改善し、安心して仕事に集中できる組織に成長する企業もある。どのような時間軸で捉えるかによって意味が変わるのだ。

創造主義

フラットな関係

挑戦の尊重

アジャイル

下の図を見てほしい。67ページでも紹介した図だ。「失敗」「ミス」とは近視眼的思考（第I象限）による捉え方であると言える。点の思考といってもよい。中長期的思考（第III象限、第IV象限）で捉えれば、**それは「学び」「ナレッジ」「成功のためのプロセスや資産」になる。**この考え方は面の思考と捉えられる。失敗やミスを過度に恐れ忌み嫌う文化は、近視眼的な点の思考が強いと言えるかもしれない。中長期的思考、面の思考を育てていこう。

図：仕事の4つの象限

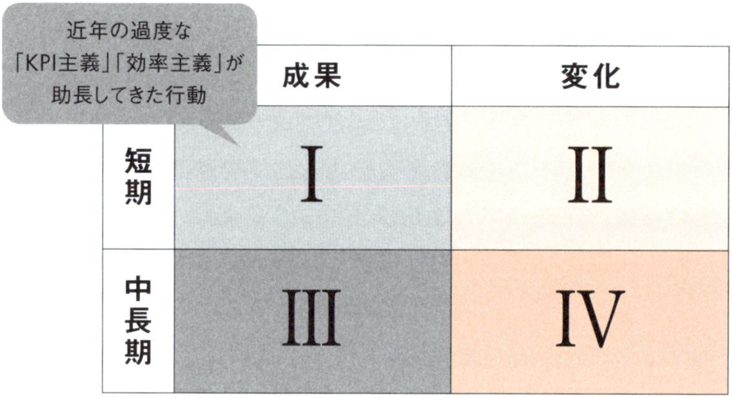

近年の過度な「KPI主義」「効率主義」が助長してきた行動

	成果	変化
短期	I	II
中長期	III	IV

出典：筆者作成資料

■ 近視眼的な組織を変える「3つの主義」

　統制管理型の体質が支配する業界や組織においても、我々はそろそろ新しいカラーを創っていかねばならない。筆者のビジネスパートナーの一人、小田木朝子氏（株式会社NOKIOO取締役）は次の主義を提唱している。

❶ 脱正解主義

　唯一の正解を求めようとしない。答えはたくさんあっていい。

❷ 脱比較主義

　過去や他人と比較しない。自分たちで考えて、自分たちなりの答えを出す。自分たちなりの変化や成長を喜び評価する。

③ 脱完璧主義

100点を求めない。30点でもよしとする（274ページでも指摘した通り）。

　筆者もこの3つの主義に大いに共感する。では脱正解主義、脱比較主義、脱完璧主義を身近なところから広げていくためには、どうすればいいのだろう。失敗やトラブルが起きた際の対応で、できることがある。

■ 振り返りをして体験を意味づけする

　失敗やミスが起こったと思ったら、**必ず振り返りのミーティングをする。**時間がなければチャットで各自が意見や気づきを書き出すのでもかまわない。そこでやることは犯人探しや、責任の押し付け合いではない。**「その失敗やミスから学んだことは何か」「なぜ起きたか」「どうすれば防げたか」「再発を防ぐにはどうすればよいか」** などを言語化しよう。失敗やミスは次に成功するための（あるいは同じ失敗やミスを繰り返さないための）組織の体験資産である。目を背け、風化させてはもったいない。

　失敗やミスの振り返りにより、思わぬ発見をすることもある。これを筆者は「偶然の産物」と呼んでいる。ここに名前をつけて、学びとしよう。振り返りの習慣化は失敗やミスを組織のナレッジに変えるプロセスなのだ。こうした意味づけにより、失敗やミスそのものに対するイメージも変わる。

■ 「トライ&ラーン」と言う

　失敗は私たちに学びをもたらしてくれる。チャレンジを鼓舞するために「トライ&エラー」なる言葉を多用する組織があるが、**エラーなる言葉は失敗やミスが悪いものであるイメージを増幅させる。**6章でも伝えたが、筆者は最近では「トライ&ラーン」を多用している。失敗やミスはエラーではなく、未来の成功のための学び、すなわちラーンである。「トライ&エラー」ではなく「トライ&ラーン」と言おう。

■ 後から笑って話せる機会をつくる

　とはいえ、失敗をした当事者、ミスをした当事者は落ち込んでいること

も多い。失敗だと認めたくない人もいるだろう。**直後に「この失敗から何を学びましたか」などと追及するのは無粋であり配慮がなさすぎる。**本人がその失敗やミスを受け止めた（別に失敗やミスだと意味づけしなくてもかまわない）後で、そこから得た学びや成功ストーリーを明るく笑って話してもらう。そのタイミングを待つのも大事だ。

　ただし、あなたの職場に過去の失敗やミスを含むストーリーを話す場がなければ、その体験は「なかったこと」「黒歴史」にされてしまう。そこで**各自が仕事のエピソードを話す機会を設けよう。**あなた自身が何かの仕事をやり遂げたエピソードを、過去の失敗体験とともに話してみてもよい。部署やチームのキックオフミーティングや振り返りミーティングなどで、そのような場を設けてみるのはどうだろう。

　ちなみに筆者は**「喉元を過ぎた頃に、熱さを思い出そう」**とよく言っている。まずは目先の仕事に熱心に、振り返らずに走り切る。そうして一段落した頃合いで、ここまでの体験を意味づけする。失敗やミスも明るく振り返る。その場でパーッと飲んで忘れてしまうのもけっこうだが、それでは何も残らない。

　3つの方法を伝えたが、もちろん**「この仕事では脱正解主義、脱比較主義、脱完璧主義でいきましょう」**と、直接述べてみるのもありだ。完璧主義や正解主義にとらわれて、失敗やミスを許容する発想すらない人も多い。それらの固定観念の呪縛から解き放つためにも、別の考え方を示し、あなたの半径5m以内から、失敗やミスを許容する空気を創っていこう。

一歩踏み出す！	● 振り返りをして、失敗やミスからの学びを言語化する ● 「トライ＆エラー」ではなく「トライ＆ラーン」と呼ぶ ● 失敗体験を笑って話せる場をつくる

第 **9** 章

組織とチームに
提案したいこと

組織とチーム

089
お土産やお菓子を配るのをやめてみる

休暇の度に職場へのお礼を求められていないか?

レガシーな組織
長期休暇や病欠明けに、一人ずつにお土産やお菓子を配る習慣がある

モダンな組織
お土産配り、お菓子配りなどの気遣いは不要

■ 休み明けにお土産を配る組織

　年末年始などの長期休暇や、有給休暇で帰省や旅行をした際に、お土産を買い、休み明けに配る職場がある。あるいは本人や家族の病気などによる休暇明けに、職場の人たちにお菓子を配ってお詫びの意を示す職場もある。これまた良し悪しである。お土産やお菓子は雑談などカジュアルなコミュニケーションのきっかけにもなる。筆者もどちらかと言うと好きで、旅先で美味しそうなお菓子を見つけては買って職場で配ることがある。

　しかしなかには、**そもそも本人の好意による行動のはずが、「休暇明けはお菓子などを買ってくるのが常識」「全員の席を回って手渡すべきだ」といった圧力を感じる組織もある**。そのような謎のマナーを振りかざす人もいるから面倒極まりない。在席タイミングを狙って声かけしたり、メモを残さなければならなかったり。リモートワークを取り入れている職場においてはお土産を手渡すためだけに出社するなどの謎行動も発生する。好意の行動がルールとなり、皆を縛り付けている組織もあるのだ。

第9章―― 組織とチームに提案したいこと

■ 「休む＝謝るべきこと」の同調圧力がもたらされる

　病欠後の復帰となると、お菓子を選ぶのも買うのも大変である。体調不良者やその家族にそんな気遣いをさせるくらいなら、その分ゆっくり休んでもらうか、その神経を仕事に注いでもらうほうが健全であろう。

　とりわけ**役職者やベテランがそれをやってしまうと、今後は他の人も病気で休んだ際にお菓子を配らなければいけない暗黙の同調圧力が職場にもたらされる。**筆者の知人は「（病欠明けに）夫がお菓子を買っていくのを全力で止めようとして喧嘩した」と語っていた。ナイスである。行為そのものは決して悪くないが、たとえ本人はよくとも、気遣いを強要する文化、ルール遵守の体質を助長してしまうことが問題なのだ。

　有給休暇や病気休暇は労働者の権利である。堂々と取得すればよいし、本人が引け目を感じる必要など本来はないはずだ。もちろん、**その間にフォローしてくれた仲間への感謝の気持ちは大切だが「迷惑をかけたのだから、お礼が必要だ」といった罪悪感を抱く必要はない。**その感情が「休む＝他人に迷惑をかける行為」との認識を職場に蔓延させ、休むことがまるで迷惑であるかのような空気を醸成してしまう。

■ お土産、お菓子を配るのをやめてみよう

　個人ができることとして、まずはあなたからお土産やお菓子を配るのをやめてみてはどうか。同僚と一緒にやめてみるのもよい。加えて、休暇明けに**「ご迷惑をおかけしました」と言うのもやめる。その代わり「リフレッシュできました」と笑顔で言おう。**病欠明けであれば「おかげで回復しました」「家族の体調も良くなってきました」くらいで済ませる。それは同調圧力に対し「自分は賛同しません」「自分は染まりません」と意思表示する意味もある。手始めに次の休暇明けからチャレンジしてみよう。

■ 「私が好きでやっているだけなので」と強調する

　とはいえ冒頭で伝えたように、土産やお菓子が職場のコミュニケーションを円滑にするのも事実。人手が足りていない職場では、一人の休暇が周りに影響を及ぼすケースも実際にはあるだろう。お菓子一つで良い人間関

柔軟さ

主体性の尊重

フラットな関係

多様性の尊重

係を維持できるならば安いものではないか。そのような考えもある。

その場合、**お土産配りはあくまで自分が好きでやっているのだと伝えよう**。または「自分が食べたいので」「皆にも味わってもらいたいと思ったので」など前置きして配る。本人の趣味でやっているなら、とやかく言われる筋合いもないし、他者に同じ行動を強いる空気を和らげることもできる。場合によっては「他の人は無理してやる必要はない」とも伝えよう。

■「ご自由にお取りください」のスタイルにする

フロアの共用部やカフェスペースなどにお土産やお菓子を置き、その写真と一緒に**「帰省先で買ったお土産です。カフェスペースに置きましたのでご賞味ください」**と、チャットやメールで連絡するのもおすすめだ。その際、メッセージに工夫を凝らすのもポイント。

- 地元で大変人気と評判のお饅頭を見つけました
- ちょっと変わったお菓子を見つけたので

このように色を添えると、手渡しでないと気持ちが伝わらないと主張するマナー論者にも受け入れられるかもしれない。

なお筆者は勤め人時代（ほぼフル出社していた頃）、**「お土産を買ってきました。僕のデスクに置いたのでご賞味ください」と案内し、取りに来てもらうスタイルを実行したことがある**。休暇明けのみならず、たまたまおいしそうなお菓子を見つけたときなどにもやっていた。さすがに黙ってお菓子を持っていく人はおらず、取りに来たついでに何かしらの会話が発生する。自分から声をかける手間が省け、かつ職位やチームをまたいだコミュニケーションのきっかけにもなるのでオススメである。

> 一歩踏み出す！
> - まずはあなたから、お土産、お菓子配りを止めてみる
> - 「迷惑かけました」ではなく「楽しんできました！」と伝える
> - 配るときは、自分が好きでやっていると強調する

組織とチーム

090 宴会の幹事を持ち回りにする

柔軟さ / 共創意識 / 創造主義 / 多様性の尊重

特定の人が幹事を押し付けられていないだろうか？

レガシーな組織
宴会や社内イベント、幹事はつねに若手の役目

モダンな組織
若手以外も幹事役を担う。あるいはそもそも宴会や社内イベントがない

■ 幹事業務が忙しくて本来の業務に集中できない組織

　昨今では飲み会の是非についてさまざまな議論がなされているが、懇親のためのイベントは良い組織づくり、良い人間関係の構築にとって、ある程度は欠かせない潤滑油の役割を果たす。筆者も決して嫌いではない。

　一方で問題になるのが、誰が幹事をやるかである。**年功序列の文化が色濃い組織においては、宴会や社内イベントの幹事を当然のように新入社員や若手社員に任せる、あるいは押し付ける傾向がある。**

「宴会の幹事をこなせないようなヤツに仕事はできない」など、一家言を持つ経営者や管理職もいる。もちろん幹事役を通じて得られるマネジメント能力、人間関係構築力もあるだろう。筆者も若手の頃に相当鍛えられた。しかし幹事役を押し付けられる若手からは以下のような声を聞くこともある。**「幹事のための雑務が多くてたまらない。本来の仕事に集中したい」「参加者のワガママが多く、調整で疲弊する……」「プロとしての成長スピードが遅くなりそうで、不安」**。キャリア志向、成長志向が高い人が

337

増える昨今においては、いずれのモヤモヤももっともである。

■ 「されど飲み会」が、組織の統制管理主義を強めてしまう

幹事役に加え、宴会芸の披露までをも期待され、その準備で疲労がたまることも。そういった事前の調整や準備だけでも相当大変なのに、宴会やイベント当日にも、方々から次のような注文を受ける。

- 「食事の提供が遅い！」「グラスが足りない！」など文句を言われる
- 「飲み物を取ってきて」など、使いっ走りにされる
- 「段取りが悪い」「気が利かない」などと説教される

まるで割に合わない。結果、若手たちは幹事役をやらなくてよい世界に旅立ちたくなる。**実際、宴会幹事や企画調整などの雑多な仕事が多いのを苦に、ドライな社風の企業に転職する人は少なくない。**本来は関係性を親密にするために行っているはずの飲み会が「ベテランが若手に注文をつける」構図を明確にし、統制管理型やトップダウン型の体質を強めてしまっている。だからといって毎回中堅社員や管理職が宴会を仕切るのも何か違うだろう。宴会の企画運営の景色を変えるための3つのアプローチを提言したい。

■ 幹事を持ち回り制にする

まず、もっともシンプルな方法から。132ページで提案した会議の司会進行役と同様、特定の人たちに幹事役を押し付けるのではなく持ち回りにしてみる。あるいは部課長が幹事役を務める宴会やイベントがあってもよい。

事例紹介

社長や部長が屋台を出して新入社員を歓迎する企業

株式会社ラクーンホールディングス（東京都中央区）が毎年開催している新入社員歓迎会では、社長や部長、先輩社員が屋台を出して、新入社員に料理を振る舞う。最後には投票でベストな屋台を決めるエンターテイメントぶり。ユニークかつ面白い組織文化である。
https://blog.raccoon.ne.jp/archives/5482

第**9**章 —— 組織とチームに提案したいこと

もちろん、若手のなかにも幹事役や盛り上げ役が好きな人、率先してやりたい人もいる。若手には幹事をやらせないと決めてしまうのも極端だ。本人たちの声や意向を尊重した上で幹事役を決めたいものである。

■ 宴会の運営を外注する

宴会の幹事や社内イベントの企画を**プロに外注するのも手である。**発注の手間やコストは発生するものの、細かな調整やお店の手配、集金、支払いなど幹事の雑多な業務からかなり解放される。会社の予算を使い、参加者の自己負担をゼロにすれば（または軽減すれば）、宴会やイベントへの参加率も大幅に向上する。お金をかけて良い場をつくる意識や空気を創るのも重要だ。**より良い仕事をするための環境づくりと考えたら、組織がそこに投資するのは何らおかしな話ではない。**より良い職場環境を創るための投資を惜しまない。その文化づくりのきっかけにもなる。

■ やり方を変える選択肢も持っておきたい

お金はかけたくない。準備の手間も減らして手軽に懇親を図りたい。ならば夜の宴会ではなく、**ランチタイムや日中時間に軽食を囲む懇親スタイルに変えてしまうのも手だ。**株式会社NOKIOO（静岡県浜松市）は定期的にランチピザセッションを実施している。文字通り、ランチタイムにピザをつまみながら社員同士および社外のゲストを招いて懇親と相互理解を明るく図っている。昼に開催するメリットは他にもある。

- 時短勤務の人、業務時間外のイベント参加が厳しい人も参加可能
- アルコールが苦手な人、クルマ通勤者の参加ハードルが下がる
- お財布事情が厳しい人にも優しい

羽目を外しすぎた人がトラブルを引き起こすリスクも減らせる。社員間の交流が目的であれば、「夜に」「お酒を飲みながら」は絶対条件ではないはずだ。本来の目的を再確認して、宴会以外の選択肢も増やしたい。

柔軟さ

共創意識

創造主義

多様性の尊重

■ 「フィーカ」を実践してみる

北欧・スウェーデンには「フィーカ」と呼ばれる慣習がある。 甘いものでもつまみながらお喋りを愉しむコーヒーブレイクのことで、職場でも根付いている。筆者もスウェーデンで仕事をしていたときに体験したが、リフレッシュを兼ねたメンバー同士の懇親にもなり、その後の仕事にも集中できた。あなたの職場でもフィーカを実践してみてはいかがだろうか。リモートワーク併用の職場であれば、オンラインでつないでそれぞれの部屋でコーヒーとお菓子と対話を愉しむのもよい。

■ いっそのこと、やめてしまうのもアリ

いっそ宴会をやめてしまうのもアリだ。そうすれば幹事業務そのものがなくなる。とはいえ、こんな声が聞こえてきそうだ。「それでは業務時間外のコミュニケーション機会がなくなってしまう」。たしかに業務外の色を帯びたコミュニケーションの機会も大切にしたい。

それなら、**社内勉強会や読書会を企画するのはどうだろう。** オンライン開催にすれば飲み会には参加できないリモートワーク勤務者や、地方都市の支社勤務の人たちの参加ハードルも下がる。他にもチームビルディングを兼ねた業務合宿など、業務の色を持ちつつ職場の相互理解や人間関係構築に寄与するような仕組み・仕掛けを取り入れるのも効果的である。勉強会や読書会、合宿など、その提案のコツはここまでにも紹介してきた。

いずれにせよ、宴会やイベントの本来の目的に立ち返り、従来の方法を踏襲するのではなく、さまざまな手段を選んで活用できるようにしたい。

一歩踏み出す！

- 幹事役を固定せず、持ち回りにしてみる
- 企画や運営を外注することも考える
- 宴会や夜のイベント以外の選択肢も提案してみる

組織とチーム

091
無駄な作文に費やす時間を減らす

日報や稟議書など、作文させられていないか?

レガシーな組織
日報や各種報告書や稟議書の作成など、作文行為に労力がかかる

モダンな組織
作文は少なく、社内の連絡や情報共有もチャットなどで短文で行われる

柔軟さ／主体性の尊重／創造主義／情報共有

■ 作文に手間と時間をかける組織

　作文行為が多いかどうか。ここにも組織ごとの違いが表れる。たとえば、あなたの組織には日報を書く習慣があるだろうか。日報は日常的な作文行為の代表である。日報そのものには組織内のコミュニケーションを活性化させるメリットがある。マネージャーとメンバー、あるいはメンバー同士、お互いどんな仕事をしているのかを知る。気づきを促し、共有する習慣を身につける。論理的思考を向上させるトレーニングの意味もあるだろう。

　一方で、作文に時間をかけすぎて、本来の業務をする時間や集中力を奪うのは問題である。**日報を書くための残業が恒常化していたり、残業をつけるのに気がひけてサービス残業が常態となっている組織も見かける。**「当社はフレックスタイム制を導入しているから問題なし」とか、そういうことではない。時短勤務や週3日勤務の人などは、それだけ本来の業務に使える時間が削られる。

■ その時間、もっと他のことに使えるのでは？

中には**日報を書き終わるまで帰れない、挙句の果てには日報を書かずに帰ったメンバーを管理職が猛烈に叱責するなど独裁国家さながらの運用をしている組織もあり、さすがにどうかと思うのである。**運送事業者における運行日報など、法令で作成や保管を義務付けられているものはさておき、そうでない日報の提出にそこまで目くじらを立てる意味がどこにあるのだろう。

20名〜30名程度の小さな組織ならさておき、100名、200名規模になっても日報の慣習を続けている組織もあるから驚きだ。おそらくマネージャーも全員の日報を見ることはできないし、仮に見るとしても相当の労力と時間を消費する。**その気力と体力は他のことに使ったほうがいい。**

■ いかに労力を減らすかばかり考えるようになる

報告書や稟議書の類も然りである。細かな言い回しや誤字脱字、あるいはいわゆる「てにをは」をマネージャーや決裁担当者から指摘され、差し戻しされる。とりわけ研究者など、専門能力が高い人が作文行為で削られる様子は見るに堪えない。やがて**「下手なことを書くとツッコミが入る」「余計な提案はしないでおこう」「毎日、定型文でいいや」と、適切に報告するよりも、労力を減らすことに思考が切り替わる。**これでは本来の役割を果たせていないし、主体性を損ない隠蔽体質をも醸成しかねない。

■ 作文行為をなくすかラクにすることはできないか

ダイバーシティ＆インクルージョンの観点でも、日報を毎日必ず書かせる必要が本当にあるのか見直したい。仕事の目的、組織の規模感、職種の特性などを勘案し、下記の点を考えて、やり方を改めよう。

- 日報制度が形骸化していないか？
- 一部の人しか恩恵を受けないストレス行事になっていないか？
- 本当に日報を毎日全員に書かせなければダメなのか？
- 無駄な稼働を生んでいないか？

作業中心の部署など、特段新しい気づきがない日のほうが多い職種もある。**そのような職種の人たちに気づきや学びを毎日必ずでっち上げさせ、作文させて疲弊させるのは悪趣味でさえある。**計画や進捗の共有であれば、部門内やチーム内のSlack、Teams、独自の進捗管理システムなどで把握できていれば事足りるであろう。そのような部署や職種は日報の対象からはずす（あるいは週報でよしとする）、「本日は特筆事項ありません」や空欄で済ませるのをよしとするなど柔軟な対応を提案していきたい。

もしくは、**わざわざ作文をしなくても、その日の出来事や気づきを共有できるツールを使ってみる。**サンロフト社の「nanoty」は、日々の出来事を「ついでに」共有できる画面構成や動線設計がされており、わざわざ作文するほどでもないものごとを共有しやすい。「わざわざ」を「ついでに」に変える。業務改善の基本である。

試しに1日飛ばしてみる

とはいえ、社長や部門長が日報の習慣にこだわっているなど、なかなか表立って「No(ノー)」を突き付けにくいケースもあるだろう。そんなとき、あなたから小さく試せるアプローチを紹介しよう。まずは、**試しに今日の日報をスキップしてみよう。**1日くらい飛ばしたところでどうってことはない。明日または明後日の日報を「2日分まとめます」など前置きを書いて提出するのもいい。何か言われそうなら、こんなふうに伝えてみよう。

昨日はお客様とのミーティングと会食で立て込んでいたため、今日まとめて書きます

昨日は体調がすぐれず、日報の作成を控えました

案外受け入れられるかもしれないし、周りの人もあなたの真似をして「必ずしも毎日書かなくてもよい」空気が徐々に生まれることもある。

それでも、どうしても書けと言われるなら、気づきや共有したいような特筆事項がない日は「本日は特筆事項ナシ　以上」で済ませればいい。もちろん、共有が必要だと思ったことは書いておこう。

▰ 試しに皆で話し合ってみる

強制作文にモヤモヤしている人はあなたの他にもいるのではないか。雑談がてら、チームやチーム外の仲間と「やめられないか」「やり方を変えられないか」と話し、皆で声を上げるのもよいかもしれない。タイミングは、**会社から「生産性向上検討」「残業削減要請」などのお題目で、無駄を削減する機運が高まったときがチャンス**。ここぞとばかりに声を上げよう。具体的には、次のような一文を改善検討リストにしれっと入れる。**「日報の廃止、または頻度を下げる」「日報をチャットツールでの簡易報告に切り替え、作文稼働を削減する」**。日報だけを問題視するのではなく、あくまで改善を検討する項目の"one of them"として提起するのだ。

▰ 経営者に記事を回覧してみる

経営面における強制日報のリスクは、筆者も以下のブログで警鐘を鳴らしている。この記事を経営者に読ませるのも手だ。「組織コミュニケーションに関する参考記事です」といった趣旨のメールに、複数のネット記事のリンクを羅列し、そのうちの一つにこの記事を入れてみてはどうだろう。日報に関する記事だけが悪目立ちすることもない。あなたが悪者になる必要はない。筆者が喜んで悪者になる。

『日報の運用方法から垣間見える、組織の病』
https://note.com/amane_sawatari/n/n1845c319d416

あらためて周りを見回して、無自覚な作文行為を率先して減らしていこう。我々ビジネスパーソンは「良い作文コンテスト」をやっているのではない。ビジネスをしているのである。

> 一歩踏み出す！
> - 作文をやめられないか、声を上げる
> - 1日おきにする、短文で済ませるなど、試してみる
> - 残業削減などの手段として提案してみる

組織とチーム

092
お作法への
こだわりを捨てる

形式が無駄なハードルになっていないか？

柔軟さ / 主体性の尊重 / 共創意識

レガシーな組織
文書の書き方やメールの宛先順序、会議の発言の仕方など、お作法にこだわる

モダンな組織
お作法にこだわらない。仕事のスピードとテンポを優先する

■ 作文時のお作法にこだわる組織

　顧客向けや社内の提案資料や議事録、稟議書、週報や日報、チャットやメールなど、当世のビジネスパーソンは大きなものから小さなものまで日々何らかの作文行為に追われている。作文に時間をかけすぎるのはいかがなものかと前項でも問題提起したが、**作文におけるお作法へのこだわりも、その負担を増長している。**

　筆者はいわゆるJTC（Japanese Traditional Companiesの略。お堅い組織文化が変わらない日本の伝統的な企業を揶揄した表現）で勤務した経験が長いが、20代の若手の頃、2社目として勤めた企業でお作法の洗礼を受けた。その企業では下記のような社内文書のお作法が事細かに決められていたのだ。

- 紙に出力したときのサイズ
- 件名や日付の表記の仕方
- 出だしと締めの表現

越境学習

- 大項目から順に1.2.3. →(1)(2)(3)→ ①②③と表記するなど、箇条書きにするときのナンバリングの表記方法や序列
- 添付資料を示すラベルの表記方法や位置（「添付」と書くと、「別添」と書くよう上長から指摘された）

など、さまざまなお作法が決められていて、逸脱は許されなかった。

お作法への対応に何時間も使うことも

上記のルールは明文化されていたわけではなく（どこかに書かれていたのかもしれないけれど）、筆者は上長からの差し戻しと指摘で都度これらのお作法を知らされた。そんなこんなで**入社してからしばらくは、部長への説明資料一つ書きあげるのでさえ2時間も3時間もかかった**。筆者がその前に勤めていた会社は「伝わればよい」「失礼でなければよい」くらいのノリであり、書き方や細かな表現の仕方にとやかく言われたことはなかったため、新鮮であるとともに大きなカルチャーギャップを感じたものだ。

お作法は文書の書き方だけに限らない。会議で最初に口火を切るのは職位が最上位の人でなければならない、役職者が発言する前に担当者が意見を言ってはならないなど、暗黙のお作法を発動させている企業もある。

お作法にも合理性はある

お作法にも合理性はある。慣れてくれば効率がよい。余計なことを考えずに、お作法に従って作文または発言さえすれば何も文句は言われない。はじめて見る文書であっても、どこをどう読めばよいのか、どの箇所を確認すればよいのか瞬時にわかるため、意思疎通の非効率やミスも発生しにくい。ひとたび慣れてしまえば、あるいは同質性の高いコミュニティにおいては、ローカルルールも決して悪くないのである。

お作法文化へのこだわりは共創を阻害する

とはいえ正直、当時の私はそれらのお作法を窮屈に感じていた。まどろっこしい、時間がかかる、非効率極まりない。それに、**いちいち上長から赤ペンで表記や表現のダメ出しをされると、まるで子ども扱いされてい**

るような惨めな気持ちになってくる。尊厳が損なわれ、モチベーションも上がらない。そして中途採用者はもちろん、社外の人などと共に仕事をする機会が増える昨今、過度なお作法へのこだわりと差し戻しは、心地よくかつテンポのよい共創の足かせになる。

　自社の常識は、世間の非常識だったりもする。自分たちのお作法へのこだわりが相手を不快にさせてしまうことさえある。**相手にローカルルールを強要した結果、内向きな社風だと思われ敬遠されるリスクもある。**

　そんなお作法文化を小さく変えるための行動と、お作法文化と付き合いつつ効率よく仕事を進めるための行動を4つ提言しよう。

■ 身内ではカジュアルに振る舞う

　まず、お作法文化を小さく変える方法を2つ。第一に、身内から、少しずつお作法を無視してみる。

> このチームでは、お作法無視でいきましょう！

> チャットではカジュアルにいきましょう！

　このように身内、たとえば部内やチーム内の小単位ではお作法にこだわらずにコミュニケーションする提案をして実践してみよう。やがて他の部署、他のチームなどご近所さんが、柔らかなコミュニケーションに心地よさと共感を示し、真似する人たちが出てくるかもしれない。

■ 越境体験を増やす

　しかしながら、日頃外の人たちと接する機会がない人たちほど、**そもそも何が自分たちのお作法およびローカルルールなのかわからず、無自覚に振る舞っている可能性も高い。**実際に筆者が過去に勤めた企業で、その企業グループ特有の用語や言い回しを指摘したところ、部課長から「え、これって世間一般では使わない表現なの!?」と驚かれたことがある。

　ここは一つ、**仲間と一緒に外に出てみよう。**他社の人たちと組んで一緒に仕事をする体験を増やす。社外の人たちとの越境学習プログラムに参加してみる。発注者と受注者の関係ではなく、フラットな関係で協業や共創

してみる。そのような体験を通じ、お互いのお作法やクセに気づくことができる。219ページも参考に、チームに提案してみよう。

■ ルールを明文化し、共有する

お作法文化をなくすハードルは高いにしても、うまく向き合いつつ効率化していくための方法はある。一つは、**相手に守ってほしいお作法をせめて明文化（文章化）すること**だ。文章で明確に示すことで、相手に説明しやすく伝わりやすく、相手も無駄な「地雷」を踏むことがなくなる。差し戻しや手戻りも減り、相手の尊厳を無駄に傷つけることもなくなりお互いハッピーである。

ちなみに筆者も、自分なりに作家としてのトーン＆マナー（自身または自社のイメージの一貫性や統一感を保つための表現方法やルール）をまとめ、明文化している。メディアの取材を受けるときなど、あらかじめ編集者やライターにお見せすることもある。後出しのお作法は煩わしく感じられるが、先にルールやガイドラインを提供すると案外喜ばれたりもする。

■ AIに代筆させる

お作法とうまく付き合うために、生成系AIを活用するのもアリだ。**ChatGPTなどにお作法を学習させ、お作法・ルールに沿った文章を代筆してもらう。**お作法とは要するに「誰もが同じアウトプットを出すためのルール」だ。それなら、もはや書き手は人間である必要はないのだ。テクノロジーを使って、既存の文化をリスペクトしつつ正しくラクをしよう。とはいえ、ChatGPTなどの生成系AIツールにお作法を教えやすくするためにも、ルールは明文化しておいた方がよい。たとえAIを活用していても、**基準やルールが曖昧で出力文に対していちいち修正指示を出していては、それはもはや機械に使われている人間である。**

> 一歩踏み出す！
> - 身内ではカジュアルに振る舞ってみる
> - 仲間と一緒に越境する体験を増やす
> - ローカルルールは明文化して共有する

組織とチーム

名前の並び順に
こだわるのをやめる

柔軟さ / 主体性の尊重 / 共創意識

いちいち職位順を気にしていないか？

レガシーな組織
メールの宛先や印刷配布物などの参加者名や企業名の並び順にこだわる

モダンな組織
並び順にこだわらないし、とやかく言わない。スピード優先、効率重視

■ 並び順にこだわる組織

　前項で指摘した作文時のお作法について、特筆したいものがある。**メールの宛先は職位順に並べる。議事録に記す出席者の名前も職位順。部署名の並び順にも気を遣う。Webサイトや社内の配布物に表記するお取引先一覧や協賛企業の名称の並び順にもやたら気を遣う。このように並び順に厳しい組織がある**。上位者を敬う、他社に気を遣う。それを怠るのは相手に失礼に当たる。その文化が色濃く、礼儀正しさを重視して宛先の順序や名称の表記順序に細心の注意を払う組織は少なくない。

「日本企業は"礼儀正しく時間を奪う"」

　筆者の変革の同志でもある、澤円（さわまどか）氏の名言である。円滑な関係構築やコミュニケーションのためには、一定の礼儀正しさは欠かせない。しかし**礼儀作法にこだわりすぎるあまり、時間や気力を遣いすぎるのも問題である**。相手の職位を調べたり（いつのまにか変わっていることも）、チェックしたりするのに時間がかかって、メールや議事録の送付が遅くなる。受け取る方

の待ち時間も奪うことになる。並び順を修正するためだけに書類やデータを直していたら、余計な時間やお金が際限なく発生する。

礼儀への過度なこだわりは新たな「失礼」を生む火種にもなる。部長に昇進したのを知らず課長と書いてしまい失礼だと言われる。職位を表記しなければ生まれなかった失礼である。また、つねに役職を意識することは上下意識を植え付け、統制管理的な体質を強化する。自社内で済むならまだよいが、他社の振る舞いにも不寛容になることも。形式ばかりにとらわれて相手を責めていては、社内外問わず共創は難しいだろう。

■ 名前の並び順問題を解決する、魔法の一言

「面倒くさいから、表記の順序にこだわるのやめましょう！」

こう言えたら、どんなにスッキリすることか。筆者は空気を気にせずに言ってしまうこともあるが、なかなか従来の組織文化にNo（ノー）を突き付けるのは難しいものだ。もっとも礼儀作法には合理性もある。

そこで、名前の並び順問題を穏便に解決する魔法の一言をお教えしよう。メールの本文や、文書やWeb媒体で人や組織の名称を連ねる必要がある際、欄の冒頭か末尾にこの一文を付け加えよう。

「※五十音順」

正しく五十音順に並んでさえいれば誰にも文句を言われない。言わせない。**もし何か言われたら「不要なトラブルを避け、公平性を期するためです。ご理解ください」**で返す。職位の変更にも強い無敵のお作法だ。イベントなどで参加企業や協賛企業を表記する場合は次の一文も有効である。

「※受付順」

> 一歩踏み出す！
>
> - 人物名や社名の表記の並び順にこだわるのをやめてみる
> - 「五十音順」「受付順」などの一言で煩わしさを軽減する

094 変化の価値に目を向ける

組織とチーム

柔軟さ

目立つ成果を出した人だけが評価されていないか？

■ 目先主義かつ成果主義な組織

　ここまで折に触れて、成果のみならず変化を評価することの重要性を筆者は伝えてきた。しかし、こう返されることがある。
「うちの組織は短期的な成果しか評価してもらえないんです」
「目先の成果につながる目立った仕事や頑張りしか評価されないんです」
　そして「文化や慣習を変える提案をしたところで聞いてなんてもらえません」と。このような声を現場のビジネスパーソンから聞くことがある。あなたが所属する会社や組織は以下のいずれかの傾向が強くないだろうか。

- 個人の気合い・根性で結果を出させようとする
- 現行踏襲重視。今までのやり方を変えたがらない
- 育成や学習などに時間やお金をかけようとしない
- 改善を提案しても反対や無視されるか、「勝手にやれ」と言われる
- 雑談や会話がない。そもそも業務外の話に興味を持ってもらえない

- それどころかメンバー同士、困っていても助け合わない
- 成果を出している人の声が大きく、やりたい放題している人もいる

　いずれかに当てはまるならば、目先主義かつ成果主義の体質が色濃いと言えるかもしれない。それは組織とあなたにとって危険信号である。

行きすぎた成果主義は挑戦を阻害することも

　もちろん成果重視は悪いことではない。目先の成果を出し続けないことには、企業組織はそもそも成り立たない。成果を出す人が正しく評価されなければ組織はおかしなことになる。とはいえ過度な成果主義により**目先の成果だけを評価して、プロセスや行動は「我関せず」。改善や新たな取り組みなどは一切評価しないし組織の活動として認めない。それでは、組織は遅かれ早かれ疲弊する。**

　どんな組織も完璧ではない。なぜなら世の中の環境や、働く人たちの顔触れ、事情などはつねに変化するからである。その時点で完璧だと思った考え方やビジネスモデル、マネジメント、仕事の仕方も、次の瞬間には形骸化および賞味期限切れする可能性もある。そうならないためには、外に目を向け新たなものごとを学習する、今までとやり方を変えてみる、新たな方法を考えて試してみるなど、改善や創意工夫を重ねなければならない。

　ところが改善や創意工夫、チャレンジは往々にして即時の成果には結び付かない。ものによっては芽が出るまでに3年、5年、10年とかかるし、芽が出るとも限らない。短期目線での成果主義が強い組織は、これらの活動を評価しない。**その結果、メンバーに学習を促したり、従来の方法を改善する動機づけが行われにくくなり、創意工夫やチャレンジも生まれず、じわりじわりと組織が停滞、衰退していく。**古いやり方でしか成果を出せない人ばかりが量産されていくことも。キャリアにとってもリスクである。

「目先の成果を出しているからいい」なるモラル崩壊

　目先の成果を出している人だけが評価され、彼／彼女らの声が大きくなりすぎてしまうのも問題だ。**業績に対する目先の成果を人質に、部門長や部課長がコンプライアンスに反した行動やハラスメントをやりたい放題。**

第9章 —— 組織とチームに提案したいこと

そのような、モラルが崩壊した組織もある。経営者も人事部門も問題だとは思っているが、本人に口出しできない。なぜなら目先の成果を出して会社を支えてくれているから。その人がいなくなってしまったら売上も利益も落ち込んでしまうから。本人のマインドとモラルの問題もあるが、その人に権限を集中させすぎてしまった、成果の出し方を属人化させすぎてしまった組織の問題も大きい。

　権限の分散、業務プロセスの見直し、人の育成。それらの取り組みはいずれも目先の成果につながらない。そのため目先の成果しか評価してこなかった組織は、これらを軽視している。気づいたときには、どうしようもない。いわば過度の成果主義が組織の首を絞めてしまったのである。まさに負のサイクルである。やがて、その構造に嫌気がさした社員が一人、また一人と辞めていく。かくして行きすぎた成果主義や、成果しか見ないマネジメントはシロアリに巣食われた住宅の土台のごとく、ジワジワと組織の屋台骨および文化をぼろぼろにするのだ。

■ 変化も評価しよう

　成果だけではなく、変化も評価する価値観に変えていこう。それは組織とそこに関わる個がともに健全に成長し続けるために必要なマネジメントでありカルチャーである。67ページで示した図を再びご覧いただきたい。

図：仕事の4つの象限

	成果	変化
短期	I	II
中長期	III	IV

近年の過度な「KPI主義」「効率主義」が助長してきた行動（→ I）

出典：筆者作成資料

　成果主義が強すぎる組織は第I象限しか評価しない。一方で**思考や行動をアップデートし続ける組織は、第II象限と第IV象限、すなわち短期的な**

変化や中長期的な変化も評価する。その積み重ねが、新しいビジネスモデルや新たな仕事の仕方の「勝ちパターン」を組織と個に生むのだ。つまりは、中長期的な成果（第Ⅲ象限）をもたらす。

◼ 対話によって短期的な成果以外にも目を向けさせる

あなたの組織が変化も評価するようになるために、個として何ができるだろうか。一つは、**組織での振り返り**だ。前ページの図を広げて、チームのマネージャーやメンバー、あるいは経営陣と対話してみよう。前述のリスクや危機感を口にしつつ、短期や中長期の変化、たとえば学習や人材育成、改善やチャレンジの取り組みそのものも評価してもらうよう働きかける。健全な組織であれば、少しずつでも動いてくれるはずだ。

◼ 変化をポジティブに言語化する

変化によって得た良さを言語化しよう。たとえば、いつもと仕事の仕方（会議の進め方など、小さなことからでかまわない）を変え、その結果として見られたメンバーの意識の変化、行動の変化、雰囲気の変化などを明るく口に出してみよう。

いつもより、意見を言いやすくなりましたね！

続けていれば、いつか成果が出そうですね！

この積み重ねが、変化に対するポジティブな空気と感情を組織に醸成する。「変化は良いことなんだ」「今までのやり方を変えてもいいんだ」。この肯定感を育み、変化に対する前向きな姿勢を組織に形成するのだ。成果主義と変化主義は背反するものではない。目先の成果を評価しつつ、中長期の変化や成果につながる行動を評価する空気と文化は両立できるのだ。

> 一歩踏み出す！
> - 過度な成果主義に陥っていないか、それにより組織のモラルが崩壊しかけていないか、図を用いながら対話する
> - 変化によるポジティブな効果を言語化する

| 組織とチーム

095
偉そうな態度を
やめさせる

仲間やお取引先に偉そうに接していないか？

レガシーな組織
仲間やお取引先に対して偉そうに振る舞う。自社の都合だけを一方的に押し付ける

モダンな組織
仲間やお取引先にも丁寧に接する。自分たちの都合を一方的に押し付けない

■ 悪気なく上から目線な組織

あなたの組織の人たちは、次のような行動を当たり前のように繰り返していないだろうか。

- 若手や職位の低い人、お取引先などにタメ語や命令口調で接する
- 相手への指示や依頼の仕方が雑
- 相手からの質問にいつまでたっても回答しない
- 月曜日締め切りの仕事を、金曜日に突然振る
- 相手をいちいち呼び出す（出社や出頭の強要）

自分の方が偉いとでも思っているのだろうか。相手が受注者であれば、「お金を出しているのだから、お客様は神様だろう」とでも勘違いしているのだろうか。このように、**自分より職位の低い人や若手、お取引先などに横柄に振る舞う人たちがいる**。自分たちの立場が上だと思い込み、相手

に対して強気に振る舞う。

そこまでひどくなくても、**自社の都合だけを一方的に主張し、相手の言い分を一切聞かない。「とにかくやれ」で自分たちの要望や目標だけを押し付ける。仕事の仕方や業務プロセスが旧態依然で、他者に対して一方的なケースもある。**筆者は自動車会社の出身だが、重厚長大ヒエラルキー型が色濃い大手製造業や社会インフラ基盤を担う企業などでは、残念ながらまだこの色を残している企業が散見されると感じている。

▬ 社外に横柄な組織は社内にも横柄

相手に対するリスペクトを感じられない。仕事の仕方そのものが悪気なく上から目線。そういった組織は、社外に対してだけではなく社内においても同様の振る舞いをする。

- 職位の低い社員に対し「うちの子」「あの子」などの表現を用いる
- 「〜させる」など命令口調の表現が目立つ
- 「業者」「提案させる」「改善指導する」など、お取引先に対する言葉遣いや表現が偉そうである
- 値引き交渉や価格交渉がルール化されている
- 人前で誰かを叱責する

これまでにも指摘したことも多い。強い立場で仕事をしてきた組織や人ほど、悪気なく上から目線な態度や仕事の仕方が染みついてしまっている。自分たちが放っている悪臭や腐臭に気づかないのだ。

▬ 共創できない体質と、エンゲージメントの低下をもたらす

悪気なく上から目線な慣習と行動は、以下のダメージを組織にもたらす。

- ①共創体質になれない
- ②ハラスメント体質化、エンゲージメント低下
- ③ガバナンス（企業統治）の崩壊、コンプライアンス違反

とりわけ②と③は由々しき問題である。**役職者や顧客の立場の企業の殿様マインドが強化される。自分たちが偉いと勘違いして、相手に強気に振る舞う。**知らず知らずのうちにパワーハラスメント（パワハラ）、カスタマーハラスメント（カスハラ）、セクシャルハラスメント（セクハラ）が常態化する。筆者がこの原稿を書いている今も、ある大手インフラ企業の社長が宴会の場で同席していた女性社員に抱きつき、社長と、同席していた経営陣らが処罰されたニュースが世間を騒がせている。

みなさんは自社がこんな有様だったらどう思うだろうか。**心ある人ならば「自社が恥ずかしい」と思うだろう。その感覚は極めて健全である。**若手や意欲ある人がその会社や業界を去る。あるいはエンゲージメントを下げて物言わぬおとなしい人になる。その背景の一つに「自社が恥ずかしい」があるのだ。実際、筆者もさまざまな業界、さまざまな企業の若手や中堅の社員と対話をしていて「自社が恥ずかしい」「当社の社員の振る舞いや仕事のやり方が時代錯誤で、情けない」「お取引先に対して申し訳ない」などの切ないコメントを聞いてきた。

■ 外を見る機会を創ろう

悪気なく上から目線の偉そうな態度を変えるために、3つの提言をしたい。まずはこれまでにも述べてきたが、**内向きな空気を変えるにはとにかく外を見る機会を創る。**たとえば外部の人の講演を皆で聞く。外の人から一般論でダメ出ししてもらうのもよい。他にも、皆で同じ本を読んで意見や感想を述べ合う（自組織のカルチャーの時代錯誤を指摘してくれるようなものを選ぶとよい）。さらには業務として、社外の人との共同研究、共同学習、共創プロジェクトなど、チームを組んで仕事をする。他者とフラットな関係でものごとを進める機会を増やし、外の人との共創と対話を通じて、自組織の問題や課題に気づける。このように自組織の窓を開け、外の風を当て続ける仕組み・仕掛けを作っていこう。これらのためにできることとして、第5章で伝えた内容も実践してみてほしい。

■ リスペクティング行動を学習する

他者の立場や人格を尊重し、一人の人間としてリスペクトすることを

「リスペクティング行動」と言う。言動だけでなく、仕事の進め方や業務プロセス、社内ルールが独り善がりになっていないか。相手をリスペクトし、相手と気持ちよく共創できる状態になっているかなどの観点も含まれる。このリスペクティング行動を社内で周知させ、組織の共通言語にしよう。まずはあなたから、あなたの部署やチームからでもかまわない。

リスペクティング行動については拙著『悪気のないその一言が、職場の一体感を奪っている』（日本能力協会マネジメントセンター）も参考にしてもらいたい。

■「今どき、恥ずかしい」と声を上げる

社内の人たちの悪気ない上から目線の態度、偉そうな言動に対して、あるいは相手を痛めつける旧態依然の仕事のやり方に対して声を上げよう。

今どき恥ずかしいです

あり得ないです

調子に乗ってると思われかねません

とはいえ一人で悪者になるのは勇気がいるだろう。それなら下記のように、あなたが悪者にならない方法で社内の世論形成をしていくのもありだ。

- 若手だけの座談会などで共感の声を上げる
- 社外の有識者を講演に呼んで客観的な立場からダメ出ししてもらう
- 時代錯誤な慣習や行動にダメ出ししている書籍や記事を一般論として社内共有し、共感のコメントを示す

殿様にはハリセンでスパーンと叩かれる体験こそ必要なのだ。その一発を、手を替え、品を替え、景色を替えてあなたが喰らわせてほしい（とはいえ、ほんとうにハリセンでひっ叩いたら問題。あくまで比喩表現として捉えていただきたい）。

第9章——組織とチームに提案したいこと

■ 番外編：偉そうな態度を強制終了させる

かくいう筆者も自動車会社勤務時代、購買部門や情報システム部門などでお取引先に偉そうに振る舞う部課長を見るにつけ（もちろん、人として素晴らしい人もたくさんいた）「自社が恥ずかしい」ひいては「この業界オワっているな」と思ったものである。

筆者の大手製造業勤務時代（当時は一般社員）のエピソードを一つ。他の事業所から出張で来ていた他部署の見知らぬ部長が、筆者の近くの出張者席で、内線電話で部下（筆者はこの表現は苦手なのだが便宜上使う）に延々と命令口調で説教をしていた。

横で聞いていてあまりに不快だったため、筆者は机の下の電話線をブチっと抜き強制終了させた。「あれ、いきなり電話がつながらなくなったぞ」と本人は大慌て。そのままどこかに去っていってしまった。その様子に気づいた筆者の上司（課長）は、筆者のもとに駆け寄り、こう言った……。

「グッジョブ！よくやった！」

> 一歩踏み出す！
> - リスペクティング行動を皆で学習する
> - 「今どき、恥ずかしい」「あり得ない」と声を上げる。他者の意見に賛同を示す方法でもOK

共創意識

フラットな関係

多様性の尊重

越境学習

096

組織とチーム

交渉してみる

上位者に何も言い返せない環境になっていないか？

はい、
わかりました……

言ってもムダだし……

レガシーな組織

顧客、経営陣、マネージャー、本社の言うことは絶対。反論する発想などない

モダンな組織

「おや?」と思ったら相手と交渉をする

何も言い返せない組織

あなたは、仕事で誰かと交渉した経験があるだろうか。この問いに対して「No（ノー）」と答える人も多く、筆者は驚くことがある。実際、**組織や上長の言うことに、何も言い返せない人は少なくない。**

前項で、社外や社内に対する恥ずかしい態度を指摘する声を上げようと伝えた。とはいえ、対経営陣、対マネージャー、あるいは対本社など立場の強い相手に行動を改めてもらうのはなかなかハードかもしれない。

しかし**誰からも何も言われたことがない、交渉されたこともないと、相手は悪気なく自分たちのやっていることが正しいと思い込むようになる。**やがて顧客の言うことは絶対、経営陣やマネージャーの言うことは絶対、本社が決めたルールは絶対など、**上意下達の体質が色濃くなっていく。**立場の弱い人たちの声が顕在化しにくくなり、異なる立場間での景色はますますズレていく。つねに「下請け」「言いなり」では、あなたたちの立場もよくならなければ、職場の雰囲気も仕事のやり方も改善されない。

■ まずは小さく交渉してみる

　気になることがあった際、相手に正しく言い返す行動も必要だ。ただし単なる反抗や否定だと思われてしまうと、話の内容に関係なく、相手も咄嗟に防御姿勢もしくは攻撃姿勢を取るだろう。**そこで、便利な言葉がある。「交渉」だ。**「あなたの言い分もわかるが、こちらにも言い分があるから折衷案を探らせてほしい」といった姿勢だ。

　多くのものごとは交渉によってより良い方向に進む。交渉を恐れてはならない。相手が上位の役職者や立場の強い相手であっても交渉する体験を、同時に相手にとっては交渉される体験を、あなたが小さく創っていこう。

■「交渉してくる人」だと思ってもらうことが大事

　気になる、違和感がある、受け入れられない。相手の言動にそのような感情を抱いたら、勇気を出してこう切り出してみよう。

　　　　　交渉させてください

　この一言を発するところからでもよい。
「えっ、交渉されるなんて思ってもみなかった……」
　相手はそのような反応を示すかもしれない。あるいは、あなたの想定外の発言に「ぽかん」となるかもしれない。それでよい。今まで交渉されたことのない相手であればこそ、その一言が与えるインパクトは大きい。**交渉を仕掛けるとは、「あなたの言いなりになるわけではありません」との意思表示でもある。あなたが心を持ち始めたことを態度で示すことだ。**それが、交渉を仕掛ける大きな意義の一つでもある。

　交渉の一言が強すぎると感じるのであれば、相談などにおきかえてもよい。「仕事を進める上でご相談があります」のように表現してみよう。その場で話し合いが行えなくてもかまわない。まずは交渉する／される経験を創るところから、徐々に相手との関係性の景色を変えていこう。

■▶ 交渉をするために必要な能力を鍛える

とはいえ、ただ交渉を仕掛けただけではお騒がせにしかならない。感情論や机上の空論で終わらず、よい交渉をするための能力も身につけておきたい。それが、以下の3つだ。

❶ プレゼンテーション能力

交渉とは自分たちの主張を一方的に伝える行為ではない。結論を手短に示す、わかりやすい表現を使う、相手の表情を見ながらトーンやテンポを変えるなど、プレゼンテーション能力を鍛えておこう。いずれも相手に話を聞いてもらうために必須の能力である。

❷ ロジカルシンキング

ものごとを筋道立てて考える。問題や課題を構造化して説明する。論点を図解したりナンバリングしたりして整理する。相手との認識が異なっている点と合致している点をそれぞれ見出して言語化する。このような論理的思考能力（ロジカルシンキング）も交渉には欠かせない。

❸ クリティカルシンキング

クリティカルシンキングとは、ものごとを批判的に考える能力のこと。批判とは否定を意味しない。テーマや論点に対して抜け漏れなどがないかさまざまな視点で考えてみる、意見やものの見方に偏りがないか別の角度から見てみる、などの行為を意味する。いわゆる建設的批判（ものごとをより良く前に進めるために、あえて反対意見や真逆の視点を投げかけること）もクリティカルシンキングに含まれる。

これらの能力とお作法を身につけ、正しく交渉できる文化を創ろう。

> 一歩踏み出す！
> - まずは交渉をしてみる
> - 「交渉させてください」と発することからでもよい
> - 建設的な交渉をするための3つの能力を身につける

097 経営層に現場のリアルを伝える機会をつくる

組織とチーム

柔軟さ

経営陣と対話ができているか?

レガシーな組織
経営陣と管理職、経営陣と現場の間に壁があり、対話がほとんどない

モダンな組織
経営陣と管理職、および経営陣と現場のメンバーが日常的にフラットに対話する

フラットな関係　情報共有　多様性の尊重

■ 現場と経営者の間に距離がある組織

　現場が見えていない経営陣。これが、しばしば組織の問題として指摘される。たとえば**会社が新たな施策を打ち出したとき、「わかっていない」「そういうことじゃない」とため息をつく人が多い職場がある。**これらの言葉は、経営と現場で景色が合っていない状況を示唆している。経営と現場の壁が高い組織では、現場で何が行われているか、現場のメンバーがどんな問題や課題を抱えていてどこに困っているのかが、経営陣から悪気なく見えなくなり、組織がおかしな方向に進んでしまう。結果、**一方的にメンバーのエンゲージメントを下げたり、コトによってはコンプライアンス違反をし、苦境に立たされる企業も少なくない。**

　経営陣が現場メンバーの思わぬ発想や意欲を見逃すこともある。経営者と新入社員の問題意識や思いがじつは合致しているのに、お互いにそれを知らず、新入社員のその思いは現場で潰されてしまった。そして退職。そのような悲しいすれ違いが起こる職場もある。なんとももったいない。

■ 形式だけの対話は無意味もしくは逆効果

116ページで伝えたように、現場と組織との対話も必要だ。実際、社長や役員と社員の対話会を催す企業もある。**しかし年1回、または数年に1度程度のお堅い場の対話で本音やリアルが見えると過信しないほうがよい。**心理的安全性が低い職場ほど、誰も本音も意見も言わない。そもそも役職者に意見をする習慣がない人たちもいる。

またお堅い企業では、「社長が従業員の皆さんと対話されたいとおっしゃっています。社長への質問事項を各部の部門長が取りまとめた上、期日までに社長室宛てにメール送信してください」など、**従来のヒエラルキー構造丸出しのやり方で事前集約、審査などを行う。**社長に失礼がないようにと、側近の粋な取り計らいと忖度により、模範的な質問と回答を事前に用意するためだ。こうしてお遊戯会さながらの、開催すること自体が目的のしらけた対話会が繰り広げられる。ますます現場のリアルが見えなくなる。これは会社が従業員を信頼していない証左とも捉えられる。そのようなお堅い社風、内向きな社風に嫌気がさして辞める人もいる。

■ 管理職にも期待ができない

経営陣と管理職の対話不足も問題である。健全に運営されている企業であれば経営会議など、経営陣と部門長などが話をする場が設けられているだろう。ところがこれらの会議でも、**経営陣が一方的に管理職に通達や演説、叱責をする場にしかなっていない。部門長や部課長が意見をしても聞く耳を持たれない**など、対話が成り立っていなかったりする。これでは現場のリアルは伝わらない。この状況は経営サイドにとっても損でしかない。現場のリアルがわからないだけではなく、経営のリアル、メッセージなどが現場に伝わりにくくなっているからだ。現場のあなたが、この壁にもどかしさを感じ取り除きたいと願うのなら、次の行動を起こしてみよう。

■ 「ヤバい」「経営と景色が合っていない」と声を上げる

経営の不理解にモヤモヤすることがある。現場では解決できない問題に直面した。そう思ったら、まずは近しい管理職や仲間にその旨を伝えよう。

第9章 —— 組織とチームに提案したいこと

> 社長が現場の実態を知らないのはヤバいと思います

> このままでは現場のストレスは増え、離職が加速します

217ページで伝えたように、**経営陣や部課長の関心ごとと関連付けて問題提起すると聞く耳を持たれやすい**。掲げた目標が「無理ゲー」（クリアするのが不可能なゲーム）のような状態になっていないか。現場が能力と意欲を最大限に発揮するために経営陣や本社組織に知っておいてほしいこと、やってほしいことは何か。そして現場が努力すべきことは何か。これらを言語化し、**現場のためではなく組織や経営のための情報として、現場の声を経営陣に届けよう**。経営と現場の対話を要求する、または部長から担当役員に話をしてもらうなど働きかけよう。声なき声は伝わらないのだ。

■ 経営陣と現場がカジュアルに接する場を創る

社内の読書会やランチ会、チャットルームなど、役員も社員も気軽に参加できて意見交換しやすい場があれば、そこで雑談ついでにあなたの悩みや問題意識を経営陣に聞いてもらうのもよい。または、**そのような社内コミュニティをあなたが立ち上げてしまうのも手**だ。公式な場では部課長をすっ飛ばして役員に直接話をするのを嫌がる文化の組織もあるが、非公式な場で「ついで」に話をするのならば角が立たない場合もある。

なお経営者との対話を進めるには、管理職やリーダーと、メンバーの景色合わせ、すなわちチーム内の対話が欠かせない。何をもってヤバいと言うのか。その論拠を強くするために外を知っておくのも欠かせない。

> **一歩踏み出す！**
> - 「経営と景色が合っていない」と管理職に対して声を上げる
> - 社内読書会、ランチ会、チャットルームなど、経営陣と現場のメンバーがカジュアルに接する場を立ち上げてみる

柔軟さ

フラットな関係

情報共有

多様性の尊重

365

098 働き方を主体的に選べるようにする

組織とチーム

画一的な働き方を強制されていないか?

レガシーな組織
原則出社。特別な事情がある人だけテレワークが認められている

モダンな組織
特段の事情がなくても、普通にテレワークができる

■ 画一的な働き方を強制する組織

　日本企業における働き方は、近年は大きく変化している。たとえば代表的なのがテレワークまたはリモートワーク（ここでは同義に扱い「テレワーク」で表記を統一する）。日本でもCOVID-19の蔓延を機に一定の広がりを見せた。しかし**感染の流行が収束し始めた2023年ごろから、強制的に元に戻す動きが見られるようになった。**「出社派 vs. テレワーク派」の綱引きというか、もはや宗教戦争のような信条のぶつけ合いの様相を呈している。このように、個人の主体性は無視して、画一的な働き方を全社に強制する組織は依然として多い。

　出社勤務とテレワーク勤務、各々のメリットとデメリットの議論はここでは控えるが、筆者の本音は「どちらでもよい」である。出社かテレワークかが問題ではなくて、**個々人が自分の生産性および集中力の高い方法を選んで実践することができない状態が問題である。**手段を目的化してしまい、いわば思考停止状態を創ってしまう。組織の変化や成長を妨げるばか

りでなく、個の自主性や主体性、思考して行動する習慣そのものが奪われる。**とてもではないが文化度の高い組織とは言い難い。**当たり前のように自宅や旅先からオンラインでミーティングに参加し、素晴らしい成果を出している人たちと日々仕事をしていると、それを許容できる組織とできない組織の成長力や柔軟性の格差は、今後ますます広がるだろうと感じる。

■ とどのつまりはコミュニケーションの問題

現場と管理職、経営層、人事部、総務部。お互いが一方的に正当性や合理性を主張し、相手を無理やり合わせさせようとする姿勢が根底にある問題だ。現場の都合を見ようとしない、もしくは伝わっていない。または現場を信じていない。要するに前項でも指摘したような、**タテのコミュニケーション不足が問題である。**

「会社の方針が不満なら、辞めればいい」。そのような姿勢では何も解決しないし、誰も幸せにならない。お互いのやり方や事情を相互にリスペクトし、共に成果を出しつつ社会にも配慮のあるやり方を実践しよう。その意味でも、組織や経営陣との対話で理想とする働き方を素直に伝えていくことは大切だ。経営陣でも人事部門の責任者でもないあなたが、自分に合った働き方を手にいれるために、あるいは取り戻す、継続するためにどうしたらよいか。テレワークを例に4つの方法を紹介しよう。

■ まずはしっかり成果を出す

何はともあれきちんと成果を出す。話はそれからだ。テレワークの方が集中しやすく成果を出しやすい仕事があるのも事実だ。通勤に疲弊することもない。その時間と余裕を情報収集に充てて思考の幅が広がり、質の高い成果や中長期的な成果につながる変化などもある。

しかし、**働き方を変えただけで劇的に成果が変わるということはなかなかないだろう。**もともと成果を出している人が、働くうちに「ここをこう変えられたら、もっと成果を出せるのに」と感じた障壁を取り除くことで、さらに成果を出せるようになるのだ。**まだ成果も出していない人が「こうしてくれたら成果が出せます」と言ったところで組織は信じないし、実際、成果も出ないだろう。**まずは現状の働き方で成果を出してから、もっと成

果を出すための手段として働き方の変更を提案するのがよい。

▌「働き方は任せてほしい」と伝える

一方、**突発仕事や急ぎの対応、あるいは誰もやりたがらない仕事を引き受ける条件として「働き方は任せてほしい」**と主張するのは合理的である。

> 他の仕事も忙しく引き受ける時間的余裕がないですが、テレワークを認めてくれたら可能です！

このように条件として提示してみよう。企画案の作成などは、自宅や図書館で参考文献や書籍を読みながらの方が構想を練りやすかったりもする。このように、職場以外の場で仕事をしたほうが仕事のクオリティが向上するケースも多々ある。合わせて、**「それが無理なら引き受けられません。もしくは残業が必要になります」**とも伝える。残業抑制に対する感度が高まっている企業は多い。マネージャーも長時間労働の常態化は避けたいはずだ。

▌メリットや感謝の気持ちをフィードバックする

今は理想的な働き方ができている人も油断はできない。同じ会社でも、職種によっては出社が必須の部署もある。**そのような人たちとの不公平感を解消するために、「やっぱりテレワークは禁止」**と戻す企業もある。非対面のコミュニケーションを億劫に感じる管理職の一存で原則出社に転じる部署もある。その空気を作らないために、テレワークのメリットや感謝の気持ちを日頃から声にしよう。

> 作業効率が上がった！

> 社外の人と出会えてネットワークが広がった！

> 公共交通機関や駅の混雑緩和に貢献していて、会社として素晴らしいと思う！

または**人事部門、情報システム部門、広報部門などの人たちに感謝を伝える**。これらの社内部署は、ともすれば感謝されない、文句だけ言われて傷ついている人もいる。制度を守りたい／残したいなら、効果や感謝の気持ちを伝えるのも大事だ。それが各部門の自信と効力感を高め、さらには彼／彼女らからの経営陣に対する提言につながることもある。

◼ 働き方を変える合理性を紹介した記事などを回覧する

それでも働き方を変えられない、変えたくない圧力が強い場合の荒技を紹介しよう。**理想とする働き方の合理性を解説した記事を社内回覧することだ**。「この記事参考になります」「この観点で話し合ってみたいです」などコメントを添えて社内チャットや社内SNSなどに記事のリンクを投稿する。経営陣と社員との対話会などで投げこんでみる。あるいは社内の読書会などで、その働き方を肯定している書籍を扱うよう提案してみる。

この利点は、あなたが悪者になる必要がないことだ。あくまで**「この記事や書籍を書いた作家や専門家がこう言っていますが、どう思いますか？」**のスタンスだ。すなわち、作家や専門家に汚れ役になってもらえばよい。

ちなみに筆者は日経クロステックの連載でテレワークに関する記事を公開している。なんなら、この記事のリンクを社内回覧してみよう。筆者でよければ喜んで悪役になる。

『「原則出社」に戻す前に考えてほしい、テレワークによって解決が近づく10の課題』（日経クロステック）
https://xtech.nikkei.com/atcl/nxt/column/18/00205/061300086/

- 「テレワークでなら可能です」と主張して仕事を引き受ける
- 感謝の気持ちを人事部門などに伝える
- 働き方の変更を肯定する社外の意見を回覧する

組織とチーム

099
役員や管理職の顔触れをカラフルにする

意思決定層が同じ属性の人だけになっていないか？

役員一覧

レガシーな組織
経営陣や管理職が全員男性、全員50代以上など顔触れが単調

モダンな組織
女性、時短勤務の人、若手など、経営陣や管理職の顔触れがカラフル

■ 役員全員が「モノトナス（同一色）」な組織

「役員は全員男性。女性が一人もいない」
「役員は全員50代以上のシニア。服装は全員スーツ＆ネクタイ」
　もしくは、このような企業もある。
「役員は全員女性」
「役員は全員30代以下で、ジャケットにTシャツ、スニーカー」
　たとえば前者の企業には「堅そう」「古そう」といった印象を持つ一方で、安定感や安心感を感じる人もいるかもしれない。後者の企業には「スピード感がありそう」「柔軟性がありそう」のような印象を持つ反面、若手ゆえの経験不足や知識不足を懸念したり、モーレツすぎる社風なのではないかとネガティブに捉えたりする人もいるかもしれない。
　どちらの企業にも、印象の良し悪しがある。よってここで問題提起したいのは「どのような役員構成が適切か」ではない。**注目してほしいのは「全員」の文字。役員の属性が偏っている状況が体質に与える影響**だ。

■ 経営層の偏った価値観が働きにくさを創る

意思決定層の顔触れは組織の行動習慣にも影響する。たとえば**役員が男性のみの企業では女性への権限委譲が行われにくい。**最前線で意思決定をするのは男性の役割で、女性はサポート業務に徹する。そのような役割分担が固定化されている組織は今なお少なくない。家事や育児は妻に任せて、全時間を会社に捧げられる人だけが役員や管理職になれる。その状態を無自覚に創り、固定化してしまっている。ゆえに役員や管理職になりたくない人が増え、時代錯誤に思われて若手から敬遠されてしまう。

■ 気の合う仲間で創業したスタートアップは要注意

一つの価値観に偏ることは、**スタートアップ企業でも同様に起こり得る。**役員は全員20～30代の単身者のみ。とにかくモーレツに仕事に没頭する。創業メンバーだけで事業展開しているうちはそれでもよいが、組織を大きくする段階で、家庭を持っている人や育児や介護をしながら仕事をしている人も輪に加わったとたん、うまくいかなくなる。

会社（役員）は彼／彼女らの気持ちや困りごとがわからず、これまでのやり方を変えようとしない。結果、働き続けるのが難しくなった人が辞めていく。新しい人が入っては辞めるサイクルに陥り、出血が止まらなくなる。役員たちの多様性のなさが組織全体の横並び主義的な体質を助長し、そこに適応できない人たちを排除してしまうのだ。

■ 「カラフルさがほしい」と訴えよう

経営層や組織制度が「モノトナス（monotonous：単色、単調）」であることの不便さや窮屈さを、経営者やマネージャーとの対話で伝えてみよう。

> 時短勤務の人の気持ちをわかってくれる人が経営陣にいてほしいです

> 相談でき、かつ決定権のある女性（男性）が社内にいてほしいです

社内意識調査などで「理解者が少なくてつらい」「カラフルさがほしい！」とコメントするのもよい。**「こうすればもっと働きやすくなる」など前向きに伝えるのもよい。**その声が大きくなれば経営陣もカラフルさを意識し始め、社外取締役に今までと特性の違う人を起用するなど行動を起こすかもしれない。相手の頭にアンテナを立てることから始めよう。

◢ 組織にないカラーの人と一緒に仕事をしてみよう

自分たちとは異なる特性の人に業務委託で加わってもらい、一緒に仕事をしてみるのもよい。その人との仕事やコミュニケーションを通じて新たな考え方、着眼点、能力などを得られるだろう。自分たちが長年慣れ親しんだやり方の不都合や不具合に気が付けるはずだ。そこから、**異なるカラーの人に輪に入ってもらう意識がチームや組織に芽生えるかもしれない。**

> **事例紹介**
>
> **管理職をカラフルにし始めた企業**
> Webサイト制作会社のサンロフト（静岡県焼津市）は、時短勤務の女性社員を部長職に起用した。赤ちゃん本舗（大阪府大阪市）でも時短勤務の管理職を増やし始めている。男性のシニア管理職しかいなかった企業で、派遣社員として参画した女性が受け入れられて活躍し、正社員登用後に役員になった話もある。

管理職の顔触れをカラフルにすることで、さまざまなライフステージや働き方の人が活躍しやすい制度や組織文化が創られていく。管理職像の選択肢も増え、マネジメントのあり方そのものも見直されていく。**多様な時代に向き合うには、組織にも多様な人材が必要だ。**組織のメンバー、とりわけ意思決定層の顔触れのカラフルさは「わかってくれる人」「共感してくれる人」の多さを示すものでもある。多様な人が「自分をわかってもらえている安心感」を持って働けるよう、組織のカラフルさを大切にしよう。もちろん、組織の色はいきなり変わらない。地道な意識醸成により、徐々に新たなカラーに対する理解を生んでいこう。

> **一歩踏み出す！**
>
> - 「カラフルさがほしい」と声を上げる
> - 異なるカラーの人と一緒に仕事をする経験をしてみる

100 ビジョンに即した変化を促す

組織とチーム

柔軟さ / 共創意識

組織のビジョンと行動が不一致を起していないか？

レガシーな組織
ビジョンやミッションは掲げられているだけ。やっていることがちぐはぐ

モダンな組織
ビジョンやミッションと行動が一致している。ズレを改めようとする

■ 掲げたビジョンと矛盾する組織

　ミッション、ビジョン、バリュー、パーパス、クレド……経営理念や行動指針を示すこのような言葉が巷をにぎわしている。これら（以下、これらをひっくるめて「ビジョン」と称する）は、その組織の社会に対する約束を示すものであり、組織らしさを示すものでもある。ところが <mark>ビジョンにまるで無頓着な企業、ビジョンを掲げただけでちぐはぐの行動や慣習を温存し続ける残念な組織も少なくない。</mark>

<mark>「当社のビジョンは『ITで社会を幸せにする』です」</mark>。このように語るIT企業が、仕事のやり方もコミュニケーションの仕方もアナログで、紙やハンコの手続きが多く、社員や社外の人たちを疲弊させたりしている。「非IT」の顧客や取引先のほうが、よっぽど最新のITサービスを駆使してスピーディーに仕事を進めている。もはや笑い話である。

<mark>「ビジョンは、関係人口を増やすことです」</mark>。こう掲げる地方自治体の施策が、地域から出たことのない人たちだけで企画・運用されたりしている。

挑戦の尊重 / アジャイル

それで、地域をはじめて訪れる人、移住や多拠点居住をする人の気持ちがわかるのだろうか。

「当社は顧客の新規事業創造にコミットします」。そう豪語するコンサルティング企業が、連日のハードワークで、管理職も役員も外に出る機会や仕事以外の体験をする機会が少なかったりする。社風が内向きで、外の人たちの意見を聞こうとしない企業もある。このような内向きでモーレツ一辺倒な企業に、新規事業創造の支援など期待できる気がしない。

いずれも、一言で表現するならば「何も説得力がない」。

言行不一致は求心力を低下させる

ビジョンと行動がちぐはぐで、正そうともしない。**それは顧客や取引先など外部の人たちはもちろん、自組織のメンバーへの求心力も下げる。**
「『ITで社会を幸せにする』と言っているのに、自分たちの仕事の仕方や使っているツールはまるで石器時代。自社が情けない……」「うちの町、関係人口を増やすと言っているけれども、地域の人たちも無愛想で閉鎖的で、訪問者からは『来た瞬間、帰りたくなる』『二度と来ない』と言われる……切ない」「新規事業創造を掲げているのに、新しい働き方や行動も尊重されない。前例踏襲で、社内の上の顔色ばかり気にして仕事している。よい新規事業なんて生まれるわけがない……」。言っていることとやっていることが違うと信頼されないのは、組織も人も同じだ。こうして**心あるメンバーほど物言わぬおとなしい人になるか、そっと辞めていく。**

ビジョンに正しく立ち返る

ビジョンとは経営者や経営層が定めた、組織のありたい姿だ。**組織体質への違和感を示しつつ変化を促していきたいならば、ビジョンの実現のためにと前置きした上で経営陣や意思決定層に話をしよう。**これは合理的かつ真摯な行動である。

しかし驚くことに、**そもそも「自社のビジョンを知らない」ビジネスパーソンも多い。**たとえ管理職であってもだ。「どうせ、経営者が掲げた絵空事だろう」と、気にも留めていなかったりする。まずは自社のビジョンを皆で読み合わせしてみよう。あなたが仕事のやり方や慣習に違和感を

感じ、そのおかしさを提言したいときは、ビジョンと照らして話をする。そうして、皆でビジョンに立ち返ってみよう。

■ ビジョンをもとに現状を省みる

ビジョンを読み合わせたら、以下の点を部署やチームで話し合ってみる。

- 当社のビジョンと、日々の行動が合っているか？
- その行動が、顧客やお取引先をがっかりさせていないか？
- その行動が、自分たちを意気消沈させていないか？

顧客、お取引先、退職者の声や、言行不一致によりがっかりさせた事例も添えると良い。心通い合う顧客やお取引先から言ってもらうのも手だ。

「私だけが文句を言っているのではなく、周りからそう見られているんです」

「だから皆で話し合って改善したいです」

真摯に伝えて、自組織の人たちをハッとさせよう。その後「自組織／自職場は誰からどう思われたいか」「そのために、行動や慣習をどう変えるべきか」についても皆で話し合いたい。

えっ、そもそも会社にビジョンがない？　ならば**あなたの部署やチーム単位でビジョンを創ってしまうのもありだ。**その具体的な事例と方法は、拙書『「推される部署」になろう』（インプレス）でも解説した。まずはあなたが所属する部署やチームからでもかまわない。ビジョンと実態の乖離（かいり）を正しく指摘し、正しく解消していこう。

> 一歩踏み出す！
> - ビジョンに触れつつ、違和感を発信する
> - 言行不一致になっていないか問いを投げ込む
> - 顧客やお取引先、退職者の声を添えて伝える

おわりに

組織の体質は「あなた」から変えていける

　以前、筆者は都内で開催された「カルチャー変革決起会」に出席した。Unipos（ユニポス）代表取締役社長の田中弦氏が立ち上げたイベントで、日本社会全体のカルチャー変革の気運とムーブメントを高めることを目的としている。当社（あまねキャリア）もこの取り組みに大いに共感し、賛同企業の1社として名を連ねるとともに（なんと88社が賛同！）、組織文化を変えたい思いを持った同志と熱い交流をしてきた。そのイベントで、田中氏が解説していたカルチャーレベルの図が大変シンプルかつわかりやすかったため、本書の締めくくりに紹介する。

図：「カルチャー変革」とは？

出典：Unipos作成資料

　田中氏はこう解説していた。

「全社レベルで"当たり前の行動基準"を一歩上の段階に引き上げ、さら

なるパフォーマンスを発揮できる状態をつくり、社員の行動を変えることがカルチャー変革だと考える」

「言われたことだけやれば大丈夫」「怒られそうだから黙っておこう」なる行動基準が組織を支配しているうちは、カルチャーレベルが低い。カルチャーレベルが高い組織やコミュニティでは、前例にとらわれない挑戦や周囲を巻き込んだ新たな価値創造が当たり前のように行われるようになり、エンゲージメントや心理的安全性が高まり、事業成果につながる行動が増える。論理的かつ合理的な説明に、筆者は頷きが止まらなかった。

組織をより良くする、5つの行動と2つのエンジン

目に見えない当たり前の行動基準をどこから疑い、どこからアップデートしていくか。日々の仕事の場面やコミュニケーションにおける所作など、それこそ半径5m以内の具体行動に着目し、ここまでひもといてきた。何が正しいか、正しくないかは、経営者や個々の価値観による部分も大きい。だが、**あなたや周りの人たちが何かしらのズレや違和感を覚えているのであれば、なんらかのアクションが必要だろう**。小さな行動の積み重ねによる共感形成が、組織の体質と文化を変えるエネルギーになるのだ。

本書で伝えてきたのは「組織開発」なる考え方である。自分たちの手で組織や地域をより良くする取り組みのことだ（なお「自分たち」とは、「自分たちだけで」を意味しない。他者の力を借りる行為も含む）。最後に、組織開発に求められる基本行動と、そのためのエンジンに触れたい。

図：5つの基本行動と2つのエンジン

出典：筆者作成資料

❶ 観察

相手や周囲を観察する行為。組織の状態やメンバーのコンディション、変化、成長を言語化して共感形成する行為も含む。

❷ 対話

相手を一方的に言いくるめたり、従わせたり、または相手の言いなりになったりするのではなく、価値判断をいったん脇に置いて聞き合う。

❸「モヤモヤ」の言語化

観察や対話を通じて顕在化した（あるいは想定される）、相手や自身または自組織の課題やありたい姿を具体的な言葉やイメージにする。

❹ 解決

モヤモヤを解消・解決または実現するための行動を起こす。すぐに解決しようとしない、ネガティブ・ケイパビリティも求められる。

❺ 振り返り

行動の結果、あるいは行動しなかった結果や変化・成長を仲間とともに振り返り、意味づけする。

この5つの行動の具体例は、本書の100の項目で大いに（しつこく）解説した。そして組織開発の5つの基本行動を健全に回し続けるためには、外を見る、外の風に当たり続ける。すなわち越境が不可欠であり、なおかつ外部の関係者や協力者との協力関係によってものごとを解決していく力、つまりは共創が必要なのである。あなたの組織にも、組織開発のサイクルと習慣をインストールしていってほしい。組織と個（すなわちあなた自身）が健全であり続けるために。

◾ 組織に疲弊した苦しい過去

なぜこれほどまでの思いを、筆者は持っているのか。それは自身の苦い

過去からきている。本を置き、これから現実世界で一歩を踏み出す読者の背中を押せればと思い、最後に筆者の過去に少し触れよう。

本編でも少し触れたが、筆者はかつて拡大期のスタートアップに勤務していたことがある。若いうちからさまざまな経験ができたよさはあったものの、その会社は目先の売上至上主義で問題も多かった。管理職も先輩社員も、**目先の成果を出すのには長けているが、中長期戦略など考えられない、組織・チームや人のマネジメントなんてできない人ばかりだった。**
マネジメントはおろか、基本的な仕事（優先順位付け、タスク管理、任せ方など）さえおぼつかず、ITスキルも乏しい。仕事を効率よく進めるための取り組みもしようとしないし、やっても評価されない。「言った」「言わない」のトラブルで無駄な長時間労働が常態化し、メンタルもフィジカルも削られる。そんな有様だったのだ。

◤ マネジメント能力・経験のない景色

それもそのはず。管理職の大半がまともなマネジメントを経験したことも、マネジメントの教育を受けた経験もないからだ。

大企業や健全な組織であれば、管理職への登用時や、登用後に定期的にマネージャー研修のようなサポートが施される。外部の専門家による、世のトレンドも交えた汎用的かつ体系的なマネジメント教育を受け、試験などをクリアした人が管理職に登用される。加えて、ダイバーシティ、コンプライアンス、ブランドマネジメント、ネガティブ・ケイパビリティといった新しい社会通念や概念はもちろん、コーチング、チームワーキング、ファシリテーション能力、プロジェクトマネジメント、リスペクティング行動、問題解決能力などのスキルがインプット（およびアップデート）される。これらの知識やスキルはビジネスパーソンとしての基礎であり、組織を運営する立場の人間として、知らないでは済まされないものだ。

筆者が当時勤めていたその企業には、それが大きく欠けていた。その背景に、組織のカルチャーがあった。**学習への意欲や優先度が低く、気合い・根性・長時間労働でなんとかする昭和型の文化が色濃かったのだ。**そ

のカルチャーに適応し、いわば野生の勘で数字を出してきた人だけが管理
職に登用されていた。

マネジメントが欠如した環境で、良い組織文化は形成されない。現場の
メンバーが気持ち良く働けるはずがない。育成されない管理職や社員を放
置すると、組織全体のコミュニケーションコストやリスク、ひいてはメン
バーのストレスが増幅すると、筆者は当時思い知った。当事者同士で指摘
し合い、解決しようとするたびに繰り返されるすれ違いや、ギクシャク。
この見えないコストとリスクが組織を蝕み、やがて組織が壊れていく。

■ とはいえ若手には何もできなかった

そうはいっても、問題がある人に対して「あなたは間違っている！」
「行動を変えてくれ！」とは、マネージャーはおろか、たとえ同僚であっ
ても言いにくい。一歩間違えると、ハラスメント扱いされる。

会社のすべての管理職に外部研修を施してもらいたい。管理職だけでは
なく、筆者を含む若手も基本的な仕事の進め方や、ロジックの組み立て方
などを学びたい。筆者は当時、本気で思った。この手のスキルや型は自助
努力で身につけるには限界がある。各々が興味関心を持った能力をバラバ
ラと身につけたところで、組織としての足並みが揃わないし、ともすれば
各々独自のスタイルが乱立し「人によってやり方が違いすぎる」「言うこ
とが違う」などの無駄な対立も生む。よって個人の自助努力に任せず、会
社組織の投資により客観的かつ汎用的な型を外の人から学び、皆で身につ
けるほうが理にかなっているのだ。

**「お願いですから、管理職やベテラン社員にマネジメント研修を施しても
らえませんか？」**
**「コミュニケーションスキル向上のトレーニングを管理職に受けてもらい
たいし、僕も受けたいです」**

筆者は会社に対して、そう進言したかった。
しかし、それはできなかった。当時、まだ入社間もない若手だった筆者

おわりに

にその勇気がなかった。なにより、目先の成果しか評価せず、人材育成に投資する発想が微塵もない企業体質が大きな壁だった。

■ そして、組織を諦めた

筆者は当時、大企業に就職した同級生を羨ましく思った。会社の投資で（かつ業務時間内で）新入社員の頃から数々の外部研修を受けて、専門スキルはもちろん、ものの考え方や仕事の仕方の汎用（一生モノの）能力をグングンと高めていた。

一方の筆者は、通勤時間や週末に自助努力で本を読んだり、資格の勉強をしたりするのが関の山。自費で研修を受けようにも、10万円近くするものも多く、薄給の若手が自己負担で受講するハードルは高かった。

「このままではビジネスパーソンとしての能力に大きく差がつく」
「この会社の管理職のようにはなりたくない」

筆者はそんな恐怖さえ覚えた。そして、**大企業に転職した。**転職先の大企業では、良質な外部研修をたくさん受けることができ、マネジメントの素養も身につけつつ、大きな仕事も任されて成果も出せた。育成に投資してくれた会社には、今でも大変感謝している。一方で、筆者が辞めたそのスタートアップは、その後の業績はガタ落ち。投資ファンドによるテコ入れが行われてしまった。

「組織が嫌なら辞めればいい」「転職するしか手段はない」。筆者が伝えたいのは、そういうことではない。**組織の体質はそれほどまでに変えがたく、人を蝕むものだという事実だ。**

しかし方法はある。それでも「外部研修をしてくれ」と管理職や経営陣と対話する手もあったかもしれない。それこそ現場の小さな行動から、学習に対する意欲を醸成するやり方もあったかもしれない。その後さまざまな企業の組織開発に携わるなかで、筆者はようやくその可能性に気づいた。

同じような組織を増やしたくない。かつての筆者のような虚しい思いをする人が増えてほしくない。だから、この本を書いた。自分の組織開発ノ

ウハウのすべてを詰め込んだ。もしもタイムマシンがあるならば、今すぐ乗り込み、文化度の低いスタートアップでもがいていた当時の自分に届けたい。当時の自分と同じようなモヤモヤを抱いている人を一人でも救いたい。そんな思いで筆を走らせた。どうかあなたには、組織体質や文化を諦めないでもらいたい。その一助に本書がなれたら幸いである。

◤ 越境と共創で未来の明るい景色を創る

本書もまた、組織を越えた越境と共創により、日の目を見ることができた。事例提供や確認にご協力をいただいた春華堂の髙山さん、KAKEAIの椎野さん、ラクーンの矢次さん、妙高市でご活躍されているしごとのみらいの竹内義晴さんほか、各社の皆様にはこの場を借りてお礼を申し上げたい。全体進行や校正は、当社（あまねキャリア）のおぐらともみさん、渡辺ハルカさんにも多大なる尽力をいただいた。ありがとうございます。

そして何より、担当編集の石井一穂さんには感謝が尽きない。本書のテーマに自分ごととして向き合い、作品に対しても並々ならぬ情熱とこだわりを持ち続け同じ景色を見続けてくださった。筆者自身が良き越境体験、共創体験ができたことに感謝しています。本当にありがとうございました。

今この本を読んでいるあなたも、スタートアップでモヤモヤしていた当時の筆者も、おそらく気持ちは同じだ。組織に対する違和感を抱えてなんとかしたいと願っていた。

しかし当時の筆者と違い、あなたはすでにそのための手段を手に入れている。あなたにはこの本がある。

組織は急には変わらない。しかし、何もしなければ永遠に変わらない。

小さく変えてみよう。半径5m以内の、当たり前の日常の景色から。

2024年7月 大島ダム（愛知県新城市）を眺める木陰の東屋にて

沢渡 あまね

参 考 文 献

※順不同

中原淳『人材開発・組織開発コンサルティング』(ダイヤモンド社)

伊達洋駆『人と組織の行動科学』(すばる舎)

石山恒貴／伊達洋駆『越境学習入門』(日本能率協会マネジメントセンター)

坪谷邦生『図解 組織開発入門』(ディスカヴァー・トゥエンティワン)

市谷聡啓『これまでの仕事 これからの仕事』(技術評論社)

市谷聡啓／新井剛『カイゼン・ジャーニー』(翔泳社)

早瀬信／高橋妙子／瀬山暁夫『いちばんやさしい「組織開発」のはじめ方』(ダイヤモンド社)

沢渡あまね『職場の問題地図』(技術評論社)

堀内都喜子『フィンランド人はなぜ午後4時に仕事が終わるのか』(ポプラ社)

針貝有佳『デンマーク人はなぜ4時に帰っても成果を出せるのか』(PHP研究所)

下總良則『インサイトブースト』(ハガツサ)

安斎勇樹／塩瀬隆之『問いのデザイン』(学芸出版社)

東京工業大学エンジニアリングデザインプロジェクト／齊藤滋規／坂本啓ほか『エンジニアのためのデザイン思考入門』(翔泳社)

枝廣淳子『答えを急がない勇気』(イースト・プレス)

谷川嘉浩／朱喜哲／杉谷和哉『ネガティヴ・ケイパビリティで生きる』(さくら舎)

沢渡あまね『話が進む仕切り方』(技術評論社)

沢渡あまね『業務デザインの発想法』(技術評論社)

小杉俊哉『リーダーのように組織で働く』(クロスメディア・パブリッシング)

沢渡あまね『「推される部署」になろう』(インプレス)

日暮いんこ『北欧時間』(大和出版)

田中研之輔『キャリア・ワークアウト』(日経BP)

住田昌治『「任せる」マネジメント』(学陽書房)

安岡美佳／ユリアン 森江 原 ニールセン『北欧のスマートシティ』(学芸出版社)

電通若者研究部 ワカモン『フラット・マネジメント』(エムディエヌコーポレーション)

小田木朝子『仕事は自分ひとりでやらない』(フォレスト出版)

鳶本真章『ミッションドリブン・マネジメント』(技術評論社)

倉貫義人『ザッソウ 結果を出すチームの習慣』(日本能率協会マネジメントセンター)

河原あず／藤田祐司『ファンをはぐくみ事業を成長させる「コミュニティ」づくりの教科書』(ダイヤモンド社)

マシュー・スケルトン／マニュエル・パイス『チームトポロジー』(日本能率協会マネジメントセンター)

リンダ・グラットン『リデザイン・ワーク 新しい働き方』(東洋経済新報社)

ロバート・フリッツ／ブルース・ボダケン『マネジメントの正念場』(Evolving)

Jennifer Davis／Ryn Daniels『Effective DevOps』(オライリー・ジャパン)

Claire Agutterほか『Service Integration and Management (SIAM™) Foundation Body of Knowledge(Bok)』(It Governance Publishing)

[著者]
沢渡あまね（さわたり・あまね）

作家／企業顧問／ワークスタイル＆組織開発／『組織変革Lab』『あいしずHR』『越境学習の聖地・浜松』主宰／あまねキャリア株式会社CEO／株式会社NOKIOO顧問／一般社団法人プロティアン・キャリア協会アンバサダー／DX白書2023有識者委員。日産自動車、NTTデータなど（情報システム・広報・ネットワークソリューション事業部門などを経験）を経て現職。400以上の企業・自治体・官公庁で、働き方改革、組織変革、マネジメント変革の支援・講演および執筆・メディア出演を行う。『チームの生産性をあげる。』（ダイヤモンド社）、『新時代を生き抜く越境思考』『バリューサイクル・マネジメント』『職場の問題地図』『マネージャーの問題地図』『仕事ごっこ』『業務デザインの発想法』（いずれも技術評論社）、『「推される部署」になろう』（インプレス）、『うちの職場がムリすぎる。』（すばる舎）など、著書多数。趣味はダムめぐり。#ダム際ワーキング 推進者。

組織の体質を現場から変える100の方法

2024年9月10日　第1刷発行
2025年4月28日　第5刷発行

著　者────沢渡あまね
発行所────ダイヤモンド社
　　　　　〒150-8409　東京都渋谷区神宮前6-12-17
　　　　　https://www.diamond.co.jp/
　　　　　電話／03・5778・7233（編集）　03・5778・7240（販売）

デザイン・図版作成──喜來詩織（エントツ）
ＤＴＰ────茂呂田剛＋畑山栄美子（エムアンドケイ）
イラスト────ナカオテッペイ
校正────円水社
製作進行・図版作成──ダイヤモンド・グラフィック社
印刷・製本────勇進印刷
編集担当────石井一穂

©2024 Amane Sawatari
ISBN 978-4-478-11978-5

落丁・乱丁本はお手数ですが小社営業局宛にお送りください。送料小社負担にてお取替えいたします。但し、古書店で購入されたものについてはお取替えできません。
無断転載・複製を禁ず
Printed in Japan

本書の感想募集
感想を投稿いただいた方には、抽選でダイヤモンド社のベストセラー書籍をプレゼント致します。▶

メルマガ無料登録
書籍をもっと楽しむための新刊・ウェブ記事・イベント・プレゼント情報をいち早くお届けします。